한일 우익 근대사 완전정복

한일 우익 근대사 완전정복

초판 1쇄 발행 / 2020년 1월 15일

지은이 / 이영채 한홍구
펴낸이 / 강일우
책임편집 / 박주용
조판 / 신혜원
펴낸곳 / (주)창비
등록 / 1986년 8월 5일 제85호
주소 / 10881 경기도 파주시 회동길 184
전화 / 031-955-3333
팩시밀리 / 영업 031-955-3399 편집 031-955-3400
홈페이지 / www.changbi.com
전자우편 / nonfic@changbi.com

이영채
한홍구 지음

한일 우익 근대사 완전정복

친일파
야스쿠니
식민사관
일본회의

창비

차 례

다시 한일관계의 쟁점이 된 근대사
일본은 왜 역사반성을 하지 못하는가

일본에서 생활한 지 20년 이상이 지났다. 1998년 대학을 졸업하고 유학을 결심했을 때, 처음에는 독일을 생각했다. 1990년대 학생운동을 경험한 청년들이 유럽의 사회과학 서적을 탐독하고, 새로운 대안운동을 모색하고자 한 이들이 한국의 미래 비전으로 유럽과 통일독일에 주목하던 시기였다. 1997년 IMF 위기 속에서 당장 취업을 생각해볼 여유도 없었고, 김대중 대통령이 당선되면서 역사적인 정권교체가 이뤄졌으니 나도 새로운 시대를 준비해야 한다는 사명감을 느끼기도 했다. 학생운동 경력을 살려서 국회의원 보좌관이 되거나 청와대로 들어가는 선배들도 있었고, 나 역시 정치권으로부터 매혹적인 제안을 받기도 했다. 하지만 다수가 가는 길을 굳이 내가 따라갈 필요는 없다는 생각에 제안들을 뿌리치고 언제 돌아올지 모른다는 막연한 생각을 하면서 미지의 길인 유학을 떠났다.

처음부터 일본 장기 유학을 계획했던 것은 아니었다. 첫 해외 방문이었기에 곧바로 유럽의 백인사회에 들어가기가 겁이 났는지, 한국과 비슷한 일본에서 여행하고 체류도 해보면서 향후 공부하고 싶은 내용을 가다듬어야겠다고 생각하며 가벼운 마음으로 건너갔다.

1998년 5월 12일, 나리타공항에 처음 도착해서 바라본 일본은 모든 게 신기하기만 한 곳이었다. 무엇보다 공항 노동자들과 일반 시민들의 모습이 왠지 신선했다. 학생운동권이라는 경직된 세계 속에 한동안 갇혀 있어서 국제감각이 뒤떨어져 있었는지도 모르겠다. 하지만 1990년대만 해도 일본 문화는 한국에서 공식적으로 금지되어 있었다. 그간 보았던 영화와 책을 통해 일본 하면 사무라이가 칼부림하는 모습이나 독립운동가를 고문하고 학대하는 고등경찰과 헌병 같은 군인만이 뇌리에 박혀 있었다.

한국과 달리 자동차가 좌측통행을 하고, 남녀노소 자전거를 타며, 출퇴근도 자가용보다는 대중교통을 이용하고, 어디를 가도 "스미마센"(미안합니다)이라며 쉽게 미안함을 표현하는 모습에 그 전까지 선입견을 지니고 탐탁지 않게 여겼던 일본사회의 시민문화가 신선하게만 보였다.

일본어학교를 다니던 중 여름방학에 홋카이도의 북쪽 아사히카와(旭川) 부근에 있는 겐부치초(劍淵町)라는 작은 시골 마을에 홈스테이를 가게 되었다. 이 마을은 장애인들이 농장을 경영하고 재배에서 판매까지 담당하는 곳인데, 경제력이 생기면 혼자 자립하는 생활까지 경험해서 실제 사회생활로 복귀하는 것을 목표하는 대안 마을 성격이 강했다. 지금도 연락하는 하타케야마(畠山) 씨 부부는 이 시설에서 직원으로 일하면서 장애인들을 지원했다. 그들은 당시 초등학생이던 두 아이의 국제교류 교육을 위해서 외국인의 홈스테이를 받은 것이다.

처음으로 방문한 일본인의 집이라 긴장하며 잘하지도 못하는 서투른 일본말로 첫인사를 했다. 나의 인사가 끝나자, 하타케야마 부부는 갑자기 무릎을 꿇더니 "일본군 위안부 문제에 대해서 일본 정부를 대신해서 사죄한다"라고 인사를 했다. 처음 받는 인사 치고는 너무 갑작스러웠다. 나의 가족 중에는 강제 연행을 당한 사람도 일본군 '위안부'도 없다고 손사래를 치며 젊은 부부를 일으켜 세웠지만, 그때의 기억은 지금도 일본사회를 이해하는 중요한 이미지로 생생히 남아 있다.

그때껏 나는 일본인은 역사를 반성하지 않고, 침략전쟁을 정당화하고 미화하며, 군국주의를 지향하여 언젠가는 동아시아에서 다시 전쟁을 일으킬 것이라는 주입된 인식을 가지고 있었다. 비록 역사를 진정으로 반성하는 일반 시민이 얼마나 되는지는 모르지만,

하타케야마 부부 같은 사람들이 존재한다는 것만으로 일본에 대한 고정관념이 깨졌다.

홋카이도에서의 경험 이후 일본의 주요 도시들에 배낭여행을 다니면서 많은 일본인들을 만났다. 어떤 청년은 "왜 한국전쟁이 다시 일어나지 않는가? 일본은 현재 경제 불황이라 한국에서 전쟁이 일어나면 경기가 좋아질 텐데…"라며 도발적인 질문을 하기도 했다. '잃어버린 20년'이라고 불리는 경제 불황 속에서 한국전쟁 시기의 경제를 되새기며 비아냥거린 것이다. 당시에 일본어가 서툴러서 제대로 반박하지 못했던 것이 지금까지도 후회스럽지만, 보수 성향 일본인들의 의식 속에 그런 질문이 잠재되어 있다는 것을 시간이 지나서야 알게 되었다.

한국에 있을 때 학교나 사회에서 배우지 못하고 알지 못했던 다양한 일본사회를 직접 경험하면서 유럽이 아닌 일본에서 동아시아 국제정치와 한일관계, 북일관계, 일본의 사회운동 등에 대해 공부해보자는 생각이 굳어졌던 것 같다. 그사이에 도쿄대 대학원 연구생, 게이오대 대학원 석사 및 박사를 졸업하고, 게이센여학원대학에서 교원으로 12년째 근무하는 등 눈 깜짝할 사이에 20년이 지나갔다.

일본에서 생활하면서 일본이 보수화되는 몇 번의 전환점을 직접 목격할 수 있었다. 처음 도착했던 1998년은 일본에 매우 중요한 전환기였다. 북한이 발사한 대포동 미사일이 일본 열도를 넘어 태평양에 떨어지면서 북한의 핵무기가 완성되면 일본도 핵공격의 사정거리에 포함된다는 것이 분명해졌다. 1995년 옴진리교 사린 테러 사건과 고베 대지진으로 내부의 체제 위기를 경험한 일본사회는, 1998년 북한의 대포동 미사일 발사 이후 대외적인 위협까지 경험하면서 패전 이후(전후) 평화주의 노선의 전면 수정과 명백한 보수화 정책의 길을 걷기 시작했다.

이 시기에 일본의 보수세력은 역사인식에 있어서도 위기의식을 가졌다. 1993년 고노 담화를 통해 일본군 '위안부' 문제에 대해서 일본 정부가 처음으로 공식적인 인정을 했고, 1994년에 출범한 사회당의 무라야마 내각은 1995년 아시아여성기금을 설립했다. 비록 민간기금의 형태이기는 했지만, 일본 정부가 일본군 '위안부' 문제에 대해서 위자료를 지급하기 시작한 것이다.

여러 단체로 흩어져 있던 일본의 전후 보수세력들은 이러한 자유주의 역사관의 자기반성을 좌파 정권의 자학적인 역사관이라고 맹렬히 비판했고, '새로운 역사교과서를 만드는 모임'을 설립하면서 대항했다. 또한 1997년에는 일본회의를 결성하여 전후의 평화주의 역사관을 비판하고 패전 이전(전전)의 제국주의 침략전쟁과 식민지배를 정당화하는, 이른바 '역사수정주의'를 전면에 내세우면서 정권 장악의 장기적인 시나리오를 가동했다. 2006년(제1차 아베 내각)과 2012년(제2차 아베 내각)에 등장한 아베 신조(安倍晋三) 정권은 일본회의가 정치세력화에 성공한 것이라고 봐야 한다.

전후 일본의 자민당 보수주의는 친미를 표방하는 다양한 자유주의 보수세력의 합종연횡을 통해 현실주의 노선을 지향해왔다. 그중 아베 수상을 중심으로 하는 극우보수는 소수에 불과했는데, 이들이 정치 전면에 등장하게 된 배경에는 자유주의 보수세력의 쇠퇴와 민주당으로 대변되는 야당의 집권 실패, 그리고 일본 공산당 및 사회당을 중심으로 한 진보적 사회운동이 패배해온 역사가 큰 영향을 미쳤다.

전후 냉전기 일본 정치를 결정했던 이른바 '55년체제'(사회당과 자민당을 중심으로 한 진보와 보수의 양당구조)가 붕괴한 후, 아베 정권이 등장할 수 있도록 길을 닦았던 것은 고이즈미 준이치로(小泉純一郎) 내각(2001~2006)으로 상징되는 신자유주의 보수주의 세력이다. 한국의 노무현정권 시기에 등장한 고이즈미 수상은 자민당 내 파벌이 없던 비주류가 수상에 취임했다며 노무현 대통령과 유사한 점이 있다고 평가되기도 했다. 그 외에 공통점이 있다면, 둘 다 선거에 매우 강했다는 점이다. 고이즈미 정권은 신자유주의 구조개혁 노선을 표방했다. 1994년 자민당 정권교체 위기 등의 상황에서 "자민당을 박살내겠다"라며 당내 개혁을 부르짖어서 집권에 성공했다. 우체국 민영화를 전면에 내세우며 그에 반대하는 세력을 '적폐세력'으로 규정했고, 자민당 내 자유주의 세력들을 대거 제거하고 신자유주의를 내세우는 이른바 '고이즈미 칠드런'을 대거 당선시

컸다. 이들은 이후 자민당 내 극우보수세력의 주축이 되었다. 이들이 아베 수상을 만들었다고도 할 수 있다.

고이즈미 수상의 폐해 중에서 대표적인 것은 총리로 선출된 2001년 총선거에서 야스쿠니 신사 참배를 공약으로 내걸고, 실제 취임 이후 그해 8월 13일 참배를 강행한 것이다. 고이즈미 수상은 이후 임기 내내 매년 야스쿠니를 참배했으며, 수상 마지막 해인 2006년에는 8월 15일에 야스쿠니를 참배함으로써 한국과 중국을 포함한 아시아 각국의 반발은 물론이고 미국까지 불쾌하게 만들어 미일관계에 긴장을 불러일으켰다.

고이즈미는 정작 수상 취임 이전에 야스쿠니를 참배한 적이 없으며, 수상 임기가 끝난 뒤로도 야스쿠니 참배단에 참가하고 있지 않다. 이에 비춰보면 그의 참배는 비주류 출신으로서 정권을 유지하기 위해 보수표 결집을 노린 정치적 행위에 불과한 것이다. 실제로 고이즈미의 참배는 야스쿠니의 군국주의적 역사관을 일본 정치의 전면에 등장시켰다. 그리고 일본의 젊은 층이 야스쿠니를 비롯한 일본의 군국주의적 역사인식 및 침략 행위를 정당화하기 시작하는 데 큰 영향을 미쳤다.

2006년 8월 15일 고이즈미 수상의 야스쿠니 공식 참배에 대항하기 위해서 한국·일본·대만·오키나와의 유족 및 시민단체들이 '야스쿠니의 어둠에 평화의 촛불을! 동아시아 반야스쿠니 촛불행동'(야스쿠니 반대 동아시아 촛불행동)을 조직했으며, 도쿄에서 'NO 야스

12

쿠니, 참배 반대, 합사 취소'를 내건 촛불행동을 전개했다. 나는 당시만 해도 야스쿠니에 대해서 도쿄재판을 통해 사형된 도조 히데키를 비롯한 A급 전범이 합사되어 있다는 것 정도로 어렴풋이 알고 있었다. 하지만 이 촛불행동의 도쿄실행위원회 사무국장으로 13년간 활동하면서 야스쿠니 문제의 구조적이고 내면적인 문제들을 접하게 되었다. 일본인이 왜 역사인식을 바꾸지 않고, 침략전쟁과 식민지배를 반성하지 못하는지 오랫동안 고민해온 것에 대한 대답이 야스쿠니의 어둠을 통해서 보이기 시작한 것이다. 2006년 8월 15일 야스쿠니에 고이즈미 수상이 참배하러 들어가는 모습과 그 모습을 사진으로 찍으면서 열광하는 수많은 일본 젊은이들의 환호성, 하늘을 가득 메운 경찰 헬리콥터와 미디어의 취재 경쟁을 보면서 일본사회가 역사의 루비콘강을 건넜다는 느낌을 받았다. 고이즈미의 불장난은 단순한 정치행위로 끝나지 않았다. 아베 수상으로 대표되는 전전 군국주의의 망령들에게 문을 열어주었던 것이다.

2011년 발생한 3·11 대지진도 아베 수상과 극우보수세력의 등장을 초래한 결정적인 배경이 되었다. 준비되지 못한 제1차 아베 내각의 실패로 자민당이 장기집권의 바닥을 드러냈고, 2009년 결국 야당 민주당에 정권교체를 허용해 하토야마 유키오(鳩山由紀夫) 수상이 취임했다. 민주당은 도로 및 댐 건설을 중심으로 한 자민당의 국책사업을 비판하면서 '콘크리트에서 인간으로'라는 구호를 내걸었다. 또한 관료만능주의의 병폐를 지적하면서 의미 없는 예산을 절감하기 위해 시민 및 관료가 함께 토론해서 예산을 결정하는 참여형 정책결정 과정을 실험하기도 했다. 하지만 구체적인 계획의 부재와 재정 확보 실패로 비현실적인 정책에 머무르며 언론의 비판이 계속되었다. 결국 준비되지 못했던 민주당 집권세력은 동일본 대지진과 후쿠시마 원전 사고에 대처하는 과정에서 우왕좌왕하는 모습을 그대로 노출하여 일본 국민들의 머릿속에 낙인이 찍혔다. 일본사회에서는 3·11 대지진과 민주당의 무능이 동시에 떠오를 정도다.

대지진과 쓰나미, 방사능 사태를 겪으며 일본에는 불안한 현재와 불확실한 미래에 대한 두려움이 퍼졌고, 음울한 패배주의가 팽배해졌다. 중국과의 조어도(일본명 센가쿠열도, 중국명 댜오위다오) 충돌, 러시아의 북방 영토 영유권 확립, 이명박 대통령의 독도 방문 등이 이어지면서 무너진 일본인들의 자존심에 불을 지핀 이가 바로 '강한 일본을 되찾겠다'라며 재등장한 아베 수상이다. 전후 미군 기지와 원전을 이용해 구축된 일본사회는 3·11 대지진을 겪고 최소한 탈원전 및 친환경에너지 정책을 추구하는 작고 새로운 대안사회로 나아갈 수도 있었다. 하지만 무너지는 현실과는 달리 '강한 일본'을 동경하는 제국주의적 노스탤지어가 대안신당들보다는 아베의 자민당으로 눈을 돌리게끔 했다. 게다가 이 회귀는 단순히 전통적인 보수주의로 돌아가는 것이 아니었다. 전전의 강한 군국주의 일본

으로 돌아가는 것에 암묵적으로 동의하는 무책임한 선택을 한 것
이다.

2019년 7월 일본이 한국에 경제 제재를 가하며 화이트리스트에
서 배제함으로써 한일관계가 급격히 악화된 것은 2018년 한국 대
법원의 강제징용 배상판결에 일본이 노골적으로 불만을 드러내며
'혐한 정책'을 펼쳤기 때문이다. 하지만 이러한 아베 내각의 혐한
정책을 지지하는 일본 국민들의 의식 속에는 1990년대 중반 이후
일본사회에 축적되어온 국내외적인 안전보장의 위기의식이 있다
는 점에 주목해야 한다. 또한 그것은 패전 이후 일본의 평화운동과
혁신운동, 진보적 시민운동이 실패하고 패배한 결과라는 점을 간
과해서도 안 된다. 사실 일본회의를 중심으로 하는 아베의 극우보
수주의는 결코 일본사회의 대안세력이 될 수 없다. 그럼에도 그들
이 장기 집권하는 것은 미디어 여론전에서 주도권을 쥐고 음울한
일본사회의 패배주의적 국민의식을 전전의 강한 군국주의 일본에
대한 향수와 식민지배 의식으로 전환시키는 데 성공했기 때문이다.

극우세력이 장기 집권하는 상황에서 과연 일본에 새로운 대안사
회를 향한 희망이 있을까? 한국의 시민사회는 전전의 역사의식으
로 복귀하려는 일본사회를 어떻게 직면해야 할까? 55년 체제에서
자민당을 견제해온 사회당, 공산당 등 혁신세력이 이제는 약화되
고, 자민당 내 자유주의 보수세력도 존재감을 잃었으며, 야당은 민
주당을 포함해서 군소정당으로 전락해버린 현재, 제도권의 의회정

치에서 일본의 민주주의가 회복되는 것이 현실적으로 가능할까?

대답은 매우 간단하다. 일본의 보수정치가 지속되는 한 자체적으로 민주주의가 회복되기란 거의 불가능하며, 보수정치가 끝나고 새로운 진보세력 중심으로 정계가 개편된다고 하더라도 그때까지는 아주 긴 시간이 걸릴 것이다. 이 틀을 바꾸기 위해서는 일본 국민들이 스스로 정치적 대안을 판단하여 이성적이고 진보적인 선택을 해야 한다. 하지만 2000년대부터 3·11 대지진을 거쳐 현재까지 일본의 주요 정치적 의제는 고이즈미와 아베 수상, 그리고 극우보수세력들이 주도해왔다. 공직, 학교 현장 및 일반 회사에서는 극우보수세력의 영향을 받은 30~40대들이 강력한 우익적 혐오주의 정치 성향을 드러내고 있다. 그 때문에 아베의 극우보수세력이 권력을 잃더라도 자유주의 보수나 새로운 진보세력이 아닌 '신보수주의 울트라 극우'가 등장할 가능성이 더 높다는 비관적인 전망이 우세하다.

이런 일본을 거부하기도 정면으로 직면하기도 어려운 상황에서 우리에게 남은 희망은 일본의 양심적인 지식인 및 시민세력과 시민연대를 맺는 것밖에 없다. 이 책『한일 우익 근대사 완전정복』은 일본의 미래를 전망하지도 새로운 정치세력을 분석하지도 않는다. 이 책에서는 1965년 한일 국교 정상화와 1998년 김대중 대통령과 오부치 수상이 함께 발표한 21세기 파트너십 선언에도 불구하고 왜 한일관계가 개선되지 못했으며, 일본인은 왜 역사인식을 바꾸지 못했는가에 대해 구조적·역사적·내면적 요인을 있는 그대로 살펴보려 한다. 민족적 감정이나 일본의 우익이 공격하는 반일감정이 아니라, 일본의 내부 논리와 일본사회가 놓인 상황을 그대로 인정하면서 그들의 인식을 우리 사회에 조금이라도 공유해보려는 것이 이 책의 주요 목적이다.

일본 극우보수세력의 실체는 일본에만 존재하는 것이 아니라 일본 제국주의 식민지배가 청산되지 못한 한국사회에도 그 잔영이 남아 있다. 이른바 친일·부일세력으로 불렸던 이들은 한국사회의 엘리트로 변모해 해방 후 우리 사회의 기본 골격을 만들고 유지시켜왔다. 한국사회는 한국전쟁 후 반공 및 한미일 안전보장의 틀 속에서 이른바 안보경제의 의존관계를 맺으며 일본사회와 공존해왔기 때문에 친일·부일세력들의 실체를 해명하기는 쉽지 않았다. 민주화운동을 통해서 장기간에 걸쳐 군사정권을 민주정권으로 바꾸고 과거사 청산을 위해 해방 직후부터 한국전쟁 전후에 일어난 국가폭력의 실체를 파악해가는 과정 속에서 청산되지 않은 일본 식민지의 뿌리가 보이기 시작했다.

일본에 역사수정주의를 내세운 극우보수를 상징하는 아베정권이 등장하고 한국에 민주화운동을 통한 과거사 청산의 중심세력인 문재인정권이 등장한 것은 역사적 우연이 아니다. 이 두 세력의 충돌은 정치 지도자 개인의 가치관이 부딪치는 것이 아니다. 해방 후 청산되지 못한 식민지배 문제를 둘러싸고 한일의 국가정체성이 마침내 대립하는 현상이라고 할 수 있다. 이런 의미에서 아베 정권을 기획한 일본 극우보수의 역사적 뿌리와 한일 극우보수의 구조적 유사성 및 연속성을 구체적으로 살펴보는 것은 우리 속의 일본 제국주의를 찾아내고 그 문제의 근원을 파악하는 데 있어 중요한 작업이 될 것이다.

최근 일본에서는 이영훈 교수 등이 쓴 『반일 종족주의』가 베스트셀러로 팔리고 있다. 지면 관계상 이 책에 대한 평가는 본문의 한홍구 교수 강연 내용으로 대체하고자 한다. 그 대신 일본에서 이 책의 수요가 폭증하는 배경에 대해서만 간단히 짚고 넘어가겠다.

일본의 역사수정주의자들은 한국인이 역사를 왜곡하고 과장하며, 징용 노동자 및 일본군 '위안부'에 대해서도 조선인들의 자발성은 있어도 일본에 의한 강제성은 없었다고 일관되게 주장해왔다. 하지만 일본 내에서 이들의 주장은 주류 역사학계의 인정을 전혀 받지 못했으며, 이들이 펴낸 역사교과서의 채택률(0%대)이 말해주듯이 교육현장에서도 외면당했다. 하지만 아베 정권이 등장한 후, 역사수정주의자들의 반격은 문부성의 관료를 장악하고 각 지역 교육위원장과 학교 현장의 교과서 채택 위원회에 개입하면서 직간접적으로 일본사회의 교육현장을 잠식하고 있다.

또한 역사수정주의는 일본회의와 극우 정치조직 및 우익 저널리스트를 중심으로 서적, 인터넷 방송, 유튜브, 트위터 등 다양한 매체를 통해 오랫동안 정치세력을 구축했으며, 최근에는 후지TV 등 일본의 주류 미디어에서도 역사수정주의의 논리를 대대적으로 전파하고 있다.

하지만 일본인들 스스로 패전의 역사를 미화하는 것에 대해 국민들이 저항하고 역사학계가 반발하자 재일한국인, 귀화한 한국인, 미국인 등 제3국의 외국인을 동원하여 한국과 중국의 일본에 대한 역사인식을 비판하기 시작했다. 나아가 『반일 종족주의』의 예에서 알 수 있듯 한국인의 역사인식이 왜곡되고 과장되어 있다는 점을 한국 내에서 폭로하게 만들었다.

『반일 종족주의』에서는 한국의 역사 전문가라는 집단이 스스로 일본 식민지 시기의 역사인식을 일본의 역사수정주의와 동일한 맥락과 입장에서 설명해주고 있다. 그래서 일본의 극우보수세력이 그 책을 보고 일본사회의 역사 부정이 결코 왜곡이 아니라 정당한 주장이었음이 증명되었다며 감동하는 것이다. 게다가 이런 진실한 주장을 쓴 지은이들이 한국에서 '반일 종족주의자들'에게 탄압을 받고 있다는 동정과 피해자 코스프레가 이 책의 수요에 반영되었다고 본다.

일본 메이지유신 전후에 등장한 폭력적인 근대화 사상을 계승해온 한국의 친일파들은 일본의 패전 이후 숙청되기는커녕, 정작 패전한 일본 땅에서는 맥을 못 추던 역사수정주의를 한국의 군부·보수정권의 비호 아래 계속해서 주장해왔다. 『한일 우익 근대사 완전 정복』은 일본에 대한 한국인의 인식이 식민지배에 대한 거짓과 과장에서 기인한다고 말하는 『반일 종족주의』의 주장이 사실은 일본 식민지배의 실상을 은폐하고 미화해온 결과라는 것을 밝혀낸다. 또한 최근의 한일 양국에서 보이는 『반일 종족주의』 수요 현상이 결코 실체가 아니라, 일본에서 패배한 역사수정주의가 한국에 수출된 뒤 일본 자본에 의해 다시 역수입되어 일본 역사수정주의 부활에 이용되고 있는 것에 지나지 않는다는 점을 지적하려고 한다.

2,000만명의 희생자를 낳은 제국주의 전쟁 및 식민지배를 자행한 일본의 지배층은 패전 이후 냉전 대립 구도에서 미국의 안전보장 영역에 편입되면서 과거와의 단절이 아닌 연속을 선택했다. 그러나 일본의 좌익운동과 진보적 시민운동 진영은 지배층과 달리 과거와 단절하고 평화와 대안사회 건설을 위해서 많은 노력과 투쟁을 해왔다. 하지만 그 결과는 처절할 만큼 슬픈 패배와 실패의 연속이었다. 우리가 일본의 사회운동 및 시민운동을 반면교사로 삼으면서도 그들과 연대할 방안을 모색하기 위해서는 그들의 내면 사회를 이해해야 한다. 일본 시민사회의 경험은 우리 시민운동의 현재와 미래를 이해하는 데도 중요한 경험이 될 것이기 때문이다. 이 책의 3부에서 이 내용을 충실히 담으려 했다.

한홍구 교수의 맺음말에 구체적으로 기술되어 있듯이, 2019년 8월 한일 경제대립이라는 첨예한 정세에서 학생들의 어학연수 때문에 한국 성공회대에 방문했다가 급작스럽게 진행하게 된 좌담회가 이 책의 배경이 되었다. 일본의 시민단체를 인솔해서 평화기행을 할 때마다 한홍구 교수에게서 많은 지도를 받았으며, 한홍구 교수가 이명박 및 박근혜 보수정권의 탄압 속에서도 전국 강연을 할 때는 내가 일본으로 긴급 초청하여 여러 차례 시민 강연회를 주최하기도 했고, 그의 저서를 번역하기도 했다.

평화기행 인솔, 초청 강의 통역, 책 번역 등을 하면서 한국 근현대 민중사 및 민주화운동사에 대한 한홍구 교수의 폭넓고 깊은 식견에 탄복한 적이 한두번이 아니다. 주류와 비주류의 역사가 어떻게 혼합되고 왜곡되었는지를 구체적이고 미시적인 측면부터 거대한 역사의 흐름으로 풀어내는 이야기꾼이자 역사통인 한홍구 교수 앞에서 항상 학문적으로 부끄러웠고 자극을 받았었다.

이 책은 한국 근현대사를 대하는 한홍구 교수의 역사적 감각을 일본 극우보수세력의 분석에 적용한 것이라고 할 수 있다. 나의 역할은 20여 년간 일본에 체류하면서 경험한 일본사회운동과 시민운동의 사례를 통해 한홍구 교수가 한일 우익의 근현대사를 '완전정복'하는 데 일본인의 시점과 인식이라는 재료를 제공한 것에 지나지 않는다.

일본 시민사회의 내부 상황을 유튜브 채널 '한홍구TV'와 한국에서 출간되는 책을 통해 한국 대중에게 조금이나마 소개할 수 있다는 것에 이 글을 빌려 다시 한번 감사를 전하고자 한다.

업무가 바쁘다는 핑계로 한국에 올 때마다 사흘 정도밖에 체류하지 못해서 네 차례 강의를 이틀에 걸쳐 심야에 녹화했다. 장해랑 PD를 비롯해 한홍구TV에 협조해준 분들에게 감사의 말씀을 드린다. 한국에 유학 중이면서도 강제로 동원(?)되어 심야에 장시간 한국어 강의를 들어야 했던 게이센여학원대학의 유학생들이 없었다면 더욱 지루한 내용이 되었을 것이다. 한일 연대활동을 누구보다도 지지해주는 이 학생들에게 고마움을 전한다.

무엇보다 두서없는 강의를 훌륭한 원고로 바꾸어주고 출판될 기회를 준 창비의 윤동희, 박주용 등 관계자 여러분께 감사의 말씀을 드린다.

마지막으로 2019년 12월에 향년 80세로 돌아가신 아버지 고 이태호 님께 이 책을 바친다. 아버지는 한홍구 교수의 역사책을 누구보다 좋아하셨고, 한일 시민연대를 항상 지지해주신 후원자시기도 했다. 호남 출신의 재야 연구자로서 판소리를 민중 저항의 소리로 규정했고, 일본의 분라쿠, 노, 가부키 등 민중문화유산을 시민단체들이 주도해 유네스코 세계무형유산으로 등록하는 과정을 연구해서 2003년 판소리가 유네스코 세계무형유산으로 등록되는 데 공헌하시기도 했다. 진정한 한일 시민연대의 길을 몸소 실천해오신 아버지의 삶을 이 지면을 빌려서 조금이나마 평가해드리고자 한다.

2020년 1월

이영채

일본의 경제보복 뒤에 숨겨진 과거사 문제

1부

01
일본의 '피해자' 의식
: 전후 협정

일본에는 '역사 피로감'이라는 말이 있습니다. 전쟁 후 주변국들에 진정으로 사과하고, 보상할 것을 다 보상했는데 계속해서 '배상하라'는 말이 나온다며 주로 일본 우익들이 내뱉는 말입니다. 특히 한국과 관련해서는 1965년 한일기본조약으로 모든 문제가 해결되었다는 게 일본 보수의 입장입니다.

역사 피로감을 말할 때 주로 거론되는 것이 '위안부' 문제입니다. '위안부' 문제는 1965년 한일기본조약에 포함되지 않았기 때문에 개별 사안으로서 풀어야 하는데도 일본에서는 역사 피로감만을 이야기하고 있지요. 심지어 할 만큼 했다고도 생각합니다. 정말 그럴까요? 간단하게 정리해보겠습니다.

1995년에 설립된 '여성을 위한 아시아평화 국민기금'(이하 아시아
여성기금)이라는 재단법인이 있습니다. 사회당 소속의 무라야마 도
미이치(村山富市) 총리가 담화를 통해 일본군 '위안부' 문제에 대해
'진심으로 깊은 반성과 사죄의 마음'을 표명한 이래 기금을 마련한
것입니다. 물론 의미 있는 기금이지만 일본 정부에 의한 국고 지원
이 아닌 민간 기금의 형태였기에 피해 당사자들이 거부하여 제대
로 운영되지 않았고 '위안부' 문제는 계속해서 한일 간에 남아 있
었습니다. 그러다 2015년 12월 28일 박근혜정권 때 '위안부' 문제
한일합의를 하면서 이 문제가 불가역적으로 해소되었다고 주장하
기에 이른 것이죠. 이때도 기금을 만들었습니다.

일본의 입장에서 보면 '여러 번 기금도 만들었고 사죄도 했는
데 피해 당사자들이 받아들이지 않는다, 도대체 어떻게 하라는 것
이냐?' 하는 생각을 할 법합니다. 하지만 피해자들이 거부하는 데
는 당연히 그럴 만한 이유가 있습니다. 우선 1995년에 일본 정부가
기금을 구성했다고 하니 마치 모든 돈을 댔을 것 같지만 그러지 않
았습니다. 일본 정부는 배상을 할 수 없다는 입장이었기 때문에 운
영기금만 지원했을 뿐 배상금은 모두 민간의 모금으로 이뤄졌습
니다. 2015년에는 일본군 '위안부' 문제 해결을 위한 '화해·치유재
단'을 만들었고, 기금의 재원에 대한 논란을 의식했는지 일본 정부
에서 100억 엔을 출연하기는 했습니다. 하지만 그 전과 마찬가지로
공식적인 사과를 하거나 포괄적인 배상 의사를 밝히기는 어려우며,

합의 결과 '위안부' 문제는 불가역적으로 해소되었다는 주장만 했지요.

합의하는 과정 속에서 당사자 원칙을 지키고, 교과서에 게재한다든지 재발방지 노력을 한다든지 하는 여러 조치가 필요함에도 불구하고 아베 신조 정권은 이런 부분에 대한 언급 없이 또다시 최대한 노력을 했다고 주장하고 있습니다. 한국에서는 일본의 주장을 받아들일 수 없기 때문에 화해·치유재단 해체까지 한 것입니다. 그 와중에 2018년 10월에는 강제징용 재판에 대한 대법원 판결까지 나왔지요. 이런 일련의 과정을 겪으며 일본은 한국에 대해 1965년 조약을 지키지 않는, 합의를 하고도 언제나 파기를 하며 국제법을 지키지 않는 국가라고 비난하고 나섰습니다.

일본 정부는 국민들에게 이러한 메시지를 일방적으로 전하는 한편 자신들에게 곤란한 사실은 뒤로 숨기고 있습니다. 1945년 이전에 아시아에서 일본이 무슨 일을 저질렀는지를 제대로 가르치고 있지 않습니다. 그리고 일본이 한국에 사죄를 많이 했다고 하지만, 일본이 정확하게 무엇에 대해서 어떻게 사죄를 하고 구체적으로 무슨 내용으로 사죄를 했는가에 대해서는 일절 가르치지를 않습니다. 자신들의 책임에 대해서 수상이 한 번도 사죄를 한 적이 없고, 사죄의 수준도 다른 나라와 비교할 수 없을 정도로 형식적이었지만, 일본은 구체적으로 자기들이 해야 할 것은 해왔다고 이야기하고 있지요. 이런 이중적인 여론 작업을 통해 일본은 더 이상 역사

문제로 한국에 양보할 필요가 없다는 '역사 피로감'의 논리를 완성했습니다.

일본이 여러 번 사죄를 하고 보상도 했다고 하지만, 일본은 미국을 중심으로 한 연합국과 벌였던 제국주의 전쟁에 대해서만 사죄를 한 것입니다. 식민지 정책에 대해 대만과 조선에 한 번도 사죄를 하지 않았고, 그 식민지에 대해 전전부터 전후까지 학교에서 가르쳐본 적이 없습니다. 일본이 벌인 아시아태평양전쟁은 우리에게 명백한 침략전쟁인데 일본은 대동아전쟁이라 하고, 심지어 자위전쟁 또는 아시아인들을 위한 해방전쟁이라고 하니까 아시아 여러 나라들은 받아들이지 못할 수밖에 없지요. 그래서 일본이 '역사 피로감'을 말해도 우리 입장에서는 역사문제를 외면하고 제대로 꺼내지 않은 것으로 보이는 셈입니다. 이번 장에서는 1945년 이후의 한일관계를 돌아보면서 일본의 역사 피로감이 얼마나 터무니없는 말인지를 살펴보려고 합니다.

한일관계의 결정적 세 국면

지금은 갈등관계에 있지만 1945년 이후의 한일관계는 장기적으로 두터워진 것이 사실입니다. 전후 한일관계는 크게 세 가지 국면으로 나눠볼 수 있을 것 같습니다. 우선 1945년입니다. 흔히들 45년

8월 체제라고 부르지요. 그다음은 1965년입니다. 한일기본조약 체제라고 부릅니다. 그리고 마지막은 1998년으로 편의상 한일 파트너십 체제라고 부르지요.

1945년 8월이 첫째 국면인 것은 이해하기가 쉽습니다. 35년간 당시 조선인들은 일본의 신민(臣民)이었습니다. 다른 말로 하면 조선인과 일본인은 일본 천황 밑에서 하나의 신민, 국민이었던 것입니다. 우리의 의사와 상관없이 조선인들은 일본인으로 살 수밖에 없었는데, 1945년 8월을 계기로 서로 분리되었지요.

그런데 재일조선인 문제를 다룰 때도 언급하겠지만 엄밀히 이야기하면 조선인과 일본인은 하나의 신민이 아니었습니다. 그 당시 일본이 만든 호적에 조선인은 출신지로 조선이 쓰여 있었습니다. 후쿠오카 출신 또는 삿포로 출신이라고 하듯이 호적에 조선이 일종의 출신지로 쓰여 있으니, 일본 안에서 명확하게 구별이 되었지요. 즉 일본은 '내지(內地)'였고, 조선은 '외지'(外地, 일본 본토 외에 일본제국이 소유한 식민지)였던 것입니다. 호적에 기록이 그대로 남아 있기 때문에 일본에는 지금도 국적문제가 많이 남아 있습니다. 귀화를 하면 조선 사람이라는 걸 모르지 않느냐 하겠지만 일본은 회사에 취업할 때 모두 호적을 내야 합니다. 호적에 조선이라는 표기가 그대로 남아 있으니 조선계라는 것을 금방 알 수 있지요. 그래서 귀화를 하더라도 영원히 일본인으로는 살 수 없습니다.

1945년 이후 20년간 한국과 일본의 일반 사람들은 거의 왕래를 할 수 없었습니다. 1965년이 되어서야 한일기본조약에 의해서 양국은 국교 정상화를 맺었지요. 그래서 한일기본조약 체제라고 합니다. 하지만 1965년 당시 한반도에는 두 개의 나라가 있었음에도 불구하고 일본은 조선민주주의인민공화국, 즉 북한과는 수교를 하지 않았습니다. 만약 이때 일본이 북한, 한국과 동시에 국교를 맺었으면 일본과 한반도는 정상관계가 되었을지도 모릅니다.

하지만 한일 국교 정상화는 베트남전쟁 기간에 미국의 압력에 의해서 한일 양국의 의사하고는 상관없이 이뤄진 것입니다. 청구권 협정에 대해 일본은 경제협력이라는 방식으로 한국과 협의를 했고, 한국은 이에 대해 배상 또는 보상이라는 자의적인 해석을 했지만, 일제강점의 불법성에 대해서 일본의 명확한 답을 얻지 못했지요. 역사문제는 애매하게 두고 경제협력 방식으로 출발을 한 체제, 한일기본조약 체제는 이렇게 정리할 수 있습니다.

1965년 국교 정상화 이후에도 일반 사람들이 한국과 일본을 왕래하기는 쉽지 않았고, 일본 내에서도 한국에 대한 이해가 부족했습니다. 1970년대 중반만 하더라도 일본의 지식인들은 북한을 훨씬 더 친밀하게 여겼고 남한에 대해서는 괴뢰정권 혹은 미국의 식민지라는 인식이 훨씬 더 많았지요. 일본 사회당 등은 한국을 표기할 때 낫표를 치고 「韓」国'이라고 적었습니다. 즉 하나의 독립국가로 인정을 하지 않았던 것이지요. 사회당이 낫표를 떼고 한국을 표기하기 시작한 것은 서울올림픽 때 도이 다카코(土井たか子) 당시

일본 사회당이 한국을 「韓」으로 표기했던 기록(월간사회당편집부 『일본사회당의 30년』 제3권).

당수가 처음으로 서울을 방문한 이후였습니다.

1965년 이후 실질적으로 일본의 시민과 정치권이 한국을 공식적인 파트너로 인정을 했던 때는 1998년입니다. 지금은 돌아가셨지만 김대중 전 대통령과 오부치 게이조(小渕恵三) 전 수상이 '21세기 새로운 한일 파트너십 공동선언'(이하 한일 파트너십 선언)을 발표함으로써 한일이 처음 서로를 동등한 관계로 대하자고 인정했습니다. 이때를 계기로 한류가 일어나고 한국과 일본의 진정한 시민교류가 이루어졌지요.

한일 파트너십 선언에서도 역사문제는 크게 거론되지 못했습니다. 잘 생각해보면 알겠지만 김대중 대통령은 '김대중 납치사건'(1973년 8월 일본 도쿄의 호텔에서 박정희의 유신 체제에 반대하던 김대중이 중앙정보부에 의해 납치된 사건)의 주인공이기 때문에 박정희정부에서 일어난 일을 직접 거론하지 않았습니다. 그리고 역사문제에 대해서는 일본도 경계를 했습니다. 게다가 한국은 IMF 외환 위기의 한복판이었지요. 한국에는 1998년의 한일 파트너십 선언을 통해서 경제위기를 극복하려는 의도가 물론 있었지만, 그보다는 일본과 적극적으로 문화교류를 해서 위기를 극복하려고 했고 실제로 성공했습니다. 이런 사정 때문에 당시 한일 파트너십의 내용에 문화교류에 대한 내용이 있었던 반면, 역사문제는 직접적으로 거론되지 못했던 것입니다.

당시에 일본 문화가 들어오면 한국은 일본의 문화식민지가 될 것이라고 우려를 표하는 사람들이 많았습니다. 그렇지만 정치가의 감각이라고 할까요. 반대를 무릅쓰고 한일 파트너십 선언이 이뤄진 후 뚜껑을 열어보니, 물론 한국에 일본 문화가 들어왔지만 그것보다 훨씬 더 한국 문화가 일본에 퍼지는 대역전극이 일어났습니다. 한일 파트너십 선언은 일본사회가 한국을 새롭게 인식하는 중요한 분기점이었다고 할 수 있지요.

바로 이런 일을 하는 사람이 진정한 정치가가 아닐까요? 시민교류까지 이뤄질 수 있도록 한국과 일본의 얽혀 있는 부문들을 풀어주는 사람이 양국의 진정한 정치가이자 지도자라고 생각합니다. 일본의 많은 학자, 언론인, 정치가 들에게 설문조사를 해보면 동아시아에서 가장 뛰어난 지도자로 김대중 대통령을 꼽는 사람들이 많습니다. 그만큼 김대중 대통령은 아시아에서 정치다운 정치를 하며, 국경을 뛰어넘은 시민들의 교류를 만들어냈습니다.

이때 일본에 한류 붐을 일으켰던 것들을 볼까요? 영화 「엽기적인 그녀」, 드라마 「겨울연가」 「대장금」까지 그야말로 대흥행을 했습니다. 당시 일본의 대중문화 잡지에 배용준 사진만 들어가도 2~3일 만에 25만 부가 팔려나갈 정도였다고 합니다. 그 후로도 케이팝 열풍과 일본인의 한국 유학 등이 이어졌습니다.

2004년 「겨울연가」가 일본의 NHK에서 방영되어 크게 인기를 끈 이후 약 10년간 한국과 일본 사이에 많은 인적 교류가 이뤄졌습니다. 당시 한국에서 일본으로 가는 사람이 하루에 약 3,000명이었고, 일본에서 한국으로 오는 사람들이 약 6,000명이었습니다. 즉 하루에 약 1만 명이 오갔고, 1년으로 보면 약 300만 명 이상의 교류가 이뤄졌습니다. 10년이면 대략 3,000만 명이 양국을 오간 셈이지요. 2019년 불매운동이 있기 전까지 2018년 한 해 동안 한국에서는 약 754만 명, 일본에서는 약 295만 명이 상대 국가를 방문했습니다. 1년에 1,000만 명 정도의 교류가 있었던 셈인데, 한류 전성기보다 한일 시민교류가 훨씬 활발했던 것이 사실입니다.

정치적으로 어떤 한 국가나 사회가 고립되어 있을 때 이를 풀어 줄 수 있는 것이 소프트파워, 즉 문화교류입니다. 그러한 것들이 경제와도 연결되고, 그러면서 정치 영역의 교류도 활성화된다고 할 수 있지요. 그런데 국제정치 이론으로 봤을 때 한일관계는 경제교류가 지금까지 지속되었고 문화적으로 더 밀접해지고 있음에도 불구하고 정치 영역은 오히려 악화되어가는, 이상한 비대칭 현상을 보이고 있습니다.

일본인들의 한국에 대한 호감도를 나타낸 다음의 표를 보면 2004~2005년에는 60~70퍼센트 가깝게 호감을 느끼고 있음을 알 수 있습니다. 그런데 2012년이 되면 이 비율이 18.4퍼센트로 급감합니다. 교류는 활발한데 호감도가 떨어진 것은 정치 영역이 악화되었기 때문입니다. 2012년에 무슨 일이 있었을까요? 그해 8월에 이명박 대통령이 독도를 방문했고, 천황이 과거사에 대해 사죄해야 한다고 발언했습니다. 그 후 일본인들의 한국에 대한 호감도는 18.4퍼센트까지 급락했고 2019년에는 10퍼센트 전후로 더 떨어졌습니다. 약 7~8년 전부터 회복하지 못하고 있지요. 그리고 2012년에는 아베 내각이 등장했습니다. 즉 과거를 미화하는 역사수정주의에 기반한 극우보수세력들이 등장했다는 의미입니다. 그 전해인 2011년에는 3·11 대지진이 일어났고 방사능 사태가 이어졌지요. 이 시기부터 현재까지 혐오 발언 및 집회가 지속되고 있는 현실입니다. 그런 의미에서 2011~12년이 전후 일본사회에 하나의 중요한

 내 이미지 내 텍스트:

(%)
90 ─ 긍정 반응
       부정 반응
80
70
60
50
40
30
20
10

서울올림픽

한국이 독도에 접안시설
건설을 시작

일본 시네마현의 '다케시마의 날'
제정에 대해 노무현 대통령
"일본과 외교전쟁도 불사" 발언

한일 월드컵

이명박 대통령 취임

이명박 대통령
독도 상륙

78.8

18.4

1986년10월 1988년10월 1990년10월 1992년10월 1994년10월 1996년10월 1998년10월 2000년10월 2002년10월 2004년10월 2006년10월 2008년10월 2010년10월 2012년10월

1986~2012년 한일관계에 대한 일본 내 호감도 추이(2012년 일본 내각부 외교 관련 여론조사).

분기점이라고 할 수 있습니다.

호감도 수치를 보면 약 10년간 3,000만 명에 가까운 사람이 왕래하고 경제와 문화 등에서 교류를 했음에도 불구하고 일본인들의 의식은 과연 바뀌지 않았던 것일까 하는 의문이 듭니다. 그렇다면 우리가 해왔던 한류 문화교류는 전후 한일교류에 있어서 과연 무엇이었나 하는 근원적인 의문이 드는 것이지요. 또 보수 아베 정권의 끝에는 과연 무엇이 기다리고 있는 것일까, 과연 이게 일본 군국주의의 부활을 뜻하는 것일까, 한일 간의 국교 정상화는 2020년에 55주년을 맞이하는데 한일관계는 앞으로 어떻게 변화해야 하는가, 이런 의문이 줄을 잇습니다.

1998년 이후 약 20년간의 한일 파트너십 체제에서 처음 10년은 한류의 시대였고, 뒤의 10년은 혐오 발언의 시대였습니다. 한일 파트너십 체제에서도 바뀌지 않은 일본인들 내면의 역사의식은 과연 무엇일까요? 이에 대한 답을 찾자면 일본의 전후 역사에 관심을 기울여야 합니다.

우리는 정말 1945년 8월에 독립한 것일까

제2차 세계대전 전후 처리 과정에 대해서 흔히들 독일과 한반도 지역을 비교합니다. 우선 독일을 볼까요. 독일은 1914~19년 제1차 세계대전을 일으켰고, 이 전쟁에서 패합니다. 연합군은 두 번 다시 전쟁을 일으키지 못하도록 독일에 막대한 전쟁배상과 보상금을 부과했습니다. 빚을 많이 지고 있으면 다시는 전시경제를 갖지 못할 거라고 생각했지요. 하지만 독일은 20년이 지난 후인 1939년 제2차 세계대전을 일으켰습니다.

빚더미에 앉았던 독일은 어떻게 다시 전쟁을 일으킬 수 있었을까요? 대공황이 큰 요인이었습니다. 제1차 세계대전이 끝나고 10년 뒤인 1929년에 세계 대공황이 일어났습니다. 이때 독일은 큰 타격을 받습니다. 은행에서 돈을 빌려 거액의 배상과 보상을 하고 있었는데, 불황 탓에 이자가 배로 불어났던 것입니다.

그럼에도 독일 사람들은 전쟁배상을 계속했습니다. 하지만 빚이 점점 불어나니까 마음속으로 이런 생각을 했지요. '우리가 물론 전쟁을 일으킨 잘못을 했지만 이렇게 점점 빚이 불어난다면 자자손손 빚을 갚아야 할 것이다. 그런데 이렇게 엄청난 전쟁배상을 해야 할 만큼 우리가 잘못을 했을까?' 이런 의구심이 독일인들 속에서 생겨났고, 이러한 독일인들의 불만을 잘 포착했던 이가 히틀러였습니다.

히틀러는 잘못의 원인을 유대인 등에게 돌렸습니다. '우리 독일인들이 잘못해서 이런 불행이 온 게 아니다. 독일사회 내에, 우리 사회 내에 우리를 불행하게 만드는 인종이 있다. 바로 유대인이다.' 하고 선동한 것입니다. 유대인들이 우리를 불행하게 만들었고, 그들의 더러운 피가 독일인들을 더욱 불행하게 만든다고 하는 논리에 독일인들이 호응했습니다. 유대인에게 죄를 뒤집어씌움으로써 독일인은 스스로를 정당화하려고 했던 것입니다. 결국 나치당이 결성되고 히틀러가 선거를 통해 수상이 되면서 1939년에 제2차 세계대전이 일어났습니다.

이 이야기를 길게 한 것은 1945년 전후 처리 과정에서 예전 독일의 사례가 큰 영향을 미쳤기 때문입니다. 1945년에 독일이 패전하자 연합군은 이런 생각을 했습니다. '제1차 세계대전에서 독일이 패전했을 때 두 번 다시 전쟁을 일으키지 못하도록 많은 배상금을 물렸는데, 그 결과 제2차 세계대전이 일어났다. 그렇다면 이번에도 독일에 거액의 배상금을 물렸다가는 또다시 전쟁을 일으키지 않을까?' 하는 것입니다.

그렇다면 연합군은 어떤 식으로 전후 처리를 했을까요? 독일이 두 번 다시 전쟁을 일으키지 못하도록 전쟁배상을 요구하기보다는 독일이라는 나라를 둘로 쪼개는 것으로 결정을 내렸습니다. 그래서 동독과 서독으로 나누었고, 미국·영국·프랑스·소련이 독일을 점령했습니다. 이것도 불안해서 수도인 베를린을 다시 나누었지요. 즉 이중 분할이라는 통치방식으로 전쟁을 끝내면서 독일이 전쟁을 못 하게 했고, 이것이 성공하여 냉전 끝에 동독이 붕괴될 때까지 독일은 전쟁의 길을 가지 않았습니다.

동아시아에 이 방식을 똑같이 적용해본다면, 연합국은 일본이 두 번 다시 전쟁을 일으키지 못하도록 전쟁배상보다는 일본을 분할하는 방식으로 해결했어야 합니다. 시즈오카(静岡) 부근에서 동일본과 서일본으로 나누고, 그것만으로는 불안하다면 도쿄를 동도쿄와 서도쿄로 다시 나누어서 미국과 소련이 각각 점령 통치를 했어야 합니다. 그런데 연합국은 전쟁을 일으킨 일본을 분할하지 않았고, 외려 35년간 식민지였던 한반도를 분할했습니다.

어떤 사람들은 일본 열도를 분할하지는 않았지만 만주와 한반도까지를 당시의 일본 영토로 본다면, 38도선은 만주까지 포함한 일본 영토의 절반을 분할한 것이지 않느냐고 주장하기도 합니다. 그렇게 생각할 수도 있지만 38선은 한반도에 주둔한 일본군을 무장 해제하기 위한 선이었다고 할 수 있습니다. 38도선 이북은 소련이, 이남은 미국이 맡아 무장해제를 시키겠다는 뜻이었지요. 한반도에 일본군이 없었다면 실제로 분단선은 존재하지 않았을 것입니다.

한반도 분할과 함께 미국이 오키나와와 남한을 직접 점령했다는 사실도 생각해볼 필요가 있습니다. 미국은 일본의 영토를 한반도와 만주까지 포함시켜 계산하면서 본토는 간접적으로 독립시켜주되, 일본의 식민지들을 미국이 직접 점령하는 형태로 전후 처리를 한 게 아닌가 의심이 듭니다. 어떻게 보면 미국은 일본을 미군 기지이자 군수품을 만드는 곳으로, 한반도를 전장으로 삼았던 것이지요. 즉 일본과 한국의 운명은 전후 미국의 새로운 점령 정책 속에서 처음부터 두 개의 나라가 아니라 한 세트로 계산되어 있었던 것입니다. 다시 말하면 한국은 1945년 8월에 독립했다기보다 미국의 동아시아 점령 정책 속에 편입된 것이라고 볼 수 있습니다.

일본의 평화헌법, 그리고 1965년 한일기본조약에 숨겨진 미국의 의도는 한국과 일본을 점점 가깝게 만들겠다는 것입니다. 미국의 계획이 원활하게 진행되지는 않았다고 하더라도 한국과 일본의 관계는 안보경제라는 큰 틀 속에서 미국의 의도대로 운영되어왔다고 생각합니다.

일본이 잃어버린 세 번의 기회

이제 '일본은 왜 역사반성을 하지 못했는가?' 하는 질문에 답을 할 차례입니다. 전후 한국과 일본은 하나의 운명공동체로 세트가 되는 와중에 역사문제를 해결했어야 했는데 그러지 못했습니다. 일본에는 세 차례 정도 역사반성을 할 수 있는 기회가 있었는데, 전부 놓쳐버렸던 과정을 한번 살펴보지요.

가장 먼저 일본이 역사반성을 할 수 있었던 기회는 도쿄재판입니다. 패전과 함께 일본은 포츠담선언을 수락했습니다. 이 선언에 따라 일본은 전범재판을 받고 배상을 해야 했지요. 도쿄재판에는 연합국과 치른 전쟁에 대한 죄로 일본의 A급 전범들이 기소되었습니다. 그 자리에 있었던 전범들 중에는 조선과 대만을 통치했던 총독들도 있었습니다. 하지만 그들이 재판정에 섰던 것은 식민지 통치에 대한 죄 때문이 아니었습니다. 즉 1차 도쿄재판에서는 연합국에 대한 침략의 죄만 물었던 것입니다. 결국 일본은 식민지 지배를 반성할 수 있는 기회를 갖지 못했지요. 당시 도쿄재판에서 연합군이 식민지 문제를 거론하지 않은 이유는 영국이나 미국이 전후에도 자신들의 식민지 지배를 정당화하고 유지하려고 했기 때문입니다. 그래서 지금도 일본에는 연합국을 포함해서 식민지 문제를 반성하는 나라는 그 어디에도 없는데 왜 일본만 반성해야 하느냐고 주장하는 사람들이 있습니다. 더 나아가 도쿄재판을 문제 삼는 사람들도 있습니다. 일본의 우익들은 도쿄재판 자체가 연합군의 압력에 의해서 만들어진 강압된 재판이라고 봅니다. 전쟁은 이기고 지면 끝나는 거지 전쟁에 대한 죄를 묻는 것 자체가 있을 수 없다는 논리로 부정하는 것이지요.

역사반성의 두 번째 기회는 한국전쟁이 발발한 1950년 이후 급격하게 진행된 일본의 독립과정에서 찾아왔습니다. 1951년 샌프란시스코 강화조약이 맺어졌지요. 당시 이승만 대통령이 끝까지 샌프란시스코 강화조약에 연합국의 일원으로 참여하겠다고 주장을 했다는 기록이 남아 있습니다. 하지만 요시다 시게루(吉田茂) 당시 일본 수상은 강화조약 체결의 조건으로 한국을 배제하려고 했고, 결국 한국은 참여하지 못한 채 일본과 연합국만의 강화조약(단독 강화)이 되고 말았습니다.

우리는 참여하지 못했지만 필리핀과 인도는 아시아 국가임에도 참여했습니다. 이 사실에는 중요한 의미가 있습니다. 당시 미국과 연합국이 자신들의 식민지였던 나라들은 전쟁 당사국으로 강화조약 참여를 인정했지만, 일본의 식민지였던 나라인 대만과 한국은 참여할 필요가 없다고 생각했던 것입니다. 결국 샌프란시스코 강화조약에서도 일본의 식민지 문제가 거론되지 않았습니다.

흔히들 1965년 한일기본조약을 샌프란시스코 강화조약의 연속선상에서 이루어진 조약이라고 하지만, 여기에 대해서는 조금 달리 볼 필요가 있습니다. 샌프란시스코 강화조약은 연합국과 일본의 합의조약이었기 때문에 연합국에 대한 전쟁배상이 주된 내용일 수밖에 없습니다. 그러므로 일본은 한국을 비롯한 식민지 국가들과는 다른 조약으로 문제를 해결했어야 합니다. 이렇게 보는 것이 훨씬 더 바른 해석이라고 할 수 있지요. 어쨌든 일본은 빨리 독립해야 했고, 강화조약에 한국이나 대만 등 식민지 국가들이 참여하면 빠른 시일에 합의할 수 없었기 때문에 이들을 배제한 채 연합국과 단독 강화를 맺으려고 했습니다. 그 결과 일본은 반성할 수 있는 기회를 다시 한번 놓쳤지요.

마지막 기회는 한일 양국의 직접적인 협상이 이루어진 1965년 한일기본조약 체결 때입니다. 이때 한국은 국가보상·배상 및 식민지 지배 사죄를 요구했지만 일본은 어느 것 하나 끝까지 인정하지 않은 채 '경제협력 방식'으로 한일기본조약이 체결되어버렸습니다. 그 후에 일본은 아시아의 국가들, 즉 인도네시아나 대만과도 양국 조약을 맺어서 식민지 역사문제를 해결해야 했지만, 아시아의 어느 나라에도 식민지 지배를 사죄하지 않았습니다. 특히 중국과의 관계에서도 모든 청구권을 포기시켰지요. 결국 일본은 현재까지 아시아의 어느 나라에도 식민지 문제와 관련된 사죄를 하지 않은 채 '경제협력 방식'으로 전후를 지내왔습니다.

최근에 문제가 되고 있는 강제징용자 배상판결과 관련해서 일본은 1965년 청구권 협정을 맺으며 외교협상권만이 아니라 개인청구권까지 "최종적으로 완전 해결"되었다고 하는데, 이 부분은 좀 살펴볼 필요가 있습니다. 양국 협상에 있어서 개인청구권이 유효하다는 논리는 오히려 일본 정부가 처음 만들어낸 것입니다. 일본이 샌프란시스코 강화조약을 미국과 조인할 때, 히로시마 및 나가사키 피폭자들에 대한 피해보상과 미국에 남겨진 일본인들의 재산권이 문제가 되었습니다. 이때 일본 정부는 미국과 일본의 청구권협상은 양국 간의 재산권협정이며 개인의 피해 및 재산권에 대해서는 미국에 직접 청구할 수 있다는 논리를 폈습니다. 당시 일본 정부에는 히로시마 및 나가사키 원폭 피해자들에게 직접 배상할 수 있는 여력이 없었기 때문입니다. 일본의 국민들이 미국을 상대로 원폭 피해에 대한 배상청구는 하지 않았고, 일본 정부가 위자료와 치료비 명목으로 피해배상을 하고 있습니다.

1955년 일본이 소련과 국교 정상화를 하며 평화협정을 맺을 때에는 소련의 수용소에 억류된 일본 군인들의 사망, 강제동원, 임금 미지불 문제가 대두되었습니다. 이때 일본 정부는 소련과 맺는 평화조약은 전쟁 피해에 대한 국가 간 협의이며 개인의 재산 및 피해에 대해서는 개별 청구가 가능하다고, 개인청구권까지 소멸시킨 것은 아니라고 했습니다. 결국 소련에 억류되었던 일본 군인들은 일본에 돌아와서 일본 정부를 상대로 사죄와 배상을 요구했으며, 민주당 집권 시기인 2010년에 일본 정부는 이들을 위해서 전후 강제억류자 특별조치법을 만들어서 구제해주었습니다. 하지만 이 법에 국적 조항을 만들어서 한국인들은 1965년 청구권 협정에서 해결된 것으로 배제했습니다.

똑같은 논리를 적용해보면, 1965년 한일이 청구권 협정을 맺을 때 정부 대 정부로 재산권 및 강제동원에 대해 외교적 협상을 했더라도 개인의 청구권은 일본인에게도 조선인 노동자에게도 유효하다고 판단했어야 합니다. 실제 일본 정부는 2000년대까지 개인청구권은 유효하다는 입장을 표명해왔으며, 2007년 일본의 대법원도 중국인 노동자의 강제동원 재판과 '위안부' 재판에서 개인청구권은 소멸시킬 수 있는 것이 아니라고 판단했습니다. 이제 일본의 아베정권은 그간 자신들이 인정해온 개인청구권까지 부정하고 있는 상황입니다.

앞서 언급한 것처럼 세 번의 기회에서 모두 사죄를 하지 않은 일본은 이후 오히려 식민지 지배를 부정하는 논리를 펴기 시작합니다. 예를 들어 일본은 패전 전부터 식민지라는 말 대신 내지와 외지로 구별했고, 이는 곧 일본이 다른 제국주의 국가의 식민지 정책과 다른 정책을 폈다는 것을 의미하며, 오히려 내지의 일본인으로서 외지의 아시아인을 해방하려 했다는 논리를 가르쳐왔습니다. 전후부터 지금까지 줄곧 이 논리를 내세우고 있기 때문에 한국이 일본에 식민지 지배를 사죄하라고 하는 것 자체가 허무하게 느껴지기도 합니다. 사죄할 일이 없다고 굳게 믿고 있는 사람들에게 사죄하라고 하는 꼴이니까요. 일본에는 아시아 주변국의 역사반성 요구를 받아들일 기본 토양조차 부족하다는 현실을 인식할 필요가 있습니다.

1965년에 역사문제는 청산하지 못했고, 1998년 체제에서도 문화 개방은 했지만 역사문제는 봉합을 했는데, 2018년에 다시 제기된 강제징용 문제에 대해 법원이 처음으로 식민지 지배의 불법성을 인정했습니다. 과거 냉전 시대에 미국을 위시한 연합국과 한일 양국 정부가 덮어둔 역사문제가 공식적으로 대두된 것이지요. 이는 이제 한국과 일본의 정부가 식민지 지배의 불합리성 문제를 공식적으로 직면해야 된다는, 그러지 않고서는 한일관계가 진전할 수 없다는 사실을 다시 확인하는 계기가 되었습니다. 10년간 3,000만 명이 넘게 방문했고, 혐오 발언이 넘치던 시기에도 매년 1,000만 명이 넘는 사람들이 교류를 해왔음에도 우리가 한일관계를 질적으로 성숙시키지 못했다는 사실을 직시해야 합니다. 한일관계의 새로운 진전을 위해서 더 이상 강제징용과 '위안부' 문제를 외면할 수는 없습니다.

한국전쟁의 출구인가, 제2차 한국전쟁의 입구인가

세 번의 기회를 놓치고 다시 찾아온 네 번째 기회에서 일본은 어떤 선택을 할까요? 2019년 일본의 경제보복 조치를 봤을 때 일본이 올바른 선택을 하기란 어렵다고 봐야 할 것 같습니다. 오히려 일본은 70년의 역사를 바꿀 수 있는 천재일우의 기회를 두 번 다시 놓치지 않겠다고 생각하는 것 같습니다. 그런 증거들이 현재 일본에 넘쳐나고 있습니다.

2012년 이후 일본의 보수세력들이 새롭게 등장했고, 아베 내각을 통해서 일본 다시 만들기·다시 되찾기 기획과 시나리오를 실행하기 시작했습니다. 일본 내 공산당이나 사회당 같은 혁신세력이 붕괴되고, 자민당 내 자유주의 세력이 약화되며, 일본의 시민운동이 보수화되는 등 조건이 더해져 보수세력의 계획은 차근차근 진행될 수 있었습니다. 또 한 가지 일본이 절호의 찬스라고 봤던 이유는 한국에 박근혜정권이라는, 아베정권이 가장 기대하고 있었던 보수정권이 등장했기 때문입니다. 미국도 마찬가지 입장이었을 것입니다. 1965년에 한일기본조약을 만들 수 있었던 것도 박정희를 비롯해 일본과 네트워크를 가지고 있는 한국의 보수세력이 등장했기 때문이었습니다. 그러니 미국은 아마도 박근혜정권의 등장과 아베 내각의 성립을 보며 동아시아에서 미국 주도의 보수안보체제를 완성시킬 수 있는 기회라고 생각했을 것입니다.

실제로 이 시기에 일본 보수세력이 기획한 많은 것들이 이루어졌습니다. 이를 주도한 것은 '일본회의'라는 정치조직이었지요. 일본회의에 대해서는 뒤에서 다시 다루겠지만, 간단하게 소개하면 일본 내 혁신세력과 자유주의 보수세력이 존재하던 시기에 숨죽인 채 오랫동안 명맥을 유지해오던 퇴역 군인, 군국주의자, 문인들로 이뤄진 극우보수단체 '일본을 지키는 국민 모임'과 '일본을 지키는 모임'이라는 우익 종교세력이 하나로 합쳐진 정치단체입니다. 1993년 일본군 '위안부' 문제에 대한 고노 요헤이(河野洋平) 관방상의 사죄 담화와 1995년 아시아태평양전쟁을 사죄하는 무라야마 총리의 담화를 계기로 이때부터 '위안부' 문제나 난징대학살 등을 부정하는 여러 활동을 연합해서 펼치다가 아예 하나로 뭉치게 되었지요.

아베 수상은 일본회의 창립 멤버이고, 일본회의와 함께 제2차 내각까지 만들어내며 협력관계를 유지했습니다. 아소 다로(麻生太郎) 재무상은 일본회의의 특별고문 역할을 하고 있지요. 아베 수상은 국회의원들 중에서 일본회의를 지지하는 모임을 만들어서 현재 국회의원 713명(중의원 465명, 참의원 248명) 중 300명 이상이 그 모임에 가입해 있는 상태입니다. 또 지방의원들의 모임도 만들어서 약 1,600명(지방의원 정원은 약 29,000명)이 일본회의를 지지하는 의원연맹에 가입한 것으로 알려졌습니다. 일본회의는 이렇게 점점 조직을 넓혀가서 2014년 아베 수상이 중의원 선거에서 압승을 했을 때 19명의 각료 중에 15명이 일본회의 멤버였습니다. 이들은 정치권의 전면에 등장하여 일본회의의 정책강령들을 구체적으로 실현해 나갔습니다.

예를 들어 시모무라 하쿠분(下村博文) 문부상은 일본 교육기본법을 개정해서 역사교과서에 문제가 될 수 있는 역사적 사실은 하나도 실을 수 없도록 조치를 했고, 이후 일본군 '위안부' 문제나 난징 대학살 등 논란이 되고 있는 중요한 역사문제들이 일본의 역사교과서에서 없어지게 했습니다. 방위대신들은 안보법제들을 실제적으로 성립시킴으로써 헌법 9조가 있음에도 불구하고 자위대의 해외 파병과 집단적 자위권 행사가 가능하게 만들었고, 현재 아베 내각은 헌법 9조 개정을 위한 시나리오를 실현하는 단계에 이르렀습니다. 즉 아베 내각의 브레인은 일본회의의 멤버들이고, 현재 일본은 일본회의가 내각을 운영하고 있다고 할 정도로 극우세력이 정치의 주류가 되었습니다.

2012년부터 등장한 일본회의를 중심으로 극우보수세력이 부상한 상황은 동아시아가 지금 새로운 과제에 직면해 있다는 것을 의미합니다. 냉전이 붕괴된 이후 약 30년간 중국이 강자로 대두하는 과정에서 미국과 일본은 동아시아 지역에서 정치적·경제적으로 많이 약화되었지요. 그러나 일본은 경제적으로는 약화되었지만 군사적 역할은 훨씬 커졌고, 각국에서 자유주의 정치세력이 실패하고 극우보수세력들이 전면에 등장하는 등 아시아는 혼란의 시기를 맞고 있습니다. 특히 한국과 북한, 그리고 미국과 북한의 화해 움직임이 활발해짐에 따라 일본이 한반도의 새로운 변화 속에서 굉장한 위기의식을 느끼고 있습니다. 일본의 극우보수세력이 그간 북한 위협론과 한반도 위기론을 주장하면서 일본 내에 자신들의 정치 기반을 유지해왔기 때문입니다.

중국이 대두하면서 일본과 중국의 긴장과 대립은 피할 수 없는 정치 시나리오가 될 듯합니다. 일본의 극우보수세력은 중국의 영향력이 한반도의 평화 프로세스에 영향을 미쳐서 한국이 중국의 영향권에 들어가지 않을까 긴장하고 있습니다. 일본의 극우 세력은 청일전쟁 및 러일전쟁, 그리고 한반도 식민지화 등을 겪으며 한반도가 일본의 영향력 아래에 있어야 일본의 안전이 보장되고 유지된다고 생각해왔습니다. 냉전 시대에는 한국이 반공 국가였기 때문에 극우세력도 안심할 수 있었지요. 하지만 한국이 민주화하며 군사정권이 퇴조한 후, 일본 극우보수세력은 한반도의 변화에 긴장과 불안을 느끼기 시작했습니다. 김대중 및 노무현 정권의 대북 유화 정책을 비판했고, 그 후 이명박 및 박근혜 보수정권의 등장으로 잠시 안심했는데, 촛불혁명에 의해 문재인정권이 등장하여 남북 및 북미 평화 프로세스가 급격히 추진되는 것에 강한 거부감과 위기감을 느끼고 있지요. 만약에 남북관계가 개선되어 한반도 분단 유지 정책이 실패한다면, 일본 정치의 전면에 등장한 극우보수세력들은 38선이 쓰시마까지 내려왔다고 하면서 제2의 한국전쟁을 기획할 수 있는 정치 토양을 만들어갈 것입니다.

그들에게 남북통일 또는 핵동결과 북미 국교 정상화는 청천벽력과 같은 충격일 것입니다. 일본은 고령화 및 저출산 문제 때문에 경제 전체가 퇴조 국면에 있으며, 3·11 대지진과 후쿠시마 방사능 유출 사고 탓에 3개 현이 정상적으로 제 역할을 하지 못하는 상황이라 미래에 대한 불안의식이 팽배합니다. 여기에 한반도 평화 프로세스라는 외부의 충격이 가해지면 일본 보수의 뿌리가 송두리째 뽑힐 수도 있다는 위기의식을 가지고 있지요.

이렇게 본다면 북미 및 남북 평화 프로세스는 한반도와 동아시아가 위기를 극복할 수 있는 마지막 기회일지 모릅니다. 만약에 이 프로세스가 실패하면 일본의 극우보수세력은 두 번 다시 한반도에서 남북 공존 및 북미 평화 프로세스가 진행되지 못하도록 미국을 등에 업고 북한과 국지전을 감행할 것입니다. 여기에 한국에 또다시 보수정권이 들어선다면 그들 또한 일본의 보수세력과 이해관계가 일치할 것입니다. 우리가 현재 한국전쟁의 출구에 서 있는지, 아니면 제2차 한국전쟁의 입구에 서 있는지, 우리의 미래를 가늠할 수 있는 시야를 가지고 준비해야 할 것입니다.

02
한국인은 모르는
일본인의 마음, 야스쿠니

일본이 역사반성을 못 하는 데에는 국내적인 이유와 국제적인 이유도 있지만 일본인의 정신적인 문제가 있는 것 같습니다. 이를 보여주는 대표적인 사례가 야스쿠니(靖國) 신사 문제인데, 특히 한국에서 야스쿠니 문제를 이해하기란 쉽지 않은 것 같습니다. 그래서 이번에는 야스쿠니 문제의 역사적인 측면과 현재적인 측면에 대해서 살펴보려고 합니다.

2019년은 야스쿠니 신사 창립 150주년이었습니다. 2018년은 메이지유신 150주년이었으니 일본의 근대 천황제, 야스쿠니, 메이지유신이 모두 150년의 역사를 가지고 있다고 할 수 있습니다. 그렇지만 정작 일본 사람들조차 야스쿠니를 제대로 이해하고 있는지는 의문입니다. 일본 수상이 야스쿠니에 가는 것을 한국과 중국에서 엄청나게 반대하는데도 많은 일본 사람들이 참배를 지지하는 것은 야스쿠니를 잘 모른다는 증거 중 하나입니다. 일본 사람들은 이렇게 생각합니다. '사람에게는 누구나 종교의 자유가 있는데, 일본 수상이 종교적 신념에 따라 야스쿠니에 가는 것이 왜 문제인가. 미국 대통령이 일요일에 교회에 가는 것과 다르지 않다.' 또 '한국이 현충원, 미국이 알링턴 국립묘지에서 자기 나라 유공자들을 추도하는 것처럼 일본도 국가를 위해서 죽은 병사들을 추도하는 것뿐인데 왜 잘못되었는가' 하고 따지기도 합니다. 일본의 젊은 층 중에 이러한 의문을 가진 이들이 많은데, 야스쿠니가 어떤 곳인지 제대로 알려져 있지 않고, 또 학교에서도 배우지 않았기 때문에 이러한 의문을 나타내는 건 어쩌면 당연합니다.

한편 우리는 야스쿠니 신사가 히틀러 같은 A급 전범이 있는 곳이기 때문에 거기에 참배하러 간다는 것은 전쟁을 정당화하는 것이나 마찬가지라고 비난하곤 합니다. 틀린 말은 아니지만 이 역시 야스쿠니의 본질을 이야기하는 것은 아닙니다. 사실 우리도 야스쿠니에 대해 배울 기회가 많지 않았지요. 야스쿠니에는 여러 가지 논쟁점들이 있기 때문에 조금 더 구체적으로 알아보도록 하겠습니다.

메이지유신과 야스쿠니

도쿄의 중심에 구단시타(九段下)라는 역이 있고 건너편에 천황 황실이 있는데, 그 사이에 바로 야스쿠니 신사라는 공간이 있습니다. 우리로 치면 용산 미군기지 같은 규모로 야스쿠니가 도심을 장악하고 있다고 보면 됩니다. 야스쿠니 신사의 한자 야스(靖)는 '평안하게 하다', 쿠니(國)는 '국가'라는 뜻입니다. 즉 국가를 평안하게 하는 신사라는 뜻이지요. 보통 일본 사람들은 야스쿠니 하면 국가와 전쟁을 먼저 떠올립니다. 일본 영화에서 가미카제 특공대가 미군 함대에 돌격하기 전에 "우리 야스쿠니에서 만나자"라고 하는데, 그런 영상과 함께 일본인들에게 익숙하게 기억되는 곳입니다. 그런데 가보면 알겠지만 야스쿠니는 아주 평화로운 곳입니다. 도쿄 벚꽃의 개화 시기를 결정하는 유명한 벚나무와 신사에 서식하는 하얀 비둘기가 유명하지요. 일본인에게 야스쿠니는 평화를 뜻하는 비둘기와 아름다운 벚나무가 있는 곳으로 기억되는 것입니다. 일본 사람들에게 언제 야스쿠니에 가봤느냐고 물어보면 대부분 오미소카(大晦日)라는 연말 연휴를 이곳에서 즐기고, 신년에 처음 하는 참배인 하츠모데(初詣)를 하러 간다고 답합니다. 즉 야스쿠니 신사에 전쟁의 이미지가 없는 것이지요. 일본 사람들이 받아들이기에 야스쿠니는 여느 신사와 다를 바 없는 셈입니다.

일본의 신도(神道)라는 것은 종교적으로 불교 및 유교가 도교와 합쳐졌다고 생각하면 되는데, 모든 사물에는 신이 있다고 생각합니다. 일본 황실의 조상인 아마테라스오미카미(天照大神)처럼 정말로 신화에 나오는 신을 모시거나, 죽은 인간을 신으로 모시거나, 신이라고 여기는 사물을 모시기도 합니다. 이는 일본 모든 신사의 특성인데, 야스쿠니의 경우에는 일본 국가를 위해 전쟁에서 죽은 군인들의 혼을 모아 신으로 만들었다는 것이 특징입니다. 그래서 전쟁 중은 물론 전쟁 후에도 많은 일본인들이 죽은 자식이나 남편이 생각날 때 야스쿠니를 가면 만날 수 있다고 생각하고 있습니다. 민중 속에 야스쿠니 신사가 존재해왔다고 볼 수 있지요. 그들은 야스쿠니와 함께 전쟁을 치렀고 야스쿠니와 함께 살아왔다고 표현할 수도 있을 것 같습니다.

앞서 야스쿠니, 천황제, 메이지유신이 모두 150년 되었다고 했는데, 그만큼 야스쿠니는 메이지유신과 깊은 관련을 맺고 있습니다. 그 유래를 간단하게 살펴보지요. 1853년 미국의 페리 함대가 무력으로 개항을 요구하자 막부정권은 이에 굴복에 1854년에 미일화친조약을 맺게 됩니다. 그때 일찌감치 서구 문물을 받아들인 세력은 막부의 무능함을 깨달아 막부 타도를 외쳤고, 반대편에는 막부를 지키려는 자들이 모여 대립을 시작했지요. 결국 일종의 내전을 거쳐 1868년 메이지 천황이 중심이 되는 새로운 체제가 만들어졌고, 에도막부 세력은 메이지 천황의 체제 속으로 들어가는 정치 형태가 세워졌습니다. 그래서 이것을 메이지혁명이 아니라 메이지유신이라고 합니다. 유신(Restoration)이라고 했던 것은 막부정권이 붕괴되지 않고 재편입되었기 때문이지요.

1853~68년 기간에 천황을 지지하는 많은 사무라이들이 막부에 의해 목숨을 잃었습니다. 메이지유신 1년 후인 1869년에 천황은 '메이지 천황제'를 만들기 위해 전국에서 목숨을 잃은 병사들의 혼을 다시 불러들여 추도하겠다고 이야기했지요. 그래서 같은 해에 도쿄에서 먼저 초혼제(招魂祭)를 지내고 초혼사(招魂社)라는 신사를 만듭니다. 초혼제는 전국적으로 시행되었습니다. 현재 일본에는 야스쿠니 신사를 포함해 각 지역에 호국 신사라고 불리는 곳들이 있는데, 이 호국 신사들은 다 초혼제를 지낸 곳들입니다. 이로부터 10년 후에 도쿄에 있는 초혼사의 이름을 바꿔서 야스쿠니 신사라고 했던 것입니다.

다시 말하면 야스쿠니 신사는 근대 천황제와 동시에 생겨났고, 이로부터 천황을 중심으로 한 국민국가가 만들어졌습니다. 아시아에서 처음으로 근대국가가 시작된 것입니다. 서구에서는 30년전쟁이 끝나고 만들어진 베스트팔렌조약에 기초해서 처음으로 근대국가가 생겼다고 하듯이, 아시아에서는 일본이 메이지유신을 통해서 처음으로 근대국가를 시작했던 것입니다. 이렇게 본다면 야스쿠니를 폐지하라는 말은 천황제를 폐지하라는 말이고, 나아가 근대국가 일본을 해체하라는 말이나 마찬가지입니다. 그래서 야스쿠니 폐지라는 주장은 그렇게 간단하지 않습니다.

일본 수상을 반기지 않는 야스쿠니?

천황제와 함께 시작된 야스쿠니는 수많은 전쟁을 거치며 또 다른 특징을 갖게 됩니다. 일본은 메이지유신 이후에 길게는 10년 짧게는 5년마다 새로운 전쟁을 수행해왔습니다. 큰 전쟁만 살펴봐도 1894년 청일전쟁, 1904년 러일전쟁, 1914년 제1차 세계대전과 러시아혁명 후의 시베리아 출병, 1931년 만주사변, 1937년 중일전쟁, 1941년 아시아태평양전쟁 등 일본은 끊이지 않고 전쟁을 이어왔습니다. 이 많은 전쟁을 해나가기 위해서라도 일본은 계속해서 국민들의 전의를 고양시키지 않을 수 없었지요. 야스쿠니는 국민의 전의를 끌어올리는 데 큰 효과를 내는 기구였습니다. 죽은 자들을 신으로 삼아 야스쿠니에 이른바 합사(명부에 신으로 이름을 올리는 것)를 하고, 매년 봄과 가을에 천황이 직접 와서 그들을 위한 위령행사를 치렀습니다.

야스쿠니의 역사가 150년이라는 사실은 또 다른 관점에서 중요합니다. 야스쿠니 신사라 하면 국가를 위해 죽은 병사들을 기리는 곳이라고 오해하지만, 정확히 이야기하면 국가가 아닌 천황을 위해서 죽은 이들만이 합사될 수 있었습니다. 천황을 배신한 인물이라면 누구도 야스쿠니에 합사될 수 없었지요. 그것도 오직 1853년부터 1945년 사이에 천황을 위해 죽은 자들만이 야스쿠니에 합사되었습니다. 그 수가 약 246만 6,000이며, 이들은 하나의 영혼으로서 신이 되었다고 이야기하고 있습니다. 자기를 위해 죽은 병사들이라 천황은 전전은 물론 1945년 8월 15일 이후에도 봄과 가을에 예제(例祭)를 지내게 하고 스스로도 참여해왔습니다.

천황이 전후에도 계속 추모를 했다는 사실에는 중요한 의미가 있습니다. 야스쿠니에 합사된 아들을 둔 어떤 어머니가 이런 말을 했습니다. "내 자식이 산에서 그냥 죽었으면 아무 소리도 못 하는 개죽음이 되었을 것이다. 그런데 내 아들이 전쟁에 가서 죽은 덕에 신이 됨과 동시에 국가를 위해서 희생한 영혼으로 죽어서도 추앙을 받고 있다. 나는 이것을 하나의 자랑으로 여기고 있다." 즉 전쟁을 수행하고 국가를 위해서 죽은 자식의 죽음을 자랑스러운 일로 느끼게 만들어버린 것입니다. 추도라는 것은 죽음을 슬퍼하고 애도를 표함으로써 죽음과 직면하는 과정인데, 야스쿠니라는 시설은 사랑스러운 가족의 죽음을 슬픈 일이 아닌 자랑스럽고 기쁜 일로 받아들이게 한 것이지요. 이를 두고 도쿄대의 다카하시 데쓰야(高橋哲哉) 교수는 야스쿠니라는 시설이 슬픔을 기쁨으로 만드는 감정의 연금술 같은 일을 해왔다고 표현한 바 있습니다.

1978년, 야스쿠니 신사에 도쿄재판에서 사형을 받은 A급 전범 14명이 합사되어 있다는 게 발표되면서 논란이 불거지기 시작했습니다. '천황을 위해서 전쟁에서 죽은 자들'이 야스쿠니에 합사되어야 한다는 대원칙이 어긋난 것입니다. 물론 A급 전범들이 천황을 위해 대신 죽었다고 볼 수도 있습니다. 전쟁의 책임자는 천황이고, 천황이 도쿄재판에 기소되어 사형을 받아야 하는데 기소가 면제되었지요. 그 대신 전시 내각의 수상이었던 도조 히데키(東條英機)를 비롯한 A급 전범들이 도쿄재판에서 사형선고를 받았습니다. 일본 보수세력은 천황을 위해서 대신 죽었기 때문에 A급 전범들이 야스쿠니에 합사되어야 한다고 주장합니다. 하지만 정작 천황 자신은 이와 다르게 생각했습니다. 이것이 야스쿠니 문제를 보는 하나의 중요한 지점이기도 합니다.

다음 사진은 '도미다 메모'라는 것입니다. 도미다 아사히코(富田朝彥)는 천황을 보좌하는 국내청장관으로 천황의 비서였지요. 이 메모에는 A급 전범이 합사된 이후 천황이 한 번도 참배하지 않았다고 기록되어 있습니다. 즉 1989년에 죽은 히로히토(쇼와) 천황과 생전 퇴임을 한 현재의 상황(上皇) 아키히토 천황은 1978년 이후 한 번도 야스쿠니에 가지 않았던 것입니다. 아키히토 천황이 평화주의자이고 아버지의 전쟁에 대해서 반성을 했기 때문에 야스쿠니를 안 갔다는 평가도 있지만, 야스쿠니에 전범이 합사된 것에 불만을 품었던 것은 분명해 보입니다. 천황이 전범을 합사한 야스쿠니에 간다는 것은 마치 히틀러가 묻힌 곳에 독일 대통령이 참배를 가는 것과 마찬가지입니다. 거기에 참배를 하는 것은 전쟁을 미화하는 것이며, 포츠담선언을 거부하는 것이고, 도쿄재판을 인정하지 않겠다는 것으로 해석될 수 있습니다. 그래서 천황은 현 상황에서

도미다 메모

는 야스쿠니에 참배할 수 없다고 의사를 명백히 표명한 것입니다.

천황이 가지 않기 때문에 지금 야스쿠니는 불합리한 상황에 빠져 있습니다. 여러 수상들이 야스쿠니를 참배했지만, 야스쿠니 측에서는 이를 별로 반기지 않습니다. 야스쿠니의 본래 정신과 어긋나기 때문이지요. 야스쿠니가 제일 바라는 것은 천황이 다시 오는 것입니다. 천황이 참배해야만 야스쿠니가 본래의 모습대로 돌아갈 수 있다는 것이지요.

"우리 할아버지가 야스쿠니에 합사되어 있대요"

야스쿠니가 우리에게 문제가 되는 데는 더 큰 이유가 있습니다. 야스쿠니 내에 천황을 위해서 죽은 일본 군인들만이 아니라 조선 과 대만 출신 군인과 군속 들이 함께 합사되어 있다는 것입니다. 전쟁 중에 이들이 일본인으로서 전장에서 싸웠기 때문이지요. 현 재 야스쿠니에 조선인 2만 1,000여 명이 합사되어 있는데, 한국의 유가족들이 야스쿠니 합사 취소를 요구하고 있는 실정입니다. 가 해자인 일본 군인과 피해자인 조선인들이 함께 합사되어 있으니 당연한 요구이지요. 하지만 합사 취소 요구에 대해 일본의 보수주 의자들은 이런 말을 합니다. 일본은 제국주의 병사들을 차별하지 않았다, 오히려 일본인과 똑같이 대접해서 합사를 한 것이다, 즉 식 민지 출신이라 하더라도 배제하지 않고 야스쿠니에 일본 군인과 동등하게 대접해줬는데 그게 왜 문제가 되느냐는 것입니다.

야스쿠니에 합사되면 유가족에게 원호금이라는 돈이 나옵니다. 군인으로서 죽을 것을 장려하는 제도라 전후에 연합군 최고 사령 부(이하 GHQ)가 맨 먼저 폐지한 제도입니다. 그러다 샌프란시스코 강화조약이 성립되어 독립국이 되자마자 일본은 원호금을 먼저 부 활시켰지요. 야스쿠니에 합사된 아들을 둔 어머니는 이런 말을 합 니다. "내 자식은 죽어서도 효자다. 내 자식이 야스쿠니에 합사되 어 신이 되더니 나에게 지금도 계속 돈을 보내오고 있다." 즉 원호금이라는 물질적인 혜택을 통해 일본인들을 야스쿠니 사관에 동의하게 만드는 것입니다. 그런데 함께 합사되어 있는 조선인들은 이런 원호금을 받을 수 없습니다. 샌프란시스코 강화조약 성립과 동시에 일본 정부가 조선인의 일본 국적을 말소했기 때문입니다. 외국인에게 원호금을 지급하지 않기 위한 조치였지요. 일본인처럼 합사해주고 있다면서 원호금 지불을 요구하면 외국인으로 취급하는 모순을 스스로 폭로한 셈이기도 합니다.

야스쿠니 합사 취소에 대해 유골함을 다시 가져오는 것으로 이해하는 분들이 있는데, 그렇지는 않습니다. 합사는 단지 책자에 이름을 올리는 것을 말합니다. 그러니 취소 요구는 그 명부에서 이름을 빼달라는 것입니다. 일본에서도 부모나 조부모의 유골을 따로 모시고 있는 사람들은 본인들의 조상이 야스쿠니에 합사되어 있는지를 알기 어렵습니다. 야스쿠니는 유족에게 합사를 위한 동의를 받을 필요가 없고 합사한 사실을 알릴 의무도 없으며, 그저 유족이 물어보면 합사 여부를 가르쳐줄 뿐입니다. 일본인에게도 그러니 한국 사람이 이를 확인하기란 더욱 어렵겠지요.

한국인이나 대만인 말고 일본인 중에도 합사 취소를 요구하는 경우가 있습니다. 여러 이유가 있지만, 가톨릭 신자는 유일신을 모시기 때문에 남편이나 자식이 야스쿠니에 신으로서 합사되면 신앙과 어긋나게 되므로 취소를 요구하기도 합니다. 그동안 야스쿠니는 이를 받아들이지 않았습니다. 246만 6,000명이 하나의 신이기 때문에 한 사람도 내릴 수 없다고 이야기했지요. 합사는 한번 해버리면 개인적인 상황에 따라서 분사(합사에서 분리 또는 취소하는 것)를 시킬 수 없다는 게 야스쿠니의 논리입니다. 심지어 죽은 줄 알았던 일본 군인이 인도네시아 정글에서 살아 돌아와 죽지 않았으니 분사해달라 요구했을 때에도 받아들이지 않았습니다. 그래서 지금 야스쿠니에 합사된 채로 살아가는 사람들도 있습니다.

또한 야스쿠니에는 집단자살을 했던 오키나와의 민간인들, 아이들도 합사되어 있습니다. 대개 전쟁 중에 집단자살을 한 사람들이지요. 오키나와 내에서는 그들의 죽음이 구조적인 타살이라고 문제를 제기하지만, 일본 정부는 이들이 야스쿠니에 합사된 것은 군작전에 협력한 민간인이기 때문이라며 묵살하고 있습니다. 게다가 유족들에게 원호금이 나오고 있지요. 만약에 야스쿠니 합사가 취소되면 유가족들은 지금까지 받았던 원호금을 다 돌려줘야 합니다. 일본에서 야스쿠니의 합사 취소 소송이 이뤄지지 않는 이유입니다. 원호금으로 야스쿠니의 질서를 암묵적으로 인정하게 만드는 구조 속에서 야스쿠니가 계속 유지되고 있는 셈입니다.

야스쿠니는 추도시설이 아니다

메이지 시대에 천황에 충성한 사람들만이 합사된 야스쿠니. 이곳에는 히로시마와 나가사키의 원폭으로 피해를 본 사람들, 그리고 도쿄공습 등으로 사망한 민간인들은 합사되지 않았습니다. 그러니 실은 전쟁 추도시설로서도 적합하지 않습니다. 오히려 죽은 이를 신으로 숭배하는 시설이기에 일본 국민 모두가 동의하는 시설인가 하고 문제제기를 하는 사람들도 많지요. 야스쿠니 곳곳에 청일전쟁에서 일본 육군이 승리한 장면과 러일전쟁에서 해군이 승리한 장면 등이 조각이나 그림으로 남아 있고, 4월과 10월에 두 번 열리는 제사(예제)도 전전에는 청일전쟁에서 육군이 승리하고 청일조약을 맺은 날(4월 17일)과 러일전쟁에서 해군이 승리하고 포츠머스조약을 맺은 날(10월 14일)에 치렀을 정도입니다. 그야말로 야스쿠니는 완벽한 군국주의 시설이었습니다(전후 군국주의 시설에 대한 비판으로 현재는 예제 날짜를 4월 22일, 10월 18일로 변경해서 진행하고 있음). 그래서 신도가 일본의 전통 종교이긴 하지만, 야스쿠니는 신도의 이름을 빌린 군국주의 시설이라고 이야기하는 사람들도 있습니다. 물론 그 반대편에는 야스쿠니가 전통적인 종교시설이라고 주장하는 사람들도 있지요.

야스쿠니 경내에는 유슈칸(遊就館)이라는 일종의 전쟁기념관이 있습니다. 에도막부 때부터 1945년까지 일본이 관여한 수많은 전쟁을 기념하고 있지요. 유슈칸을 보면 야스쿠니의 전쟁사관이 어떤 것인지를 알 수 있습니다. 우선 일본이 수많은 전쟁을 했다는 것을 알 수 있지만, 동시에 전쟁에서 희생된 아시아 민중의 모습이 전혀 없는 데 놀라게 됩니다. 아주 짧은 반성의 문구도 존재하지 않습니다. 유슈칸은 일본 우익의 보물창고로도 불립니다. 2000년 대 초만 하더라도 유슈칸은 나무로 된 지붕에 허술한 입구 등 시설 자체가 그렇게 훌륭하지는 않았습니다. 그러다 2000년대 중반 제 1차 아베 내각이 등장하고, 2012년 제2차 내각이 등장하면서 유슈 칸이 몰라보게 현대화되었고, 보수정치단체로부터 많은 지원금이 쇄도하고 있습니다.

종전 후 GHQ가 처음으로 했던 일이 천황제를 상징천황제로 만 들고, 야스쿠니를 국가적인 신도에서 분리하여 일반 종교법인으로 만든 것이었습니다. 헌법에 명기된 정교분리원칙이지요. 따라서 현재 야스쿠니는 하나의 종교시설에 불과하기 때문에 국가가 지원 을 하고 싶어도 할 수 없습니다. 즉 아베 수상이 아무리 돈을 많이 주고 싶어도 특정 종교시설을 국가가 지원하면 위헌이라 그러지 못하는 것입니다.

보수정권의 전면 등장으로 야스쿠니의 정치적 위상이 높아지면 서 현재 야스쿠니는 유슈칸 등 시설들을 새롭게 정비하느라 막대 한 재정 적자를 떠안고 있습니다. 내놓고 정부가 지원할 수는 없기 때문에 보수세력은 전국적으로 수학여행을 추진하고, 지방에서 고 령자와 보수단체를 동원해 야스쿠니에 참배를 보내는 형태로 재정 지원을 하고 있지요.

전후에 야스쿠니를 참배한 정치가들은 여럿 있었지만, 고이즈미

준이치로 수상에 이르러 야스쿠니 참배가 구조화되었습니다. 앞서 말했듯 GHQ가 야스쿠니를 국가로부터 분리했고 헌법에 정교분리원칙을 명확히 했기 때문에 정치인은 자신이 신도를 믿을지언정 야스쿠니에 참배해서는 안 된다는 것이 불문율이었습니다. 그러다 1984년 처음으로 야스쿠니를 찾은 수상이 나타났습니다. 나카소네 야스히로(中曽根康弘) 전 수상입니다. 그는 야스쿠니를 한번 다녀왔다가 엄청 놀라게 됩니다. 미국을 비롯해 아시아 각국에서 야스쿠니 참배에 대해 엄청난 비판이 쇄도했기 때문이지요. 나카소네 수상은 야스쿠니 신사의 역사적인 의미를 몰랐고, 방문을 한 뒤에야 공부하게 되었습니다. 이후에는 수상들의 야스쿠니 공식 참배가 거의 없다가 2000년대 들어 고이즈미 수상과 아베 수상이 등장하는 과정에서 야스쿠니 참배가 공식화되었습니다.

고이즈미의 경우 2001년에 야스쿠니를 참배했고, 매년 한 번씩 참배해서 임기 동안 6번을 참배했습니다. 특히 2006년 8월 15일, 일본에서는 종전(패전)의 날이고 우리는 광복절인데, 수상으로는 이날 처음으로 공식 참배를 함으로써 아시아 국가들에 야스쿠니 문제를 도발적으로 제기했습니다. 고이즈미는 수상이 되기 전까지 야스쿠니를 한 번도 참배하지 않은 것으로 알려져 있습니다. 임기 후에도 야스쿠니를 찾지 않았지요. 그러니 고이즈미는 정치적으로 야스쿠니를 이용했다고 봐야 합니다. 그런 의미에서 2006년 8월 15일, 고이즈미 수상이 야스쿠니에 공식 참배한 이날은 일본의 전후 역사가 바뀐 날이라고도 할 수 있습니다.

이날은 아주 가관이었습니다. 마치 수조 안에 금붕어 돌아다니듯이 하늘에 헬리콥터가 날고 있었고, 수상이 지나는 모든 길이 통제되었지요. 수상은 정문으로 들어오지 못하고 옆문으로 들어왔는데, 야스쿠니를 가득 메운 젊은 층들이 휴대전화로 사진을 찍기 위해서 고이즈미 수상을 기다리는 진풍경이 연출되었습니다. 어떻게 보면 이날은 전전으로 회귀하는 날로 기획된 것입니다. 고이즈미 수상의 이러한 행위가 있었기 때문에 아베 수상이 등장할 수 있는 길이 열렸습니다. 또한 이 두 정치인들 덕에 일본의 보수세력은 패전 이전의 군국주의 사관을 미화하는 동시에 일본회의로 대표되는 극우정치가들이 집권하도록 하려는 자신들의 기획을 성공적으로 진행시킬 수 있었습니다.

고이즈미의 참배에 대해서는 헌법 위반이라는 소송이 제기되었고, 2005년 오사카 고등재판소에서 위헌 판결이 났습니다. 그러나 수상 측은 이를 일체 무시했습니다. 2018년 한국 대법원이 강제징용에 내린 배상판결을 무시하는 것도 그렇고, 정치를 견제하는 판결을 인정하지 않는 것은 일본 보수정치의 특성입니다. 고이즈미가 전격적으로 야스쿠니를 참배한 것은 2001년 이라크전쟁 파병부터 일본이 분쟁에 참여할 기회가 점점 늘어가는 상황에서 자위대를 자위군으로 만들어 전전과 같은 '보통 국가'로 돌아갈 적기라고 판단했기 때문입니다. 단순히 표를 얻기 위한 비주류 정치인의 정치적 행위만은 아니었던 것이지요.

일본이 진정한 군국주의 국가가 되기 위해서는 이런 쇼만으로는 부족했습니다. 절대천황제가 되어 군통수권을 천황에게 주는 것도 필요하지만, 현재 일반종교시설인 야스쿠니를 국가시설로 만들어야 합니다. 그래서 장래 벌어질 전쟁에 일본인들이 천황의 명령으로 참전하고, 전몰 장병은 야스쿠니에 합사되어야만 완벽하게 전전의 시대로 돌아가는 것이지요. 그래서 전쟁을 할 수 있게끔 안보법을 추진하는 동시에 수상들이 야스쿠니를 참배해서 야스쿠니를 상징화하고 국가시설화하는 작업을 진행하는 것입니다.

헌법 개정이나 안보법 개정보다도 야스쿠니가 공식적인 국가시설이 되었을 때야말로 일본이 진정한 군국주의로 돌아섰다고 봐야 할 것입니다. 전후 일본은 평화국가를 만들어왔기 때문에 국민들이 전전과는 다르게 전쟁을 할 수 있는 마음의 준비가 되어 있지 않습니다. 수상들이 야스쿠니 참배를 계속하고 야스쿠니를 공식화해서 일본인들이 전전처럼 전쟁에 대한 준비를 하도록 하는 것, 이것이 보수세력의 노림수인 것입니다.

2012년 말 중의원 선거에서 승리하며 정권 교체에 성공한 아베 수상은 2013년 참의원 선거에서도 압승하면서 야스쿠니 공식 참배의 가능성을 높였습니다. 같은 해 10월 3일, 미국의 존 케리 국무장관과 척 헤이글 국방장관이 지도리가후치(千鳥ヶ淵)라는, 야스쿠니 근처의 이름 모를 전몰자들을 안치한 시설에 일부러 방문하여 헌

화하면서 야스쿠니보다 이곳이 추도시설로 적합하다는 압력까지 가했습니다. 하지만 아베 수상은 두 달 후인 12월에 야스쿠니를 참배했습니다. 고이즈미 수상은 확신범이 아니었지만 아베 수상 같은 경우는 굳게 확신하고 야스쿠니를 참배했을 것입니다. 그런 의미에서 보면 일본 보수 측에서는 이날을 자신들이 바라던 보수국가 성립의 시작이라고 공식적으로 선언해도 될지 모르겠습니다. 아베를 비롯한 보수우익의 전전 회귀 시나리오가 시작된 날이라고도 볼 수 있겠지요.

미국은 이때 공식적으로 매우 실망했다고 했고, 일본의 국민 여론도 수상의 야스쿠니 참배에 대해서는 반대가 훨씬 많았습니다. 하지만 아베 수상의 지지율이 참배 후에 높아졌던 것도 사실입니다. 일본 수상의 야스쿠니 참배가 있을 때마다 주변국들은 격렬히 반대했고, 특히 고이즈미 수상의 2006년 8월 15일 공식참배에 대해서는 한국과 대만의 유족들이 일본에 항의 방문을 하기도 했습니다. 그때까지 일본 내에서는 대중적인 야스쿠니 반대운동이 없었지만, 2006년에 재일조선인 서승 교수를 비롯한 일본의 양심적인 사람들이 반대운동의 불을 지폈고, 그때부터 2019년 현재까지 '야스쿠니 반대 동아시아 촛불행동'이 14년 동안 활동을 계속해오고 있습니다.

야스쿠니는 어떻게 바뀌어야 하는가

진정한 평화를 원한다면 일본 내에서도 야스쿠니 문제를 깊이 생각해보아야 합니다. 아시아태평양전쟁 중, 일본에서 해외로 파병되어 죽은 일본 군인이 약 400만 명입니다. 그런데 돌아온 유골은 200만 구도 채 되지 않습니다. 아직도 200만 구 이상의 유골들이 아시아 전역의 섬에 그대로 남아 있고, 도쿄와 가까운 섬에도 유골들이 방치되어 있습니다. 우리는 죽은 이의 유골이 돌아오지 않으면 그 사람의 죽음을 받아들이지 못하고, 미국의 경우도 한국전쟁에서 전사한 유골을 한 명 한 명까지 다 찾아서 송환하고 있습니다. 하지만 일본인은 유골이 돌아오지 않아도 적극적으로 찾지 않습니다. 마치 전쟁이 끝났으니 이제 됐다고 생각하는 것 같지요. 야스쿠니 신사가 있기 때문입니다. 유골이 돌아오지 않아도 야스쿠니의 명부에 그들의 이름이 있고, 이미 신으로 추앙받고 있기 때문이지요. 만약에 유골이 계속 돌아오면 하나하나 유골이 올 때마다 전쟁이 떠오를 것입니다.

야스쿠니는 명부 하나만으로, 수많은 이들이 잠든 미국 알링턴 국립묘지와 같은 역할을 하고 있습니다. 알링턴 국립묘지는 유골이 올 때마다 묘지가 하얀 십자가로 덮이고 갈수록 면적이 넓어지고 있는데, 일본에는 그런 국립시설이 필요 없는 것이지요. 야스쿠니는 명부 하나로 수없이 많은 이들이 죽은 전쟁을 소화해버렸습니다. 그런 식으로 끔찍한 전쟁을 잊어버리게 했지요. 어떻게 보면 일본은 가장 효율적이고 가장 비용이 들지 않는 방법으로 자신들이 벌인 전쟁을 해결하고 있는 셈입니다.

야스쿠니 문제에 대해 일본 정치계에서도 여러 논의들이 이뤄졌습니다. 대표적인 의견은 야스쿠니를 전전과 같이 국립추도시설로 삼자는 것입니다. 일본 우익들이 요구하는 것 중 하나이지요. 또 야스쿠니를 대체하는 국립추도시설을 새로 만들자는 의견도 있습니다. 주로 야당에서 많이 이야기하지요. 하지만 야스쿠니를 그대로 두고 다른 국립추도시설을 만들자는 주장에 대한 반대도 있습니다. 야스쿠니를 반대하는 사람들은 대체시설론이 야스쿠니를 영원히 존속시키는 용인론이나 마찬가지라고 봅니다. 또 오자와 이치로(小沢一郎)라는 대표적인 보수정치가를 비롯한 보수야당은 A급 전범만 야스쿠니에서 분사해서 천황이 참배할 수 있는 길을 열자는 주장을 펴기도 합니다.

A급 전범만 분사하자고 주장하는 이들은 야스쿠니가 A급 전범을 합사함으로써 본래의 규칙을 어겼다고 비판합니다. 그러니 원래의 규칙대로 분사만 하면 중국을 비롯한 주변국의 비판을 들을 이유가 없고, 나아가 야스쿠니가 그대로 국립시설이 될 수 있다고 생각합니다. 이 A급 분사론이 현재 가장 실현 가능성이 높은 주장입니다. 하지만 이것 역시 야스쿠니 부활론이기 때문에 눈여겨볼 필요가 있습니다.

결국 야스쿠니를 둘러싼 논쟁은 일본의 보수세력들이 어떤 형태로 재편될 것인가 가늠할 수 있는 핵심 요소입니다. 어떻게 주장하든 일본의 보수세력은 공통적으로 야스쿠니를 인정해야만 자신들이 집권할 수 있다고 생각합니다. 그러니 앞으로 야스쿠니를 국립추도시설로 삼으려는 운동이 훨씬 더 대중화되리라 예상됩니다.

야스쿠니 문제를 다루다 보면 이런 의문이 듭니다. 패전한 국가의 병사들은 과연 어떤 식으로 추도해야 하는가? 전쟁에서 이긴 국가만이 희생자를 추도해야 한다고는 생각하지 않습니다. 그런 면에서 또 다른 패전국인 독일의 추도 사례를 살펴볼 필요가 있습니다. 독일에는 희생자를 추도하는 여러 방식들이 있습니다. 그중 노이에 바헤(Neue Wache) 추모관이 유명하지요. 그리고 2015년에 한국의 평화박물관에서 케테 콜비츠 전시회를 열었는데, 그때 전시된 어머니가 아들을 껴안고 있는 모습들이 독일에서는 일종의 추도로 쓰이고 있습니다.

그리고 우리의 추도에 대해서도 살펴볼 필요가 있습니다. 이번 장에서 줄곧 이야기한 것처럼 일본은 천황이 직접 죽은 병사들을 추도하면서 전쟁을 수행해왔는데, 그렇다면 우리는 지금까지 어떤 추도를 해왔을까요? 한국에서도 이순신을 영웅화한 것은 아닌지, 안중근의 죽음을 보여주면서 독립영웅이 했던 희생을 개개인에게 요구하지는 않았는지, 우리의 현충원은 일본의 야스쿠니와 얼마나 다른지 등을 돌아보면 좋겠습니다. 근대국가가 등장한 이래 애국심을 고취하려는 노력은 모든 국가들의 공통 과제였습니다. 일본은 야스쿠니를 이용하는 방식으로 했다면, 우리는 과연 어떠한 방식으로 애국심을 고취해왔는지를 되돌아보자는 것입니다. 국가가 개인의 죽음을 미화하고 영웅화하면서 국민에게 희생을 강요했던 추도 방식이 우리에게도 있었는데, 우리 역시 그 방식에 아무런 문제의식을 느끼지 못했다면 야스쿠니 문제는 다른 방향에서도 우리에게 시사하는 바가 크다고 할 것입니다.

다카하시 데쓰야 교수는 광주민주화운동 30주년 기념 심포지엄에서 이런 말을 인용한 적이 있습니다. 노무현 대통령의 2006년 추도사였지요. "80년 5월 광주에서 타올랐던 민주화의 불꽃은 87년 6월항쟁으로 이어졌고 마침내 참여민주주의의 시대를 열었습니다. 광주의 피와 눈물이 오늘 우리가 누리는 민주주의의 밑거름이 되었습니다." 다카하시 교수는 열사 정신을 계승한다는 논리와 누구의 희생 위에 현재의 우리가 서 있다고 보는 관점이 희생의 논리를 강조하는 야스쿠니 사관과 구조적 유사성이 있다고 과감하게 문제제기를 했습니다.

이스라엘군의 폭격에 의해 죽은 아이의 사체를 손에 들고 피어린 복수를 다짐하는 팔레스타인 민중이나, 국가폭력에 희생당한 젊은 대학생의 시신을 보호하면서 열사의 정신을 계승하자고 외치는 민중의 의식 속에 희생에 대한 미화가 전혀 없지는 않을 것입니다. 희생을 강요하지 않더라도 말입니다. 어떤 이의 죽음을, 어떤 이의 희생을 민중이 어떤 식으로 계승하고 해석할 것인가는 사실 어려운 주제이고 과제입니다. 물론 야스쿠니는 국가와 천황에 이용당한 죽음이고 민주화항쟁 과정에서의 희생은 국가폭력이 자행한 타살이자 구조적인 죽음이니, 둘 사이는 분명히 구별되어야겠지요. 하지만 병사든 투사든 누군가의 죽음을 영웅화하거나 그 죽음을 계승하여 따라야 한다고 하는, 희생의 논리에 바탕한 구조적 유사성에 대해서 다카하시 교수는 근본적인 문제제기를 한 것이라고 생각합니다.

다카하시 교수의 의견은 결국 국가나 민중이 죽음을 추도하고 미화하며 계승하는 것 자체가 야스쿠니의 희생의 논리와 연결될 수 있다고 원리적으로 설명하는 것입니다. 하지만 국가나 민중이 희생자들을 일절 추도하지 않는다면 국가폭력에 의해서 사망한 희생자들의 죽음에 대한 책임을 가릴 수가 없을 것입니다. 한국의 과거사 청산에서 국가폭력이 저지른 일들의 진상을 규명하고, 국가가 그에 대해 사죄와 보상을 하는 것은 두 번 다시 국가가 동일한 폭력을 행사하지 않도록 하는 과도적 조치로서 필요한 일일지도 모릅니다.

국가폭력에 희생된 자들의 죽음에 대해서 국가가 사죄와 추도를 하지 않으면 유족들은 죽음의 의미를 이해받지 못한 채 영원히 죽음 속에서 죄의식에 시달리며 살아야 할 것입니다. 국가와 민중의 추도는 죽은 자에 대한 위령만이 아니라 살아남은 자들에 대한 위로일 수도 있습니다. 다카하시 교수의 국가추도 및 민중추도 불용론 속에는 죽음을 이용한다는 원론적인 불신이 깔려 있습니다. 하지만 한국의 폭력적인 국가 성격 속에 일본 식민지배의 유산이 남아 있다는 점도 고려해야 합니다. 그러면 제국주의 일본에 대한 비판을 해방 이후에 민족국가 건설을 지향해온 한국에 단순하게 적용하기는 어려울 것입니다.

이 논쟁에서 더욱 흥미로웠던 것은 일본의 평화운동가이자 인도네시아 전공자인 고(故) 무라이 요시노리(村井吉敬) 와세다대 교수가 참여했다는 점입니다. 그는 인도네시아의 사례를 들었는데, 인도네시아는 수많은 섬과 다양한 민족으로 구성되어 있어서 국가주의나 민족주의 의식이 거의 존재하지 않고 국경선도 애매하다고 이야기했습니다. 국가 의식이 너무 없어서 고취시키려고 하지만, 쉽지 않아서 지금까지도 국가답지 않은 형태의 국가라는 것입니다. 국가나 민족의 이름으로 희생자를 추도하고 의식을 형성하려 해도 쉽지 않다는 것이지요. 한국과 일본이 아시아에서 어느 지역보다도 국가주의와 민족주의가 강하다는 점을 상기시켜주는 예라고 했습니다.

죽은 자와 어떻게 직면해야 하는가. 일본인들이 야스쿠니라는 이데올로기 장치를 통해서 추도해왔다면, 우리는 과연 국민 또는 민중의 희생을 어떤 형태로 추도해왔는가. 야스쿠니 문제는 역사인식에 대한 문제인 동시에 국가 속에 살고 있는 개인과 국가의 관

계를 생각하는 데 있어서도 매우 중요한 주제입니다. 야스쿠니를
비판하는 동시에 우리 속에 존재하는 국가관과 애국관에 대해서도
함께 생각해보면 좋겠습니다.

03
일본군 '위안부'와 강제징용·징병
: 인식의 차이

일본군 '위안부' 비판은 보편성의 관점에서

일본군 '위안부'나 한국인 노동자들이 돈을 벌기 위해서 자발적으로 일본에 간 것이라는 주장을 하는 사람들은 도대체 무슨 이유로 그렇게 말하는 걸까요? 아주 단순합니다. 군인이 와서 총칼로 끌고 갔다는 증거가 없으니까 강제가 아니라는 것입니다. 이게 말이 됩니까? 전 세계 학계에서는 '인신매매 특히 여성 및 아동의 인신매매·예방·억제·처벌을 위한 의정서', 흔히들 말하는 팔레르모 의정서를 통해서 이미 강제성의 개념을 명확히 해두었습니다. 'trafficking'이라는 표현을 썼는데, 불법 거래라는 말입니다. 착취를 목적으로 위협, 무력행사, 사기, 기만, 권력 남용 등을 동원해 사람을 모집하거나 운송, 인수하는 행위는 불법이라는 것이지요. 그런데 『반일 종족주의』를 쓴 사람들은 모집이었고 관알선이었으므로 '강제연행'이 아니다, 자기 발로 갔으니까 '강제'가 아니라고 합니다. 이들이 자발적으로 갔다는 말은 국제법에 합의되어 있는 기초 상식을 완전히 무시하는 것입니다. 더군다나 일본에서 10만 명을 강제연행했다고 인정하고 있는데, 10만 명은 너무나도 큰 숫자 아닙니까? 절대로 자발적으로 갔다고 할 수 없습니다.

일본군 '위안부' 문제를 민족문제로 바라봐야 하느냐 보편적인 인권의 문제로 바라봐야 하느냐 하는 논쟁이 있는데, 조선인 피해자의 규모 때문에 민족문제로 바라봐야 할 측면이 분명히 있기는 합니다. 정확한 규모를 알 수 없지만 연구자들은 흔히 '위안부' 중 70퍼센트 이상, 80퍼센트쯤은 조선인이었을 것이라고 이야기합니다. 일본군이 점령한 각지에서 '위안부'를 동원했지만 조선에서 강제로 끌려온 사람이 제일 많았다는 이야기입니다.

그렇다고 해서 이것을 민족문제로만 설명하면 큰 오해가 생깁니다. 일본군 '위안부' 문제가 처음 제기됐을 때는 순수히 민족적인 관점에서 이 문제에 접근했던 사람들이 많았습니다. 지금도 있지요. 최근에 나온 논문이나 성명서를 읽으면서도 그런 느낌이 들 때가 있습니다. 그러나 이미 한국 학계의 수준은 그 단계를 넘어섰습니다. 일본군 '위안부'는 군국주의에 대한 반대와 보편적 인권의

부대별	위안부 수	월별 피위안자 수												
		1	2	3	4	5	6	7	8	9	10	11	12	계
서울제1	19	3,500	4,110	3,360	2,760	2,900	3,780	3,780	4,000	4,350	3,850	4,100	3,650	44,240
서울제2	27	4,580	4,900	5,600	4,400	6,800	5,680	6,000	7,280	4,850	2,160	4,950	4,150	61,350
서울제3	13	2,180	1,920	2,280	1,700	2,180	2,400	2,170	2,800	1,680	1,850	1,990	2,140	25,310
강릉제1	30	6,000	6,500	7,800	8,000	5,950	4,760	7,970	8,000	4,880	3,900	4,200	5,700	73,660
계	89	16,260	17,480	19,010	16,860	17,830	16,620	19,920	22,000	15,760	11,760	15,240	15,640	204,560

1952년 한국군 특수위안대 실적 통계표(대한민국 육군본부 『후방전사 인사편』, 150면).

관점에서 더 세심히 바라봐야 합니다. 그러려면 우리는 스스로 불편한 진실을 말하지 않을 수 없습니다. 우리 역시 '위안부' 문제에서 자유로울 수 없기 때문입니다.

표를 하나 살펴보겠습니다. '특수위안대 실적 통계표'라는 이름이 붙어 있는데, 일본이 아니라 바로 우리가 한 짓입니다. 위안소는 훨씬 더 많이 설치되었지요. 조사하고 전해 들은 바로는 전방에 훨씬 많았습니다. 이동 위안소라는 것도 있었습니다. 당시에는 '모포부대'라고 불렸지요. 당시에 활동했던 채명신 장군이 직접 증언했습니다. 이런 이동 위안소가 전방에 훨씬 많았다는 이야기였습니다. 그리고 그 내용을 대한민국 육군이 6·25사변 전사로 펴낸 공식 서적에 대놓고 써놓았습니다. 일본이 '위안부' 문제를 감추려는 것도 잘못이지만, 우리가 위안소를 버젓이 자랑하는 것도 큰 잘못입니다. 정말 부끄러운 일이지요.

『반일 종족주의』의 저자들은 우리도 이런 짓을 했으니까 일본만 특별히 나빴다고 이야기하지 말라고 합니다. 우리도 군 '위안부' 있었으니 일본 탓하지 말라는 이야기인데, 이걸 어떻게 해석해야 할까요? 한국 사람도 했으니 묻어버려야 할 과거가 되는 걸까요? '일본 놈'들이 '조선 여성'을 강제로 끌고 와서 몹쓸 짓을 했다고만 받아들이면, 순수하게 민족적인 관점으로만 받아들이면 일본에 대해 분노하기가 쉽습니다. 그런데 '일본 놈'들이 '일본 여성'을 끌고 와서 이런 짓을 했다면 나쁜 짓입니까, 아닙니까? '조선 놈'들이 '조선 여성'을 끌고 와서 이런 짓을 했으면 나쁜 짓입니까, 아닙니까? 모두 나쁜 짓이지요. '조선 놈'들이 '일본 여성'을 끌고 와서 이런 짓을 했다고 해도 역시 나쁜 짓입니다. 일본군 '위안부' 문제는 좁은 민족적인 관점에서만이 아니라 보편적인 인권 문제로 보아야 합니다.

다시 한번 강조합니다. 우리가 일본군 '위안부' 문제를 바라볼 때 민족적 관점이 중요하긴 하지만, 오로지 민족적 관점으로만 보면 안 됩니다. 보편적 관점이 중요합니다. 인권의 문제, 평화의 문제로 여겨야 합니다. 우리를 '반일 종족주의자'라고 몰고 가는 사람들, 그 사람들이 사실은 종족주의자입니다. 보편적인 기준을 갖고 판단하는 것이 아니라, 행위자가 누구냐만 갖고 따지는 것이 편협한 종족주의이지요. 전강수 교수의 표현에 따르면 '혐한 종족주의자'라고 불러야 마땅합니다.

일본군 '위안부' 문제를 비판하는 사람들이 한국군 '위안부' 문제를 감추고 있습니까? 아닙니다. 한국전쟁 당시 한국군 '위안부'

문제는『반일 종족주의』를 쓴 사람들이 처음 발굴한 것이 아니고, 김귀옥 교수처럼 민족적 입장의 중요성을 강조하는 학자들이 먼저 발굴하고 문제제기를 해온 것입니다.『반일 종족주의』저자들이 비판하는 진보 학계에서 한국군 '위안부'를 발굴하여 이야기를 해 왔단 말입니다. 그 연장선에서 박정희정부 시기의 미군 '위안부'도 이야기하고 있습니다.

'위안부' 문제에서 초점을 맞춰야 하는 건 근대국가의 군국주의적 개입입니다. 전시 강간은 고대부터 전 세계 어디에서나 일어났다는 인식에 머물면 곤란합니다. 일본군 '위안부'는 국가가 성병 검진 등에 개입하여 군인들에게 '깨끗한 성'을 공급해 사기를 높이고 성병 발생으로 인한 전투력 손실을 방지하여 동원 효과를 극대화한다는, '총력전'이라는 전략적 사고에 입각한 것입니다. 그 뒤에 한국군 '위안부', 미군 '위안부' 등이 또다시 등장한 것은 우리가 일제의 잔재를 청산하지 못한 탓에 어떤 흉악한 일이 벌어졌는지 보여주는 사례입니다.

우리가 일제 청산을 애타게 부르짖었지만 결국 해내지는 못했습니다. 그 결과 일제강점기에 권세를 누리던 자들이 그대로 살아남았지요. 그리고 그들이 대한민국 군대를 운영했습니다. 일본에서는 미국이 군을 해체했지만, 한국에서는 일본 군국주의자들이 육성한 일본군과 만주군의 조선인 장교들을 그대로 쓴 겁니다. 그들이 위안대를 만들었고, 그 규모와 위치를『6·25사변 후방전사』에 자랑스럽게 실적이라고 써놓았습니다. 우리가 일본 군국주의를 반대해야 하는 이유, 아니 박정희식 군국주의와 전두환식 군국주의 등 모든 군국주의를 반대하는 이유는 분명합니다. 민족을 떠나서 종족을 떠나서 '그들'은 한 식구였습니다. 우리는 군국주의에 빠진 '그 식구'들을 반대하는 겁니다.

흔히들 진보라고 불리는 사람들이 민족만 따지며 일본 사람을 배척한다는 『반일 종족주의』의 주장은 그래서 더더욱 터무니없습니다. 우리는 종족주의자가 아닙니다. 우리를 종족주의자라고 부르는 그들이 종족주의자 같습니다.

일본이 우리를 잘살게 해줬다고?

식민지 근대화론. 아주 케케묵은 이야기입니다. 지금도 버젓이 유포되고 있는 아주 끈질긴 생명력을 가진 이론이지요. 일본이 가난하고 못사는 한국 사람들을 위해 철도를 놓고 공장을 세웠다는 이야기가 말도 안 된다는 건 일제강점기 한국 사람들의 삶이 어떠했는지를 조금만 살펴보아도 알 수 있습니다. 일본 덕분에 그렇게 잘살게 됐으면, 왜 농민들이 피땀 흘려 농사를 지어도 돈이 안 돼 먹고살 수 없다며 소작쟁의를 일으킵니까? 농가 소득이 증가했으면, 왜 한국 사람들이 보따리 싸서 간도로 야반도주합니까? 농민이란 자기가 사는 데에서 100리도 떠나본 적이 없는 사람들인데, 왜 그 농민들이 간도로 일본으로 그렇게 많이 갔느냐는 말입니다. 농촌 경제가 파탄 지경이었다는 말이지 않습니까?

합천평화의집에서 활동하고 있고, 한국원폭2세환우회 명예회장인 한정순 님은 이렇게 증언을 했습니다. "당시 히로시마에 간 사람들 중에 합천 사람들이 많았어요. 일본에 강제징용을 당한 분들도 있었을 테고, 제 부모님처럼 모든 걸 수탈당해서 한국에 계시기가 너무 어렵고 힘이 들어 일본으로 갈 수밖에 없었던 사람들도 많았을 거예요. 부모님께 들은 이야기입니다. 기름지다든지 물이 좀 있어서 농사를 쉽게 지을 수 있는 곳이면 땅까지 다 뺏어가버렸다고 해요. 강에서 물을 길어가며 척박한 땅에서 어렵게 농사를 지어놓으면 그 농사지은 곡식까지도 다 수탈을 해갔다고 하니까 살 수가 없었던 거지요." 이것이 '팩트'입니다.

다른 큰 문제에 가려 제대로 조명받고 있지 못한 원폭 피해자 문제를 조금이라도 알아주었으면 하는 마음에 이야기를 덧붙여보겠습니다. 일본에서 어렵게 살아 돌아온 이분들의 삶은 그리 순탄하지 않았습니다. 그 자녀들까지 원폭의 후유증을 앓고 있지요. 한정순 회장 댁만 하더라도 2세대인 2남 4녀들이 뇌혈관 질환, 심근경색을 앓으며 평생을 약에 의지해 살아오고 있습니다. 그리고 본인과 언니는 대퇴부무혈성괴사증이라는 희귀난치병을 앓고 있지요. 4~5세 때부터 관절이 녹아내리는 고통을 겪으며 지내왔고, 지난

45년여 동안 대여섯 차례의 인공관절 수술을 받으며 버티고 있다고 합니다. 한정순 님과 3세대인 아드님의 이야기는 「잔인한 내림」이라는 다큐멘터리 영화로 만들어지기도 했습니다. 조선인 원폭 피해자에 대한 이야기는 짧은 지면에서 다 다루기 어려우니, 원폭 2세 활동가 김형률의 삶을 다룬 평전 『삶은 계속되어야 한다』(전진성 지음, 휴머니스트 2008)나 박일헌 감독의 다큐멘터리 「아들의 이름으로」(2011), 한정순 회장을 모델로 한 김옥숙 작가의 소설 『흉터의 꽃』(새움 2017) 같은 책을 보길 권합니다.

식민지 근대화론은 강제징병을 부추기던 친일파들의 논리와도 통하는 면이 있습니다. 오늘날의 신판 친일파들은 학병에 나간 사람들이 일제에 잘 보여서 출세하려는 욕망에 가득 찬 젊은이들이었다고 이야기를 합니다. 뻔뻔하지요. 그 욕망을 부추겼던 게 바로 친일파들이었기 때문입니다. 그들은 조선 사람이 중요한 자리에 진출하기 위해서는 징병을 해야 하며, 심지어는 조선어까지 쓰지 말자고 했습니다.

미쓰야마 후미히로(光山文博)라는 사람이 있습니다. 조선인이었죠. 조선 이름은 탁경현(卓庚鉉)입니다. 연합군 기지에 비행기로 돌격하는 자살특공대, 가미카제(神風)의 조선인 대원이었습니다. 그는 정말 출세욕 가득한 조선인이었을까요? 그렇지 않습니다. 지독한 가난 때문에 여섯 살 무렵 부모님과 함께 경남 사천에서 일본으로 건너간 조선 청년이었습니다. 그들은 일본에서도 차별과 멸시를 받았고, 일본군에 입대하지 않으면 가족이 위험해질 거라는 강요에 못 이겨 할 수 없이 입대했습니다. 가미카제로 출격하기 전날 밤 그 청년은 아리랑을 불렀다고 합니다. 몇십 년이 지난 후 그가 묵었던 하숙집 아줌마를 찾아갔는데, 그분이 아직도 청년이 부른 아리랑 곡조를 기억하고 있더랍니다. 기가 막힌 이야기지요. 식민지 청년이 자살특공대로 끌려가기 전날까지 불렀던 아리랑, 하숙집 아줌마는 그 노랫소리를 몇십 년이 지나도 기억하고 있는데 우리는 왜 그 사실을 거부하는 걸까요? 학도병들이 정말 일본에서 출세하려고 자발적으로 전쟁터에 나갔을까요? 임시정부의 광복군이나 조선독립동맹의 조선의용군의 다수가 학병에서 탈출한 젊은이들이었다는 사실은 어떻게 보아야 할까요? 출격 전날 슬프게 아리랑을 부른 청년은 미쓰야마 후미히로입니까, 탁경현입니까? 이 질문을 우리는 절대로 잊어서는 안 됩니다.

학병이나 지원병으로 나갔던 사람들 중에 출세욕에 가득했던 사람들은 따로 있습니다. 사진에서 보이는 조선인들이 바로 그런 사람들입니다. 이 사진의 인물들 외에도 많은데, 사진 속 주인공인 함병선과 송요찬은 잊어서는 안 되는 사람들입니다. 일제강점기 이후에도 살아남아 민간인 학살을 한 주역이기 때문이지요. 일제에서 단련을 받아 조국을 지켰다고 찬양되었던 이들이 사실은 제주에서 4·3 때 무고한 사람을 죽이고, 육지에서 보도연맹원들을 죽인 민간인 학살의 주역입니다. 앞으로 간행될 『반헌법행위자열전』 첫

친일 인사이자 민간인 학살 관계자 함병선(왼쪽), 송요찬(오른쪽).

머리에 오를 사람들입니다.

함병선, 송요찬 같은 친일파들에 가려 강제징병의 역사를 잊어서는 곤란합니다. 강제징병은 일본과의 청구권 분쟁에서도 중요한 주제이기 때문입니다. 일본은 한국에 손해배상을 할 일이 원래 없었다고 합니다. 교묘한 논리인데 잘 살펴보겠습니다.

일억총참회(一億總懺悔)라는 말이 있습니다. 일본이 전쟁에서 지고 나온 말입니다. 1억 명 전체가 참회를 한다는 뜻인데, 일본 천황이 전부 져야 할 전쟁 책임을 1억 분의 1씩만 지면 되게끔 만들어버린 거지요. 황당한 논리인데, 더 황당한 게 뭐냐 하면 그때 일본 인구수가 7,000만이었다는 겁니다. 그럼 나머지 3,000만은 어디에서 나왔을까요. 조선 사람하고 대만 사람을 합쳐서 1억인 것입니다.

이 일억총참회라는 말은 조선이 승전국이 아니라는 논리와 연결이 됩니다. 당시에는 징병제가 실시되었습니다. 그러니 조선 사람은 '강제'징병된 것이 아니라 징병제에 따라 군인으로 참전을 했다는 것이 일본의 논리입니다. 조선은 연합국이 아니니 승전국이 아니다. 오히려 일본하고 같이 싸웠으며, 패전 후에 일본에서 분리된 것이다. 그러므로 한국은 일본한테 승전국으로서 받을 게 없다는 이야기입니다. 일제강점기에 '학도여, 성전에 나서라, 영광되게 죽어라!' 했던 최남선 같은 친일파는 이런 결과를 생각했을까요? 영광되게 죽어야 조선에 있는 조선 사람들이 차별을 받지 않는다, 그래야 2등 시민에서 1등 시민이 된다고 했는데 그 결과가 어땠습니까? 광복이 될 때까지 조선인은 차별을 받았고, 광복 후에도 일본에 남은 조선인들은 차별에 시달려야 했으며, 손해배상 문제에도 악영향을 미치고 있습니다. 당시 친일파들은 그때나 지금이나 남부럽지 않게 살고 있지요. 스스로를 일본에서 배워 조국을 위해 헌신했으며 대한민국을 지키는 사람들이라고 이야기하고 있습니다. 어디서부터 잘못된 것일까요. 언제쯤 얽힌 매듭을 풀 수 있을까요.

닮아가는
한국 우익과
일본 우익

2부

04
일본 우익의
뿌리를 찾아서

아베와 오늘날 일본 정치의 맥락

이번엔 아베가 누구이고, 아베를 추종하는 세력이 누구인가 알아보려고 합니다. 일전에 한신대 하종문 교수는 아베가 스스로를 '조슈번의 적자다'라고 했던 것이 무슨 뜻인지 명쾌히 설명한 적이 있습니다. 근대 일본의 한반도 침략의 원흉들은 조슈번, 현재 야마구치현 출신 사람들입니다. 아베 신조의 신(晋) 자가 사실은 메이지유신을 일으킨 조슈번의 중요한 인물인 다카스기 신사쿠(高杉晋作)의 신 자에서 따온 것이라고 할 정도로 아베는 조슈번에서 근대 일본을 개척한 사람들을 존경하고 있습니다. 아베는 야마구치현에서 태어나지도 않았지만 선거구는 거기에 있을 정도이지요.

그런데 이 조슈번의 사람들이 한반도와 관계에서는 어떤 것을 추구했을까요? 한마디로 말하면 정한론(征韓論)이라고 표현할 수 있을 것 같습니다. 그런 사람들을 정치적인 스승으로 삼고 있으니, 현재 21세기 한일관계에서 아베 수상이 무엇을 꿈꾸고 있을지 우리로서는 의심스러울 수밖에 없지요.

일본에서는 모든 정치적 개혁에 '유신'이라는 표현을 씁니다. 2019년에 헤이세이(平成)가 끝났지만 '헤이세이유신'이라는 말을 썼고, 아마 조금 있으면 레이와(令和)라는 연호를 넣어서 레이와유신이라고 할 테지요. 아베 본인은 유신을 하는 심정으로 내각을 이끌고 있고, 그 때문에 조슈번의 적자라는 식의 정치적 이미지를 만들어가고 있는 것입니다.

아베의 뒤에는 앞서 말한 대로 극우단체 일본회의가 있습니다. 아베도 일본회의의 회원이고, 지금 각료의 70퍼센트 이상이 일본회의 회원입니다. 우리가 그간 이야기했던 일본의 보수 본류는 적어도 평화헌법을 받아들이고 그 테두리 안에서 주변국과의 관계도 풀어나가며, 갈등을 근본적으로 해결하진 못했어도 두드러지지는 않게 봉합하고 덮으려 했는데, 이제는 일본이 달라졌습니다. 언제부터 이렇게 보수 내에서도 격이 다른 극우세력이 자민당을 장악하게 되었는지, 그리고 1990년대 이후에 보수 본류가 약화되고 극우세력이 등장하게 된 요인은 무엇인지 살펴보겠습니다.

보수 방계로 분류되었던 아베 수상과 주변 그룹이 성장하게 된 결정적인 계기는 역시 1990년대의 냉전 붕괴입니다. 냉전 붕괴 이후 동북아에서 일제히 민족주의가 대두할 것이라는 인식이 1997년에 창립된 '새로운 역사교과서를 만드는 모임', 줄여서 '새역모'라고 부르는 단체의 창립선언문에 나와 있습니다. 이들은 중국과 한국에서 대두될 내셔널리즘에 대해 자기들이 선봉에 서서 방어하는 역할을 맡겠다고 했습니다.

하종문 교수는 그 그룹의 역사인식을 정치적으로 실현하는 과정에서 아베 수상이 보수파의 적자로 등장하게 되었다고 강조합니다. 일본에서 1990년대 버블이 붕괴되고 경제가 장기침체로 들어서는 과정에서 보수 본류가 유지해왔던 국가운영의 틀이 무너졌습니다. 그런 틈새를 파고들어 일본 중심주의나 일본주의 같은 보수적 이데올로기를 내세우면서 새로운 정치통합을 이뤄낸 것이 현재 아베 수상이 이끄는 정치 그룹입니다. 그리고 그 그룹을 사회의 저변에서 일종의 사회운동으로 견인해간 이들이 바로 일본회의죠. 새역모, 일본회의, 자민당이 삼각편대라고 보면 됩니다. 물론 거기에 우리나라의 『조선일보』와 역할이 비슷한 『산케이신문』을 넣어야겠지요. 보수 본류가 가지고 있었던 정치적 지반 위에서 사회당 같은 혁신세력 또는 진보세력들이 나름대로 균형 상태를 유지해온 게 1980년대까지 일본이라고 한다면, 1990년대에 접어들어 사회당이 몰락하고 혁신세력이 약화되며 보수 본류도 저무는 흐름이었는데, 그런 정치의 공백을 비집고 나온 것이 일본회의에 소속되어 『산케이신문』 등 보수언론과 결탁한 새로운 형태의 자민당 매파 정치가들입니다. 이들의 대두가 아베 수상의 집권으로 이어졌지요.

2001년에 공개된 새역모의 첫번째 교과서는 야구로 치면 거의 영봉을 당한 것에 가까운 참패를 겪었는데, 자민당의 보수 본류가 그때까지는 정치적인 영향력을 가지고 있었습니다. 그리고 사회당이 없어진 다음이긴 하지만, 진보진영에는 나름대로 역사문제에 대해 전향적인 시민사회의 동력이 남아 있었습니다.

처음 일본 교과서 문제가 터졌을 때 우리 입장에서는 그 교과서가 상당히 많이 채택될 거라고 우려했지요. 그런데 뜻밖에도 채택률이 0.054퍼센트였습니다. 그래도 몇 프로는 되지 않을까 걱정했는데 거의 완봉승이었죠. 하지만 21세기가 진행되면서 새역모와 같은 역사수정주의자들의 교과서는 계속 점유율을 높여가고, 반대로 객관적이라고 생각했던 교과서는 떨어지고 있습니다. 일본사회의 우경화가 역사문제에서 두드러지게 드러나는 것과 아베 수상의 장기 집권은 같은 궤에서 벌어지는 일인 것이지요.

그리고 일본 젊은 세대도 고려해야 합니다. 그들은 사실 과거의 전쟁 책임에서 개인으로서는 자유로운 세대지요. 그 세대를 보면 과거의 일은 털고 가자는 식의 사고방식을 가진 사람들이 있습니다. 게다가 과거를 살아보지 않은 상태에서 우익의 견해에 노출되다 보니까 영향을 받기도 했지요. 2019년에 치러졌던 참의원 선거에서도 20~30대가 아베 수상을 지지하는 비율이 40~50대 중장년층보다 훨씬 더 높았습니다. 그러니까 정치적 보수화라고 하는 흐름은 지금 일본의 젊은 층에서 굉장히 두드러지게 나타난다고 할 수 있겠습니다. 하종문 교수는 그 이유가 무엇인가를 추적해보면 2006년에 집권했던 제1차 아베 내각 때 개정된 교육기본법에 다다른다고 지적합니다. 당시 전통과 애국심을 강조하는 방향으로 교육기본법 자체를 개정하면서 교육 부문부터 일본의 우경화를 장기적으로 육성해왔다는 것이지요.

그 전략이 실질적으로는 15년 이상 이루어지면서 초등학교, 중학교, 고등학교에서 공적인 역사교육을 받은 사람들은 제국주의 역사관, 그리고 반성하지 않은 역사관에 오염되었을 가능성이 있습니다. 그래서인지 일본에서도 우리나라 일베와 같은 '넷우익'이 굉장히 활개를 치고 있지요. 이런 흐름과 경제 불황이 어우러지면서 일종의 파시즘적인 상황이 만들어졌다고도 볼 수 있겠습니다. 오랫동안 그런 방향으로 흘러왔다는 것이 참 무서운 점이지요.

사실 교육을 누가 장악하느냐는 매우 중요한 문제입니다. 우리나라에서도 1990년대 민주적인 정권 교체가 이루어질 수 있었던 것은 전교조가 등장한 뒤로 적어도 교단이 정권의 일방적인 홍보를 하지 않게 되었고, 또 방송민주화가 되면서 방송이 정부의 홍보기능을 상실했기 때문이라고 봅니다. 정치적인 민주화운동세력이 반 토막 난 상황에서도 김대중정권이 세상을 바꾸는 데 이 변화들이 중요한 동력이 됐다고 생각하는데, 거꾸로 보면 마찬가지로 교육을 장악하고 계획을 실행하는 일본 우익의 모습이 무섭습니다. 전교조를 둘러싸고 전개되는 한국 내 정치상황을 살펴보면 어떤 면에서는 한국 보수 전략의 상당히 많은 부분이 일본에서 흘러오고 있는 것 같기도 합니다.

일본 우익을 공부할 때는 두려움 같은 게 느껴집니다. 1800년대를 보면 한국은 전혀 근대화에 대응하지 못하고 있었습니다. 일본은 조슈나 사쓰마라는, 우리로 치면 포항이나 영덕 같은 곳에서 서른 살 남짓한 사람들이 전 세계를 내다보며 전략을 세우고 일본이 어디로 가야 하는지 아시아는 어떻게 가야 하는지를 고민했습니다. 그들이 밀고 나간 궤적을 보면 정말 치열했다는 느낌을 받습니다. 한국의 우익에는 없는 점이지요. 더 중요한 건 일본의 우익이 보여주는 희생과 헌신의 전통입니다. 역시 한국 우익에는 없는 전통입니다. 러일전쟁 때 전사자 유족들이 홧김에 노기 마레스케(乃木希典) 장군의 아들을 죽이려고 몰려갔다가 노기가 아들의 유골함 두 개를 들고 내려오는 것 보고 같이 울었다는 이야기가 있는데, 한국 우익은 그런 희생을 한 적이 없지 않습니까? 미군 장교들만 하더라도 한국전쟁에서 아들이 전사한 경우가 30여 건이나 있는데, 한국 장군이나 장관 아들 중 한국전쟁에서 죽은 사람은 아버지 몰래 참전했다 바로 전사한 한 명밖에 본 적이 없습니다. 이런 희생이 없었다는 것이 한국 우파의 못난 점입니다. 희생이 없었던 이유를 생각해보면 우리 우익이 친일파에서 나왔기 때문인 것 같습니다. 주인이 아니고 앞잡이였으니까요.

우리가 알아야 할 일본 근현대사의 우익 인사 ①
: 메이지유신, 조슈, 사쓰마

일본의 경제보복 이후 한일관계 강의를 진행하면서 일본 근현대사의 우익 인사들이 나올 때마다 누구인지 질문하는 경우가 많았습니다. 들어본 인물도 있을 테고 처음 듣는 사람도 있을 텐데, 이어서 이 인물들에 대해 정리해보려고 합니다. 주로 중요하거나 우리 근현대사와 연관되는 인물들을 살펴보겠습니다.

먼저 메이지유신 시기에 근대 일본을 만든 두 뿌리로 조슈와 사쓰마라는 지방이 있는데, 이 두 지방에 대해 이야기하겠습니다. 두 지역은 변방이었지만 해상무역의 통로였기 때문에 일본에서는 사쓰마와 조슈가 크다는 뜻으로 '웅번(雄藩)'이라고 일컬었습니다. 사쓰마 단독으로 영국과 전쟁을 치르기도 했고 자체적으로 수십명을 영국에 유학 보내기도 했죠. 이제 두 지역 출신들이 일본 내에서, 또 일본과 조선의 관계에서 어떤 영향을 미쳤는지 알아보겠습니다.

우선 조슈부터 말하겠습니다. 아베의 본적이 야마구치이지요. 옛날 조슈입니다. 아베의 선거구가 시모노세키인데, 관부연락선이 일본과 조선을 오가던 곳입니다. 조선과는 떼려야 뗄 수 없는 지역이죠. 조선에서 일본으로, 일본에서 조선으로 들어가는 관문이었던 야마구치현 북쪽의 작은 촌인 하기(萩) 지역에서 메이지유신의 주역들이 줄줄이 쏟아져나왔습니다.

먼저 조슈번의 사상적 아버지이자 일본 보수우익의 원류라고 할 수 있는 요시다 쇼인(吉田松陰)입니다. 아베가 가장 존경하는 인물이라고도 하지요. 요시다 쇼인은 우리로 치면 위정척사파와 유사한 사상을 가지고 있었습니다. 그가 주장한 존왕양이는 왕을 받들고 서양 오랑캐를 배척하자는 것입니다. 그런데 서양 오랑캐를 배척만 한 건 아닙니다. 미국 페리호가 왔을 때 그 배를 '흑선'이라고 불렀는데, 흑선을 타고 미국에 밀항하려고 그곳까지 노 저어서 갔던 것이 요시다 쇼인입니다. 위정척사와는 다르지요. 한국의 위정척사파가 목은 잘려도 상투는 자를 수 없다고 한 것과 대조적으로 요시다 쇼인의 사상을 이은 메이지유신의 주역들은 스스로 상투를 잘랐습니다.

요시다 쇼인은 투옥과 고문으로 일찍 죽었지만 요시다가 운영한 하기의 쇼카손주쿠(松下村塾)라고 하는 서당에서 공부한 인재들이 줄줄이 메이지유신의 주역이 되었습니다. 다카스기 신사쿠, 기도 다카요시(木戸孝允), 이토 히로부미(伊藤博文), 야마가타 아리토모

(山縣有朋), 이노우에 가오루(井上馨) 같은 인물들입니다. 요시다 쇼인의 사상을 누구보다 충실히 계승한 다카스기 신사쿠는 에도막부에 대항해 쿠데타를 일으키고 시모노세키전쟁을 치른 인물로 존왕양이 운동을 가장 적극적으로 주도했습니다. 앞서 말했듯 아베 신조도 다카스기 신사쿠를 존경하고 있지요. 아베의 우익사상은 요시다와 다카스기를 잇는 것입니다.

기도 다카요시는 메이지유신 당시에 가장 중요한 역할을 해 '유신 3걸'로 불립니다. 이토 히로부미도 중요했지만 이토는 메이지유신이 성공하고 정권을 잡은 이후에 근대화를 이끈 인물입니다. 이토가 유신 당시 나이가 젊었고 역할이 평범했다면, 기도는 핵심적인 위치에 있었죠. 다만 기도는 일찍 죽었습니다. 그 후 이토, 야마가타, 이노우에가 조슈 3걸이라고 불리게 됩니다. 특히 이노우에 가오루는 명성황후 시해사건을 설계했던 사람으로 우리가 기억해야 합니다.

이 사람들로 끝이 아니라 조슈 출신 주요 인물들이 줄줄이 등장합니다. 러일전쟁의 영웅인 노기 마레스케, 일본 수상을 지낸 가쓰라 다로(桂太郎), 초대 조선 총독을 지낸 데라우치 마사타케(寺內正毅), 2대 조선 총독을 지낸 하세가와 요시미치(長谷川好道), 이토 히로부미가 죽고 통감을 이어받은 소네 아라스케(曾禰荒助), 일본 군대의 기초를 닦아 야스쿠니 신사에 동상이 세워진 오무라 마스지로(大村益次郎), 일본이 만주를 침략할 때 수상이었던 다나카 기이

	조슈번(현 야마구치현)	사쓰마번(현 가고시마현)
에도막부 말기~ 메이지유신 전후 주요 인물	요시다 쇼인* 다카스기 신사쿠 기도 다카요시 오무라 마스지로	사이고 다카모리* 오쿠보 도시미치
총리대신, 조선총독(통감) 등 정부 요직	이토 히로부미* 야마가타 아리토모 가쓰라 다로 데라우치 마사타케 다나카 기이치 소네 아라스케	구로다 기요타카 마쓰가타 마사요시 야마모토 곤노효에
육군대신, 해군대신, 참모총장 등 군사 요직	야마가타 아리토모* 고다마 겐타로 하세가와 요시미치 노기 마레스케	오야마 이와오 사이고 주도 가와카미 소로쿠 사이고 쓰구미치 도고 헤이하치로

메이지유신 시기 조슈번, 사쓰마번 출신 주요 인물(별표는 사진 속 인물).

치(田中義一) 등이 다 조슈 출신입니다. 이렇게 이례적으로 한 지역에서 일본을 이끈 핵심인물들이 나온 겁니다. 다음 표를 보면 유신 시대의 총리대신, 정계 및 군대의 주요 인물들이 조슈와 사쓰마 출신인 것을 알 수 있습니다.

사쓰마, 즉 현재의 가고시마현 출신으로 문제가 되는 인물은 사이고 다카모리(西郷隆盛)입니다. 사이고는 바로 정한론을 가장 먼저 주창한 사람입니다. 그리고 메이지유신에 아주 중요한 역할을 했지요. 기도 다카요시, 오쿠보 도시미치(大久保利通, 사쓰마 출신)와 함께 유신 3걸로 불립니다. 그런데 사이고는 유신 이후 조슈 세력에 밀려서 고향에 내려와 있다가 정한론을 두고 유신정부와 갈등한 끝에 전쟁을 벌이게 됩니다.

메이지유신은 사무라이 계급이 벌인 사건입니다. 한국의 개화파와 다르게 일본의 사무라이들은 유신과 함께 스스로 사무라이의 특권을 없애버렸지요. 그들이 토지 소유자가 아니었기 때문에 가능했던 일입니다. 사무라이들은 봉급을 받았는데, 특히 하급 사무라이들은 봉급도 적었기 때문에 특권을 내려놓는 게 가능했습니다. 한국과 비교해볼까요. 쇼카손주쿠는 야마구치현 북쪽 시골의 작은 서당이었는데, 한국의 개화파가 모인 곳은 서울의 북촌에 있는 노론의 거두 박규수의 사랑방이었습니다. 거기 모인 사람들은 정승 판서 댁 자식과 부마 같은 이들이었지요. 한국 개화파는 개혁을 해야 한다는 데 뜻을 모았지만 자신의 특권을 내려놓으려고 하지는 않았습니다. 아무래도 가진 게 많은 사람들이라 자기 것을 버리기가 쉽지 않았던 것 같습니다.

아무튼 사이고 다카모리는 사무라이라면 전쟁을 하고 칼을 써야 하는데, 일본 국내가 평화로워지니까 이제 바깥을 치자고 한 것입니다. 그런데 그 주장이 받아들여지지 않았습니다. 사실 바깥을 치자는 생각은 다들 가지고 있었습니다. 당시 정한론에 반대했던 사람들은 조선과 평화롭고 사이좋게 지내자고 했던 것이 아니라 아직 우리에게 그럴 힘이 없다, 시기상조라고 한 것이죠. 이 과정에서 불만을 품은 사무라이들이 유신정부와 벌인 전쟁이 세이난전쟁입니다. 이 전쟁에서 정부군도 막대한 피해를 입었지만 결국 정부군이 승리하고 사이고는 자결을 했습니다. 일찍 죽은 덕인지 일본 내에서는 '마지막 사무라이'라고 불릴 정도로 아주 낭만화된 인물이기도 합니다.

사쓰마 출신 주요 인물들을 보면 사이고와 오쿠보 도시미치를 비롯해 일본 초대 육군대신인 오야마 이와오(大山巖), 사이고 다카모리의 동생 사이고 주도(西鄕從道), 강화도조약 강제체결을 주도한 구로다 기요타카(黑田淸隆), 러일전쟁 해전의 영웅 도고 헤이하치로(東鄕平八郎), 각각 일본 수상을 지낸 마쓰카타 마사요시(松方正義)와 야마모토 곤노효에(山本權兵衛) 등이 있습니다.

이토 히로부미는 쇼카손주쿠에서 공부한 요시다 쇼인의 제자였습니다. 한미한 가문의 하급 사무라이로, 처음에는 존왕양이적 입장에서 각종 테러 활동에 적극적으로 가담했었죠. 그러다가 1863년 조슈번에서 선발한 영국 유학생의 한 사람으로 외국 생활을 하며 영국의 선진문물에 압도되어 존왕양이론자에서 개국론자로 근본적인 사상 전환을 하게 됩니다. 존왕양이파는 원래 한국의 위정척사파와 크게 바를 바 없는 사고방식을 갖고 있었습니다. 하지만 한국의 위정척사파들이 내 목은 잘라도 상투는 못 자른다고 버틸 때 이토 등 존왕양이파들은 서구 문물을 접하고 스스로 상투를 잘라버린 것입니다. 19세기 후반 한국과 일본의 결정적인 차이가 여기서 발생했습니다.

이후 이토는 메이지유신에 참여했고, 이른바 유신 3걸이 모두 사망하자 정권의 중심으로 떠올랐습니다. 1885년 내각제가 도입되면서 초대 총리에 취임한 이토는 모두 네 차례 총리를 지내면서 일본제국 헌법의 제정을 주도했습니다. 잘 알려진 바와 같이 을사늑약의 주역으로 통감이 되었고, 헤이그 밀사 사건이 일어나자 고종을 강제로 퇴위시켰습니다. 일본 입장에서는 근대화의 주역이겠지만, 우리에게는 침략의 원흉으로 1909년 하얼빈에서 안중근 의사에 의해 사살되었습니다.

야마가타 아리토모는 일본 육군의 아버지라고 불리는 인물입니다. 이토 히로부미와는 평생의 절친한 친구이자 가장 큰 정적이었지요. 역시 죠슈에서 하급 사무라이로 태어났지만, 프로이센으로 유학을 가 독일 군대를 제대로 배워 왔습니다. 그 역량으로 일본제국 육군을 창설하는 데 결정적으로 기여하는데, 육군대신뿐 아니라 참모총장과 총리대신까지 지냅니다. 세이난전쟁에서 사이고 다카모리를 패배시켜서 죽게 만들었고, 청일전쟁과 러일전쟁에도 장군으로 참전했습니다. 일본 군부 내에서는 아주 강력한 힘을 가지고 있었지요. 군대의 복무규율인 군인칙유와 일본제국의 교육관을 담은 교육칙어를 기초하는 등 일본을 군국주의로 몰고 간 중심인물입니다.

일본에는 육군대신과 해군대신을 현역 군인이 맡는다는 '육해군대신 현역무관제'라는 원칙이 있습니다. 군대는 천황의 군대라는 이념 때문입니다. 다른 나라에서 민간인들이 군사 관련 장관직을 수행하는 것과 대조적이지요. 우리나라도 현역 군인은 국무위원이 될 수 없도록 헌법에 정해져 있습니다. 일본의 이 독특한 원칙을 야마가타가 만들었습니다. 내각제인 일본에서 군부가 내각의 일원인 육군대신이나 해군대신을 사퇴시키고 후임자를 내지 않으면 내각이 붕괴하게 됩니다. 결국 군부가 내각에 대한 거부권을 가지게 되는 셈이었지요. 이 제도 때문에 일어난 결과가 고약한데, 메이지유신 이후로 일본이 치른 수많은 전쟁 중에서 내각이 전쟁을 결정한 경우는 많지 않습니다. 대부분 군부가 먼저 충돌을 일으키고 전쟁을 기정사실화하면 뒤늦게 내각이 승인하고 따라가는 식이었죠. 군부의 독주가 가능했던 것도 현역무관제 덕분이었습니다.

야마가타 아리토모가 도입한 개념 중에 '주권선'과 '이익선'이라는 것도 있습니다. 주권선은 일본의 주권이 미치는 범위, 이익선은 주권선 유지를 위해 일본의 영향력이 미쳐야 할 범위입니다. 야마가타 당시 주권선은 대략 일본 본토와 오가사와라 제도, 오키나와까지로 설정되었습니다. 일본제국이 팽창한다는 것은 이 주권선이 팽창한다는 뜻입니다. 일본은 이익선 내에서 영향력을 유지하다가 그 영향을 확고히 하기 위해 아예 이익선을 주권선 내로 포함시켜버렸습니다. 그러면 새로 주권선과 이익선이 다시 만들어지는데, 일본제국은 계속해서 이런 방식으로 팽창을 해갔습니다. 그렇게 주권선 내로 먼저 포함된 곳이 조선, 대만, 사할린입니다. 이렇게 끊임없이 팽창해가다가 결국 터지고 말았던 것입니다.

우리가 알아야 할 일본 근현대사의 우익 인사 ②
: 군국주의 일본과 전후 체제

여러 전쟁을 수행하면서 일본은 점차 군국주의로 향해 갔는데, 이 과정에 2·26 쿠데타(1936)와 쇼와유신이 일어났습니다. 2·26 쿠데타는 황도파라고 불리는 청년 장교들이 중심이었던 군부가 천황 친정을 주장하며 중앙정부를 폭력적으로 전복하려고 했던 사건입니다. 2·26 쿠데타의 정신적 지도자는 기타 잇키(北一輝)라는 독특한 사상가였습니다. 그가 쓴 『국가개조법안 원리 대강』이라는 책은 나오기 전부터 금서였지요. 작가 마쓰모토 겐이치가 쓴 『기타 잇키』(정선태·오석철 옮김, 교양인 2010)에는 그를 묘사하는 말로 "사상계의 마왕" "광기의 천재" "격정적인 천황 신앙의 파괴자"라는 표현이 나옵니다. 그는 사회주의자인 동시에 제국주의자였고, 천황 신앙은 없어져야 하지만 천황제 자체는 도구로 사용해야 한다고 생각했던 점에서 아주 특이합니다. 2·26 쿠데타가 기타의 사상에 기반을 두고 일어났는데, 쿠데타의 주역이었던 장교들이 천황제의 열렬한 옹호자였다는 점은 아이러니입니다. 기타의 추종자들이 그를 오해했다는 뜻이니 말입니다.

아무튼 기타는 단일하고 강력한 지도자 아래에서 전체주의 사회가 되어야 한다고 생각했는데, 쿠데타는 불가피하다는 그의 생각

기타 잇키.

이 2·26 쿠데타의 사상적 배후로 지목돼 사형당했습니다. 2·26 쿠
데타는 도쿄를 장악했지만 결국 실패했습니다. 천황을 추종하는
황도파가 일으킨 쿠데타인데 바로 그 천황이 해산하라는 명령을
내렸고, 그 명령을 거부하지 못했지요.

 황도파의 정신세계와 박정희가 관련이 있는 것으로 보입니다.
가난한 농민의 아들로 태어나 국가의 발전과 개조를 위해 목숨을
바치는 젊은 청년, 그리고 경제적·정치적 거대 기득권자들에 대한

평등주의적인 공격 등에서 유사한 점을 찾을 수 있지요. 박정희는 재벌을 육성했지만 상당히 평등주의적인 사상을 가지고 있던 사람입니다. 따로 연구와 정리가 필요하겠지만 한국 친일 문제에서 황도파의 정신세계는 자세히 다뤄볼 만한 주제입니다.

쇼와유신 시대를 대표하는 인물은 고노에 후미마로(近衛文麿)입니다. 천황가 다음가는 귀족가의 종손으로 인물도 좋고 언변도 훌륭해 인기가 많았습니다. 중일전쟁과 난징대학살 당시 총리대신이었는데, 일당제 국가모델을 만들고 대동아공영권 건설을 위한 신체제운동을 사상화하려는 등 일본을 전체주의 국가로 만들려고 했지요. 고노에가 군국주의 일본의 주역이었고 중일전쟁 확전까지는 책임이 있지만 아시아태평양전쟁은 반대했습니다. 영국과 미국을 상대로 화평교섭을 시도하기도 했지요. 그래서 제2차 세계대전이 끝나고 미국은 고노에와 평화헌법을 만드는 작업을 하려고 했는데, 일본 내에서 고노에의 전쟁 책임을 규탄하는 여론이 일어나자 다시 A급 전범으로 분류되었습니다. 결국은 재판을 거부하고는 청산가리를 먹고 자살합니다.

네덜란드 학자 카렌 판 볼페렌은 *The Enigma of Japanese Power*(일본이 지닌 힘의 수수께끼)라는 유명한 책에서 일본을 '머리 없는 괴물'이라는 말로 표현했습니다. 군국주의 일본은 독일 나치즘의 히틀러나 이탈리아 파시즘의 무솔리니 같은 '수괴'가 없다는 뜻입니다. 고노에 후미마로나 악명 높은 도조 히데키도 그런 '수괴'는 아니었습니다. 도조 히데키는 일본 군부 내에서 통제파의 1인자였지만 황도파를 장악하지 못했죠. 고노에 내각을 붕괴시키고 총리대신이 되어 아시아태평양전쟁을 일으키고는 "살아서 포로가 되는 치욕을 당하지 말라"는 '전진훈'을 만들기도 했지만, 어느 모로보나 그는 독일의 히틀러나 이탈리아의 무솔리니 같은 존재는 아니었습니다. 당시 천황에게 궁극적 책임이 있는 것은 분명하지만 그 역시 히틀러처럼 전쟁을 일으킨 '수괴'는 아닌 것 같습니다. 오히려 군부에 끌려다닌 측면이 있죠.

전후 일본 보수의 본류는 요시다 시게루에서 시작됐다고 할 수 있습니다. 외교관 출신으로 아시아태평양전쟁에 반대하고 고노에 후미마로와 함께 미국과 평화교섭을 시도한 사람입니다. 1945년 전쟁이 끝나고, 앞서 말했듯이 고노에는 전범이 되었지만 요시다는 수상이 됩니다. 7년간 수상을 하면서 미군정기부터 샌프란시스코 강화조약이 체결된 시기까지 일본을 이끌며 보수정치의 기틀을 만들었지요. 요시다가 물러난 이후 자민당이 만들어지면서 이른바 '55년 체제'가 수립된 것입니다. 요시다의 후계자들이 쭉 수상을 지냈고, '요시다 학교'라고도 불리는 집단이 일본 정치의 주류로 오랫동안 군림했지요.

요시다는 일본 전후 정치의 상징적 인물이라고 할 수 있습니다. 1950년 한국전쟁이 터졌을 때, 요시다가 일본은 이제 살았다며 실제로 만세 삼창을 했다고 하죠. 식민지 근대화론자들은 일본의 식민지배가 한반도 근대화에 기여했다고 하지만, 오히려 우리에게 처참한 비극이었던 한국전쟁을 계기로 일본이 회생할 수 있었던 것입니다.

전후 정치인 중 우리가 알아야 할 몇 명을 더 살펴보겠습니다. 오노 반보쿠(大野伴睦)는 자민당 부총재와 중의원 의장을 지낸 정계의 거물로, 1963년 박정희가 대통령 선거를 치르고 정식으로 대통령에 취임할 때 취임식 경축 사절로 왔습니다. 당시 기자들의 질문에 '아들이 출세해서 좋다'는 식으로 박정희를 아들 취급한 것이 논란이 되었지요. 실제로 박정희를 자주 만났고, 김종필과도 친했습니다. 다나카 가쿠에이(田中角栄)는 '일본열도개조론'을 주장하며 젊은 나이에 수상을 맡았던 인물입니다. 김대중 납치사건 때 한일관계가 악화되자 한국 정부는 다나카에게 정치자금을 제공하면서 무마하려고 했습니다.

보수 방계의 핵심은 만주국 인맥에서 출발합니다. 대표적 인물은 아베 신조의 외할아버지인 기시 노부스케(岸信介)입니다. 기시 노부스케는 '쇼와의 요괴'라는 별명을 가진 A급 전범이었지만, 미국의 정책이 변화하면서 도조 히데키가 사형된 이튿날 불기소 처분을 받고 풀려납니다. 기시는 요시다의 대미 협조 정책과 달리 평화헌법을 '자주헌법'으로 개정하고, 자주군비와 자주외교를 주장하는 매파로서 보수 방계라 불리게 됩니다. 기시는 여러 면에서 참 독특한 이력을 갖고 있습니다. 그는 일본제국에서 이른바 '혁신관

기시 노부스케.

료'의 대표 격이었습니다. 일본 본토에서 기득권 세력 때문에 펼칠
수 없었던 나름의 개혁 구상을 만주에 가서 제대로 펼쳤던 것이지
요. 기시는 사실상 만주국을 설계한 사람입니다. 이런 만주 경험은
만주군 장교로 근무한 박정희와 잘 맞아떨어졌지요. 사실 유신 시
대의 국방국가 한국은 만주국 모델을 따른 것이었습니다. 한일 국
교 정상화 이후 생겨난 한일 간의 유착관계에는 기시와 박정희가
얽힌 만주국 인맥의 그림자가 짙게 드리워 있습니다.

나카소네 야스히로는 보수의 본류가 아닌 방계, 즉 매파로서 기시 이후 최초로 수상이 되어 장기집권했습니다. 나카소네는 1980년대 한미일 삼각동맹을 상징하는 인물 중 하나입니다(전두환-레이건-나카소네). 일본 수상으로는 최초로 한국을 공식 방문했고, 전두환도 한국 대통령으로는 처음 일본을 공식 방문했지요. 백 살이 넘게 장수하다 2019년 11월 눈감았습니다. 생전에 나카소네는 '전후 정치의 총결산'이라는 표현을 쓰며 '55년 체제'를 극복하고 미국으로부터 일본의 독자적인 주체성을 가져야 한다고 주장했습니다. 앞서 말했듯 총리 자격으로 야스쿠니 신사를 처음 방문하는 등 일본 우경화의 신호탄 같은 역할을 했지요. 유일한 피폭 국가인 일본이 원자력 대국이 되는 모순적인 상황을 만든 주역 중 하나이고, 국철을 4개로 분할 민영화하여 전투적인 국철노조를 와해시킴으로써 사회당의 기반을 붕괴시켰으며, 해군 장교였을 때 위안소를 만들었다며 자기 회고록에 자랑스럽게 적어놓기도 했습니다.

그 외 시나 에쓰사부로(椎名悦三郎) 역시 만주인맥으로, 대표적인 지한파라고 불렸던 사람입니다. 기시 노부스케의 측근으로 일했지요. 1965년 한일협정 당시 일본 외무상이었고, 1974년 육영수 피살 사건 때 유감의 의사를 전하는 진사(陳謝) 사절로 한국에 오기도 했습니다.

한일관계에 있어서 지금까지 살펴본 인물들이 공식 라인을 대표한다면, 그만큼 중요한 비공식 라인의 인물들이 있습니다. 낭인, 야쿠자, 흑막 등으로 불릴 법한 인물들이 한일관계뿐 아니라 한국 정치에도 지대한 영향을 미쳤습니다.

먼저 살펴볼 사람은 도야마 미쓰루(頭山滿)입니다. 이 사람은 일본 야쿠자의 시조입니다. 그러나 단순한 건달이 아니라 대아시아주의 입장에서 운동을 펼친 일본제국의 국가주의 사상가이자 일본 정계의 막후 거물이었지요. '겐요샤(玄洋社)'라는 단체를 만들었는데, 이 단체가 명성황후 시해사건을 뒤에서 주도했습니다. 다른 나라의 혁명을 원조한다는 취지에서 쑨원과 김옥균을 지원하기도 했지요. 우치다 료헤이(內田良平)는 겐요샤의 별동대와 같은 조직인 흑룡회를 만들어 해외공작을 담당했습니다. 특히 1894년 동학농민운동이 일어나자 한국으로 건너와 동학당을 지원하기도 했고, 송병준과 이용구 등이 주도한 일진회를 움직여 한일합방 청원운동을 유도하기도 했습니다. 중국혁명에도 깊숙이 개입했지요.

세지마 류조(瀨島龍三)는 한일 현대사의 막후 실력자였습니다. 박정희가 가장 존경했다고도 하지요. 세지마는 일본 육군사관학교를 수석 졸업하고 참모로서 아시아태평양전쟁에 참전해 핵심적인 역할을 수행하다가 전쟁 포로로 소련에 끌려가 11년을 억류당했습니다. 일본에 귀국 후 이토추 상사에 평사원으로 입사했는데, 20년 만에 일본 최고의 종합무역상사로 키우고 회장이 됩니다. 1965년 한일 국교 정상화의 막후 실세였던 세지마는 박정희에게 종합상사를 중심으로 수출 정책을 펼 것을 권유했고, 전두환에게는 3S 정책과 서울올림픽 유치를, 노태우에게는 보수대연합을 권했다고 합니다. 하나같이 한국 현대사에서 무게감이 남다른 일들입니다. 전두환과 나카소네의 회담을 뒤에서 성사시킨 것도 세지마였다고 하지요. 일본 천황이 식민지배와 침략전쟁에 대해 언급하면서 '사과'가 아니라 그 비슷하게 들리는 '통석의 염'이라는 말을 쓰곤 하는데, 그 말도 세지마 류조가 제안한 것이라고 합니다. 일본 현지에서도 잘 쓰지 않는 표현을 가져다가 기묘하게 들리도록 만든 말이어서 당시에도 비판을 받았습니다. 그리고 최근에는 '새로운 역사교과서를 만드는 모임'의 후원자 역할도 했지요. 우리나라에도 출간된 소설 『불모지대』(박재희 옮김, 청조사 2011)는 바로 세지마를 모델로 쓰였습니다.

세지마 같은 일본의 '지한파'는 보수우익세력 중에서 아시아주의를 내걸고 한국과 협력을 매우 중요하게 여기는 사람들입니다. 하지만 실상은 일본제국 시절 대륙 침략을 위한 후방 병참기지로 조선과 만주의 역할이 중요하다고 주장하던 이들로, 제2차 세계대전 시기에는 한반도와 만주에서 수탈과 침략에 앞장섰습니다. 패전 이후에는 반소·반공을 내걸고 공산주의를 막는 방파제로서 한반도가 중요하다고 외치면서 한일 외교관계 복원과 일본 기업의 한국 진출을 지휘했지요. 이들은 대동아전쟁이 영국과 미국에 대항해 아시아인의 자유와 해방을 지키기 위한 전쟁이었기 때문에 침략전쟁이 아니라고 생각합니다.

　박정희가 1945년 이전에 물리적으로 한 친일은 그렇게 심하지 않았다고 생각합니다. 사실 박정희는 친일파가 되기 위해 긴 기간 준비운동만 한 셈입니다. 대구사범학교부터 일본 육사까지 문무를 겸비해 제국에서 출세하기 위한 발을 내디디자마자 일본제국이 패망했으니 말입니다. 그러나 박정희를 '원조 친일파'라고 하는 이유는 집권한 이후 20년 가까운 시간 동안 대한민국을 일본 극우파가 생각했던 방향으로 끌고 갔기 때문입니다. 바로 일본이 만주국을 경영했던 모습 그대로입니다. 그 과정에서 박정희의 사상적 지도자 역할을 한 사람이 바로 세지마 류조고, 그 배경에 황도파의 사상이 있었다고 생각합니다.

한국 우익과
친일 문제

'토착왜구'는 누구인가

토착왜구라는 말이 최근에 사람들 입에 오르내리기 시작했습니다. 그런데 이 말이 최근에 만들어진 것은 아닙니다. 1910년『대한매일신보』에 '얼굴은 한국인이나 창자는 왜놈인 도깨비 같은 자'를 '토왜'라고 부른다는 기사가 있었던 것이 최근에 인구에 회자되기 시작한 것입니다. 이 말이 왜 퍼졌을까요? 그냥 말이 재밌어서 퍼진 건 아니겠습니다. 실제로 이런 사람들이 많기 때문입니다. 그리고 도대체 저런 이들을 뭐라고 불러야 할까, 신친일파? 좀 마뜩지 않습니다. 마침 좋은 말이 있으니 토착왜구, 줄여서 토왜, 하니까 퍼져 나갔지요.

1910년 6월 22일 『대한매일신보』에 실린 「토왜천지」라는 기사에서는 토착왜구를 이렇게 설명합니다. 전우용 선생의 SNS를 통해 널리 알려지게 되었지요. "뜬구름 같은 영화를 얻고자 일본과 이런저런 조약을 체결하고 그 틈에서 몰래 사익을 얻는 자. 일본의 앞잡이 노릇하는 고위 관료층. 그리고 두 번째로 암암리에 흉계를 숨기고 터무니없는 말로 일본을 위해 선동하는 자. 일본의 침략행위와 내정 간섭을 지지하는 정치인과 언론인." 이런 사람들이 아마 우리가 요새 제일 많이 접하는 인물들 같습니다. 또 있습니다. "세 번째로 일본군에 의지하여 각 지방에 출몰하며 남의 재산을 빼앗고 부녀자를 겁탈하는 자. 친일단체 일진회 회원들." 예나 지금이나 일진들이 문제인데, 지금 일진과는 비교가 안 되게 엄청난 일진이었습니다. 아마 그 당시에 토착왜구는 첫 번째, 두 번째 사람들보다도 세 번째, 그리고 일진회 회원들을 지목하는 말이었을 겁니다. 이어집니다. "네 번째, 저들의 왜구 짓에 대해 원망하는 기색을 드러내면 온갖 거짓말을 날조하여 사람들의 마음에 독을 퍼뜨리는 자. 토왜들을 지지하고 애국자들을 모함하는 가짜 소식을 퍼뜨리는 시정잡배들." 이런 이들이 토착왜구라고 정의했는데, 이 기사뿐 아니라 '토왜'라는 용어를 쓴 당시 기사가 아주 많습니다. 해방 후에도 '토왜'를 썼지요.

우리는 친일파의 발생 이유와 친일의 논리에 대해서 살펴볼 필

요가 있습니다. 많은 친일파들이 이익 때문에 움직였지만, 그럼에
도 우리는 하나하나 상세히 따져봐야 합니다. 분류를 하다보니 이
익에 따라서 친일파가 된 사람도 있고 반대로 신념에 따라 친일파
가 된 경우도 있었습니다. 예컨대 춘원 이광수, 그가 과연 돈에 팔
렸을까요? 그러면 일본이 준 것보다 조금 더 주면 다시 독립운동을
위해 글을 썼을까요? 별로 그랬을 것 같지는 않습니다. 아마 어떤
이유인지 몰라도 뭔가에 '꽂혔던 것' 아닌가 싶습니다. 이광수는
사실 정말 아까운 사람이고, 돈에 팔렸다고는 생각하지 않습니다.
그 나름의 잘못된 신념이 생겼던 것 같습니다. 비합리적인 것 같지
만 현실에서는 많이 벌어지는 일이기도 합니다.

그런데 역사를 들여다보면 이익이 신념이 되고, 신념이 이익이
되는 경우가 있습니다. 이익을 얻게 되면 그 길로 계속 가게 되는
동인이 생기는 겁니다. 그런 입장을 견지하려면 진짜 믿어야지요.
'일본이 좋은 나라'라는 신념이 만들어진 것입니다. 왜 좋은 나라
냐. 문명 개화를 위해 일본을 배워야 하는데, 나한테 돈까지 가져다
주지 않습니까? 좋게 생각할 수 있습니다. 그런데 또 하나, 신념이
이익이 되는 경우가 있습니다. 이익 때문에 시작한 건 아니지만 신
념이 이익이 되어 잘못된 길을 계속 밀고 가는 사람들이 많았던 건
분명한 사실 같습니다. 지식인으로서 유명한 친일파 중에 이익을
좇은 이들을 꼽아보자면 송병준, 김갑순 같은 사람들입니다. 한편
신념에 따른 친일파라고 할 수 있는 사람들은 윤치호나 이광수 등

이지요.

이 지식인 친일인사들에게는 공통된 논리가 있습니다. 우선 제일 중요하고 오늘날까지 관련 있는 것은 사회진화론입니다. 사회진화론은 찰스 다윈의 진화론을 사회와 국제관계에 적용시킨 것입니다. 적자생존, 약육강식, 우승열패, 생존경쟁, 자연도태 같은 개념을 말입니다. 사회진화론이 영국 빅토리아 시대에 이르면 황당한 정도로 나아갑니다. 약육강식을 하나의 자연법칙처럼 설명하는 것을 넘어서 약자의 도태가 사회의 진화를 담보한다고까지 말하는 것입니다. 특히 사회보장, 사회복지 같은 것은 하면 안 된다고 이야기합니다. 약자가 도태되게 놔둬야 열등한 종자들이 사라지고 우수한 사람들만 남아서 사회가 발전하는데, 뭐하러 돈도 주고 먹을 것도 주고 아픈 것 고쳐주느냐는 거지요. 국내 문제에 대해 이렇게 복지국가 따위 필요 없다고 막나갔는데, 국제사회에 대해서는 힘센 놈이 약한 놈 먹는 것이 당연하다고 주장했습니다. 억울하면 힘을 기르든지, 아니면 먹히든지, 원래 세상이 그런 것이라는 말이었지요. 찰스 다윈은 원래 국제관계나 인간 사회에 진화이론을 적용할 생각이 전혀 없었습니다. 그런데 허버트 스펜서라는 사람이 생물학적 진화론을 사회이론에 적용해버린 겁니다.

이게 의외로 힘이 셌습니다. 심지어 아직까지도 힘을 발휘하고 있지요. 한국에서 사회진화론을 받아들인 사람들은 '근대'에 사로잡혀서, 우리도 빨리 근대화해야 한다고 했습니다. 대개 다 그랬습니다. 『서유견문』을 쓴 유길준이나 미국으로 유학 가서 아주 진하게 서양화되어 돌아온 윤치호 같은 사람들이 사회진화론을 적극적으로 받아들였습니다. 그런 사람들의 공통된 주장은 부국강병과 계몽입니다. 식민지가 되는 나라들은 다 국민이 무지하고 게을러 나라가 약했기 때문이다, 그러니 우리는 힘을 길러야 한다고 주장했죠.

그런데 사회진화론은 개인보다는 민족과 국가를 강조합니다. 대중을 계몽해야 한다고 하던 사람들 중에 권력을 장악하면 독재를 하는 사람들이 많은데, 사회진화론을 신봉하는 사람들은 대개 국가주의자인 동시에 엘리트주의자들입니다. 그들 입장에서 대중은 무지몽매해서 깨우쳐줘야 하는, 계몽해줘야 하는 대상입니다. 자신을 대중보다 앞선 존재라고 생각하니 대중과 함께하기 어렵습니다. 이런 차이가 무엇을 의미하는지 사회진화론을 받아들인 초창기인 1890년대나 1900년대에는 두드러지게 나타나지 않았지만, 1920년대, 1930년대에 접어들며 어떤 결과를 초래하는지 뚜렷하게 알게 되었습니다.

사회진화론을 친일파만 받아들인 건 아닙니다. 황현은 경술년(1910)에 나라가 망하자 스스로 망국의 책임을 지고 목숨을 끊은 보수지식인입니다. 황현이 역사의 진보에 크게 기여했지만, 그를 진보주의자라고 하기는 좀 애매합니다. 황현은 동학농민운동이 일어났을 때 동학도들을 토벌해야 한다고 아주 강력하게 주장했던 체제 유지적 지식인이기 때문입니다. 그와 동시에 동학도를 토벌하려면 먼저 동학도가 저렇게 일어나게 만든 탐관오리들부터 쳐 죽여야 한다고 주장한 아주 강경한 보수개혁론자였지요. 그러다가 나라 망하는 순간에 목숨을 끊었는데, 그런 황현조차 사회진화론을 벗어나지 못했습니다. 그러니까 사회진화론은 제국주의 침탈자들만의 논리가 아니었습니다. 그만큼 힘 있게 퍼져 있었던 것이지요. 힘센 놈이 약한 놈을 잡아먹는 건 너무 당연하다, 이것은 원망할 일이 아니고 어쩔 수가 없다, 그런데 막상 먹히려니까 왜 이렇게 슬프냐, 황현이 죽기 전에 쓴 글에 이런 이야기가 나옵니다. 죽음의 문턱에서야 사회진화론의 문제점을 깨닫는 실마리를 얻었다고 할까요?

20세기 중국에 후스(胡適)라는 문호가 있었습니다. 중국 좌파에서 루쉰을 최고의 사상가로 친다면 우파에서는 후스입니다. 후스의 원래 이름은 후스먼(胡嗣穈)인데, 적(適) 자로 바꿨습니다. '적자생존'의 적입니다. 오죽 적자생존의 시대였으면 아예 자기 이름을 바꿨겠습니까? 그만큼 사회진화론은 힘이 있었고, 1900년대에서 1910년대의 한국이나 중국 지식인들은 사회진화론이 제국주의 침략에 맞서는 민족의 자강을 위해서도 필요한 이론이라고 믿기도 했습니다. 그래서 대한자강회 같은 한말의 계몽단체가 우리도 자본주의적 근대화를 해서 실력을 기르지 않으면 안 된다고 주장했던 것입니다.

이광수가 그 연장선상에 서 있습니다. 사회진화론의 연장선상에서 경쟁을 통해 진보를 추구했던 것입니다. 경쟁은 당연하고, 경쟁의 결과 발생한 불평등한 세상을 받아들여야 한다고 이광수는 생각했습니다. 국제관계에서 제국주의적 현실을 받아들인 것입니다. 이광수가 누구입니까? 독립선언문을 작성한 사람입니다. 당대 최고의 천재였습니다. 지금 우리가 쓰고 있는 현대문은 이광수의 손에서 완성되었다 해도 과언이 아닐 정도입니다. 생각해보지요. 주시경이 『독립신문』 만들고 20년이 지나지 않았는데 이광수의 『무정』이 나왔습니다. 한글로 산문을 쓰기 시작한 지 얼마 안 돼서 이광수가 튀어나와 오늘날 같은 현대문을 완성한 것입니다. 그 무렵 다른 신소설의 문장과 이광수의 문장은 확연히 다릅니다. 그 이광수가 그렇게 되었으니 우리가 더 아픈 것이지요. 이광수는 굉장히 중요했고 대중이 그에게 큰 기대를 걸었는데, 정작 이광수는 사회진화론으로 흘러가서 조선 사람은 열등하기에 민족개조가 필요하다고 강하게 주장하기 시작했습니다. 더 나아가 개인에 대해 무관심하고 국가와 민족만을 우선하다 보니 쉽게 파시스트적 논리에 동화되기까지 했지요. 후스는 그래도 그 벽을 넘어서 자유주의로 많이 나아갔는데 이광수는 그러지도 못했습니다.

이광수만 그런 게 아니지요. 목적, 과정, 동기 등보다 결과를 중시하는 것, 경쟁에서 무조건 이기고 살아남아야 한다고 강조하는 것, 지금까지도 우리나라 교육 제도는 완전히 그렇지 않습니까? 사회진화론은 100년 전 이야기가 아니라 지금 대한민국에서 벌어지는 무한 경쟁의 밑바닥에 깔려 있는 논리입니다.

19세기 말과 20세기 초, 사회진화론을 받아들인 사람들이 살던 시대의 경쟁에서 우리는 일본한테 아득하게 졌습니다. 지금 우리는 일본을 따라잡자는 이야기를 아주 쉽게 하고, 가능할 것도 같지요. 그런데 100여 년 전에는 정말 아득했습니다. 거기서 비롯한 열패감에 빠져서 일본은 도저히 따라잡을 상대가 아니고 그냥 납작 엎드려서 배워야 한다는 사회진화론적인 사고방식이 친일로 이어졌습니다. 그러니까 1910~30년대, 특히 1910~20년대에 친일로 전향한 사람들의 생각은 대개 그랬을 것 같습니다.

1930년대가 되면 사회진화론이 여전히 힘을 발휘하는 가운데 '내선일체론'이 등장합니다. 일본을 당시에 '내지'라고 불렀는데, 일본과 조선이 한 몸이라는 뜻에서 내선이 일체라고 했습니다. 우리 입장에서 볼 때는 조선의 민족성을 말살하는 것입니다. 일본의 아주 강력한 동화 정책이었지요. 식민지에서 이런 동화 정책을 쓴 나라는 일본밖에 없습니다. 영국이 인도를 지배할 때 동화 정책을 썼습니까? 영국인과 인도인이 워낙 다르게 생겼는데 어떻게 동화가 되겠습니까. 하지만 조선인과 일본인은 개인을 놓고 보면 잘 구별되지 않습니다. 누가 봐도 일본 사람, 누가 봐도 조선 사람이라고 여겨지는 경우가 있기는 있지만, 그렇게 아주 독특한 사람들을 제외하면 못 알아봅니다. 그러니까 동화라는 발상이 가능했지요.

일본인들은 조선인들이 대일본제국의 신민으로서 차별받지 않아야 한다며 '내선일체'를 내걸었지만, 그 때문에 조선인은 죽을 맛이었습니다. 일본이 본격적으로 내선일체를 표방한 것은 중일전쟁 직전(1936) 미나미 지로(南次郎)가 조선총독으로 오면서부터였습니다. 하지만 원래는 선우순이라는 조선인 친일파가 1920년대 말부터 쓰기 시작한 용어라고 합니다.

내선일체가 본격화되면서, 조선인과 일본인이 일체니까 조선인이 '차별받지 않도록' 여러 제도를 바꿉니다. 대표적으로 일본식 이름을 갖는 걸 허용했지요. 조선인은 평민도 성을 갖고 있었지만, 전근대 일본의 평민들은 성이 없었습니다. 우리는 같은 성씨끼리 동성동본을 따지는 등 막연한 연대의식이 있지만, 일본은 같은 성씨라도 대부분 연결점이 없습니다. 집이 밭 가운데 있어서 다나카(田中), 집이 우물 뒤에 있다고 이노우에(井上) 하는 식입니다. 가운데 동네에 살면 나카무라(中村)이지요. 이누카이(犬養)라는 성이 있는데, 개를 키운다는 뜻입니다. 일본 수상 중에도 있었지요. 그러니까 일본에서는 그렇게 대충 성을 지었는데, 조선인은 김, 이, 박 등이 몇백 년을 내려왔기 때문에 성을 바꾼다는 게 큰일이었습니다. 그리고 조금 복잡한 이야기지만 사실 성과 씨가 달랐습니다. 일본은 조선인의 성은 그대로 두고 일본식 씨를 갖도록 했다, 그래서 창성이 아니고 창씨라고 변명하죠.

그다음으로 없앤 차별은 입대입니다. 일제강점기 초기에 조선인은 군대에서 받지 않았습니다. 항명하면 어떡합니까. 지금 우리도 다문화가정의 자녀가 입대하기 시작한 지 얼마 되지 않았습니다. 많은 사람들이 군대에 가기 싫어하지만, 군에서 받아주지도 않는다는 것은 그것대로 큰 차별이라고 볼 수 있습니다. 그래서 조선인을 징병해 끌고 간다는 것은 총알받이로 내세운 것이지만, 한편으로는 일본인들이 볼 때 총을 주어도 될 만큼 조선인이 동화되었다는 의미이기도 합니다. 만주에서는 오족협화(伍族協和)라고 해서 일본인·한족·조선인·만주족·몽고인이 협력해서 만주국을 만들었다고 떠들어댔지요. 그런데 내선일체라고 해서 실제 차별이 없어졌을까요? 아닙니다. 조선인은 의무만 있고 권리는 없었습니다. 대표적으로 조선인의 참정권은 허락되지 않았지요.

하종오 시인이 「노을에 와서 노을에 가다」라는 극시(劇詩)와 「은하수」라는 시에서 일본군 '위안부'에 대해 썼습니다. 「은하수」는 정신대에 간 누이를 그리는 시인데, 여기에 이런 구절이 있습니다.

피눈물로 바들바들 앞섶 풀었을 누부야
(…)
눈 딱 감고 혀 앙깨문 이빨 사이로
뱉어내어 아직도 떠돌고 있는 신음소리
닛뽄징 조오센징 덴노헤이까 오나지네
북방하늘 질겁하는 별들에서 들려오누나
　　　　—「은하수」 부분(『벼는 벼끼리 피는 피끼리』, 창작과비평사 1981)

"닛뽄징 조오센징 덴노헤이까 오나지네"는 일본어로 '일본인과 조선인은 천황폐하가 같지요'라는 뜻입니다. 내선일체를 상징하는 말인데, 일본군 '위안부'로 끌려간 조선인 소녀들에게 이 말을 강요했던 것입니다.

친일문학에 대해선 원광대 김재용 교수의 연구가 대표적입니다. 이광수가 창씨개명한 이름이 향산광랑(香山光郎)인데, 여기서 향산을 많은 사람들이 묘향산일 것이라고 생각했습니다. 이광수 고향이 묘향산에서 멀지 않았기 때문이지요. 그런데 이광수 스스로 향산이 일본에 있는 향구산(香久山)이라고 밝혀서 많은 사람들이 실망하기도 했습니다.

강제병합 이전의 친일

갑신정변(1884)의 주역은 김옥균, 서재필, 서광범, 박영효입니다. 이 사람들 친일파일까요? 네, 친일파 맞습니다. 그런데 그들의 친일은 지금 이야기하는 친일과 아주 달랐다고 생각합니다. 다르게 봐야 합니다. 그때는 아직 일본의 침략적 본질이 확연하게 드러나기 전이었습니다. 구한말 우리가 보는 일본에는 분명 두 가지 성격이 있었습니다. 하나는 우리가 따라 배워야 할 모델로서의 일본입니다. 이건 부인할 수 없습니다. 또 하나는 우리를 침략해오는 일본이지요. 적어도 1894년 갑오농민전쟁 이후에는 침략성이 아주 확고하게 드러났지만, 그 전에는 조선인들이 일본에서 많이 배우려고 할 수밖에 없었습니다. 개인적으로는 박영효나 김옥균이 취한 방식에 동의하지 않습니다. 실패할 수밖에 없는 방법이었다고 생각합니다. 그럼에도 이 사람들을 이완용, 송병준과 같이 취급하는 건 문제가 있습니다.

친일파가 그렇게 많이 나온 것은 무엇보다 일본의 힘이 강했기 때문입니다. 청나라와 일본이 싸울 때 일본이 이길 거라고 예상한 사람들은 별로 없었습니다. 그런데 이겼지요. 그때만 하더라도 어쩌다가 꺾었나 보다 하는 사람들이 있었고, 서양인들이 보기에는 그저 아시아 나라끼리 싸운 일인가 보다 했는데, 다음에는 일본이 러시아를 이겼습니다. 러시아는 유럽에 속한 나라고 세계에서 제일 땅덩어리가 넓은 강대국인데, 조그만 일본이 러시아를 상대로 이긴 것입니다. 세계가 깜짝 놀랐습니다. 일본은 스스로 '동양인의 자부심'이며 '동양은 이제 일본을 중심으로 재편되고 뭉쳐서 서구의 침략에 저항해야 한다'고 떠들었습니다. 거기에 솔깃해서 넘어간 조선인들이 의외로 많습니다. 안중근의 '동양평화론'도 그런 분위기를 어느 정도 담고 있지요.

그 무렵에 나온 기사가 「토왜천지」이고, 여기서 토왜의 대부분은 일진회입니다. 일진회의 두 지도자 중 하나는 송병준입니다. 송병준은 농상공부대신이었고 총리대신을 하고 싶어했습니다. 총리대신이 되어서 나라 팔아먹는 도장을 자기가 찍고 싶어했어요. 그래야 더 많은 이권이 생길 것 아닙니까? 그런데 이완용이 끝까지 버티고 도장을 찍은 셈이 되었지요. 또 한 사람의 일진회 지도자는 회장을 지낸 이용구입니다. 이용구는 말하자면 신념파입니다. 조선과 일본이 합치는 것이 조선에 좋다고 진정으로 생각했고, 앞장서 조선을 일본에 바쳤지만 '합방' 후 버림받고 맙니다.

이 일진회 문제가 간단치는 않습니다. 우선 일진회의 간부진 상당수가 불과 10년 전에는 동학이나 독립협회의 열성활동가들이었습니다. 어쩌다 일진회가 됐을까요? 21세기 현재의 토착왜구들에 비해서 이때의 일진회에는 나름의 논리와 필요성이 있었습니다. 그들에게 개화가 절대로 필요했던 것입니다. 지금이야 친일을 안 해도 얼마든지 살 수 있는 세상이지만 그 당시에는 절망적인 무질서가 계속되고 있었기 때문에 어떤 정치 질서든, 대한제국이든 일본이든 질서를 잡아준다면 기꺼이 협조하고 충성을 바치겠다는 사람들이 꽤 있었지요. 따라서 같은 일진회라도 이용구는 송병준 같은 모리배와는 많이 다릅니다.

실제로 3·1운동 후 국내에서 결성된 최대 운동단체인 대동단을 보면 전협이나 최익환 등 일진회에서 활동했던 사람들이 꽤 있었습니다. 대동단 총재 동농 김가진 선생도 목숨 걸고 중국으로 망명했지만, 대한협회 회장 시절의 친일 논란에서 자유롭지 못하지요.

대한제국의 통치기능이 바닥에 떨어졌던 그 시절, 일부 사람들이 자기 개인의 이익이 아니라 질서의 회복을 위해서 일본과 손을 잡지 않으면 안 된다고 생각할 만한 지점이 분명히 있었다고 생각합니다. 그리고 일본은 그걸 알았기 때문에 강제병합을 성사시킨 다음에 일진회를 해산시켰지요. 일진회가 호락호락하게 말 잘 듣는 단체가 아닐 것이라고 판단한 겁니다. 결국 대한제국이나 고종, 순종의 무능이 일진회 같은 패거리들이 세력을 떨치게 만드는 요인이었다고 할 수 있겠습니다.

몇 년 전 윤효정의 『풍운한말비사』라는 책이 번역되어 나왔는데 제목을 『대한제국아 망해라』(박광희 옮김, 다산초당 2010)라고 붙였더군요. 일진회에 참여한 사람들의 바람도 비슷하지 않았나 싶습니다. 실제로 그때 사람들 사이에 그런 생각이 꽤 퍼져 있었을 것입니다. 조선의 운이 다했다는 생각은 19세기부터 있었습니다. '후천개벽(後天開闢)'이라는 말이나 『정감록』, 그리고 동학이 왜 나왔겠습니까? 일진회가 활개를 칠 때쯤에는 나라를 팔아먹는다는 의식도 없었습니다. 나라가 이미 망했다고 생각하는 사람들이 많았지요. 그러니까 생각해보고 싶은 건 왜 그렇게 일본에 붙었느냐는 겁니다. 당시 조선은 진짜 무법천지가 되어 있었습니다. 의병이 되어 일본과 싸우는 사람들이 있었지만, 의병 활동이 가능했다는 건 달리 말해 총기 소지가 통제되지 않았다는 뜻이기도 합니다. 의병만 있었겠습니까? 도적들도 많았지요. 도적들이 사리사욕을 채우고

길 가는 여성을 겁탈하는 등의 일들이 정말 비일비재한, 만인에 대한 만인의 투쟁이 벌어지는 극도의 혼란 상태에 조선이 놓여 있었습니다. 당시의 신소설 작품들을 읽어보면 그 분위기가 적나라하게 묘사되어 있지요. 그렇기 때문에 어찌 됐건 국가권력이 제대로 작동해주기를 바라는 사람들이 있었던 것 같습니다. 일진회는 그런 패였다고 생각합니다.

앞서 우치다 료헤이라는 일본 야쿠자가 '흑룡회'를 만들고 조선 내에서 일본을 도와줄 세력을 찾았다고 했습니다. 그런데 일진회 같은 조선인들이 나라를 통째로 갖다 바치겠다고 한 것입니다. 그래서 오히려 이걸 그대로 받아들여도 괜찮을지 일본 사람들이 고민할 정도였습니다. 일진회를 비롯한 조선인들은 대한제국으로 안된다면 일본의 힘을 빌려서라도 안심하고 살 수 있는 사회를 만들어야 한다고 생각했던 겁니다. 물론 일본은 그런 조선 사람들의 바람대로 하지 않았습니다. 그래서 일진회 출신 중에 독립운동으로 돌아온 사람도 많습니다.

조선이 망한 데 가장 큰 책임을 져야 할 사람은 고종이라고 생각합니다. 역사학자 이태진 같은 분은 고종을 높이 평가하지만, 고종의 책임에 대해선 오히려 『반일 종족주의』를 쓴 이영훈 교수 등의 생각이 일리가 있습니다. 다만 그들처럼 고종 책임론을 친일파의 책임을 없애기 위해 쓰는 것은 말이 안됩니다. 어떤 신하보다 고종의 책임이 큰 것은 대한제국으로 개혁을 한다고 하면서 전제군주제를 만들어버렸기 때문입니다. 왕권과 신권이 적절한 긴장관계를 유지하면서 상호 견제하는 게 조선이었습니다. 어떻게 생각하면 조선이 그렇게 왕 혼자 망치지 못하는 체제였기 때문에 오래갔을 수도 있지요. 고종의 광무개혁을 높이 평가하는 학자들도 있지만, 결국 무능하고 유약했던 고종을 수반으로 하는 전제군주 국가가 만들어진 건 아쉽습니다. 고종 하나만 통제하면 나라를 통째로 빼앗을 수 있었으니 말입니다.

조선에서 서얼, 중인 등 새로 부상하는 세력이 많았던 것도 친일파의 득세에 영향을 주었습니다. 이런 사람들에게는 새로운 사회에 대한 갈구가 있었고, 그러다 친일로 이어지는 경우가 많았습니다. 그런 사람들의 요구하는 정당했다고 생각합니다. 물론 친일이 정당화되는 건 아니지만, 그 나름 조선사회 내부에서 발전하길 요구했던 것이지요.

구한말과 일제강점기의 친일

당시 친일행위로 손꼽히던 몇 사람의 행적을 비교해보겠습니다. 헤이그 밀사 사건 당시 고종 황제에게 자결하라고 윽박질렀던 송병준은 이완용보다 더하면 더했지 결코 덜하지 않은 친일의 원흉입니다. 그는 은진 송씨로 송시열의 9대손을 자처했지만 태생부터

친일 인사 이완용(왼쪽), 송병준(오른쪽).

의혹투성이지요. 민태호, 민영환 등 당대의 세도가인 여흥 민씨 집
안에서 식객 노릇을 하다가 벼슬길에 올랐고, 그 덕에 1876년 역사
적인 강화도조약에 수행원으로 따라가는 기회를 잡았습니다. 송병
준은 그 기회를 놓치지 않고 일본인과 부산에 합작 상관을 차렸는
데, 그의 친일행각에 분노한 부산 사람들이 상관에 불을 질러버렸
다고 합니다. 그후 일본으로 건너가 노다 헤이치로(野田平治郎)라는
이름으로 생활하다가, 러일전쟁 때 일본군 통역관으로 돌아와 일
진회를 조직하고 본격적인 친일행각을 벌였죠. 을사늑약 당시 과
거 자신을 돌봐줬던 민영환이 자결하자 그의 재산을 빼앗으려 해
서 비난을 받기도 했습니다. 그래도 이런 식으로 송병준은 막대한

재산을 끌어모았습니다. 1907년 이완용 내각의 농상공부대신이 된 뒤에는 이완용과 친일 경쟁을 벌였습니다. 자신의 이익을 위해서라면 물불을 가리지 않는 악질 친일파의 대표라 할 수 있지요.

그래도 명문 양반가의 후예였던 이완용은 최악의 친일파라도 송병준이 내놓고 망나니짓을 한 것에 비하면 교양 있고 세련되게 반민족적 진일행위를 했습니다. 이완용은 처음에 매우 유능하고 애국심 넘치는 관료였습니다. 조선이 망하지 않고 지속되었더라면 사상 처음으로 보통교육을 실시한 학부대신이라고 역사에 기록되었을지도 모릅니다. 그런데 나중에는 '에라, 모르겠다' 하고 희망을 놓아버린 것처럼 행동하죠. 세상이 그렇게 흘러가는 걸 거스를 길이 없다고 생각한 것 같습니다. 그를 위해 좋게 변명해준다면, 조선이 망하는 건 결정됐지만 가급적 연착륙이라도 하자는 생각이었던 것 같습니다. 자신이 조종간을 잡으면 가령 송병준 같은 이가 하는 것보다는 그래도 부상자가 적게 나오고 안정적으로 불시착할 수 있겠다 생각한 겁니다.

동농 김가진 선생은 훌륭한 면이 있지만 역시 친일 혐의에서 자유로울 수 없습니다. 하지만 김가진은 이완용이나 송병준과는 결이 다릅니다. 그는 4년간 주일공사를 지내며 일본을 속속들이 관찰해서 당시 조선의 관료 중에 일본을 가장 잘 아는 축이었습니다. 일본어도 잘했지요. 대한협회 회장을 지냈는데, 대한협회는 당시 가장 중요한 계몽운동단체였지만 친일 노선을 걸으며 일진회와

경쟁하고 서로 비판도 하는 식으로 좀 오락가락했던 것은 사실입니다. 김가진 자신은 일본제국에서 작위까지 받았지요. 그렇지만 3·1운동이 일어난 다음에는 독립운동을 위해 중국으로 망명합니다. 그러니 2019년은 망명 100주년이 되는 해입니다. 우리가 이런 분들은 훌륭한 독립운동가로 분류해야 합니다. 비록 친일이라는 과오를 범했지만 그걸 반성하고 뛰어넘어서 새로운 시대를 열어나가는 데 앞장섰던 점에서 그렇지요. 그가 망명할 때 나이가 일흔넷인데, 100년 전 일흔넷은 지금으로 치면 아흔이 훨씬 넘은 나이일 것입니다. 그 나이에 망명을 결행했는데, 대한제국의 대신 중에서 유일한 망명자입니다. 그때 이미 워낙 나이가 많아서 망명하고 3년 만에 세상을 떠났지만, 그 후예들은 계속 독립운동을 했습니다. 김가진 같은 인물의 친일은 일본의 침략성을 간과하고 일본으로부터 배워야 할 것들을 더 중시하다가 오판을 했다고 생각합니다. 그러나 송병준처럼 처음부터 내놓고 이익을 좇거나 이완용처럼 처음에는 애국적인 입장에서 출발했지만 대세를 거스를 수 없다더니 결국에는 자신의 이익도 챙긴 자하고는 달랐다고 봅니다.

이인직은 우리가 기억해야 할 친일파입니다. 그가 500년 조선왕조를 팔아먹은 실무책임자였기 때문입니다. 그런데 우리는 이인직을 『혈의 누』라는 신소설을 쓴 신문화의 대표적 인물로 꼽지요. 뉴라이트 쪽에서는 이 문제를 두고 진보진영 역사학자들을 패륜아라고 비판하기도 합니다. 아버지를 죽이고 있다는 거지요. 신문화의 아버지를 친일파로 부르고, 건국의 아버지를 분단의 원흉이라고 비난하고, 근대화의 아버지를 독재자라고 부른다는 겁니다. 그런데 왜 이인직 같은 인물이 우리 아버지입니까? 우리에게는 나라 팔아먹은 친일파 말고 나라를 찾기 위해서 애쓴 독립운동가들이 있고, 분단의 원흉이 아니라 통일을 위해서 애쓴 사람들이 있고, 독재가 아니라 민주화운동을 했던 이들이 있었죠. 대한민국의 역사적 아버지는 바로 그런 분들입니다. 이인직은 신문화의 아버지가 아닌 왕조를 팔아먹은 실무책임자로 기억되어야 합니다. 이완용이 이재명의 공격을 당해 1년 동안 누워 있을 때 일본에 다니면서 합방의 조건을 마련한 게 이인직 아닙니까?

일제강점기 친일파 중 선우순, 민원식 같은 이는 직업적 친일파라고 분류할 수 있습니다. 민원식은 자치론을 주장했고, 양근환에 의해 암살되었지요. 인도에서는 자치론이 독립운동의 굉장히 중요한 요소였는데 우리는 그렇지 않았습니다. 민원식 사례에서 자치를 주장하면 칼 맞는다는 것이 일찍이 확립된 탓인지 자치론을 내놓고 이야기하는 경우가 거의 없었습니다. 그만큼 완전독립에 대한 의지가 강했다는 거지요. 일제는 동화 정책을 쓰려고 했지만 우리는 아주 견결하게 완전독립을 추구했습니다.

조병상은 '민생단'을 만든 사람 중의 한 명입니다. 이 사람은 특히 조선인 지원병을 주창했고, 실제로 본인의 큰아들, 작은아들이 다 지원병이 됐습니다. 학병 지원병 1호로 유명한 작은아들은 나중에 대한민국에서 장군을 지냈습니다. 비둘기부대장으로 월남에 다녀왔으며 국방차관까지 지낸 조문환이 바로 그 작은아들입니다. 박춘금은 친일단체 상애회 회장을 지냈고 일본에서 국회의원까지 당선된 친일파입니다. 또 현영섭은 내선일체를 강력하게 주장하다 못해 언어의 일체까지 주장한 인물입니다. 조선말을 쓰지 말자고 너무 강력하게 주장해서 조선 총독도 놀랐다고 하는 이야기가 전해집니다.

그다음으로 일제 특별고등경찰과 헌병이 있습니다. 지금 비록 친일파 강의를 하고 있지만, 사실 친일 청산은 친일행위 자체가 잘못된 것이라는 사회적 합의와 친일파 자신의 인정을 끌어내는 것이 중요합니다. 그래서 친일파들이 잘못을 고백하면 최대한 봐주는 것이 낫지 않나 싶습니다. 꼭 엄격하게 처벌하는 게 능사는 아니지요. 하지만 독립운동 했던 사람들을 밀고하고 체포하고 고문하고 학살한 이들까지 봐줘서는 안 됩니다. 대한민국의 비극은 바로 그런 사람들이 최고 권력자의 앞잡이가 되어 독립운동가나 민주인사들을 탄압했다는 점입니다. 노덕술, 최난수, 김창룡, 박종표 같은 사람들입니다.

독립운동에서 변절한 사람들은 하나하나 이야기하자면 끝이 없습니다. 이광수, 최남선은 유명하고, 박희도, 정춘수는 민족대표 33인이었지요. 전필순 목사도 독립운동에서 변절한 사례입니다. 전필순은 창씨개명을 했는데 개명한 이름이 평강미주(平康美洲)였습니다. 미 대륙을 평정하라는 뜻입니다. 그러니까 '귀축미영을 도륙하자'(미국 귀신과 영국 짐승을 찢어 죽이자)는 일본의 주장과 아귀가 맞았죠. 이 사람은 현재 우리나라 최대의 개신교단인 예장 통합의 첫 번째 당회장입니다. 이외에도 종교계, 교육계, 문학계, 예술계, 재계, 군대, 관료계에 친일 인사들이 수두룩했습니다.

해방 이후 친일 청산과 군사독재 속 군국주의

해방 직후에는 양심적인 사람도 있었습니다. 일제 밑에서 복무했던 사람들이 해방되고 새 정부가 들어서자 사표도 내고 했지요. 그런데 그럴 필요가 없다는 걸 금방 깨닫습니다. 세상에, 36년을 식민통치 당하다가 독립된 나라에서 과거의 친일을 사죄한 사람이 이렇게 없을 수 있습니까? 말하자면 '쫄면 지는 거야' 하는 분위기가 감돌았습니다. 서로서로 그러지 못하게 한 것이죠.

민족문제연구소에서 펴낸 『친일인명사전』은 편찬 과정에서 친일파 선정 기준이 좀 낮았던 것 같습니다. 기준을 더 엄격하게 할 필요가 있었다고 생각합니다. 이런 작업에서는 적을 확대하지 않는 것이 중요합니다. 누가 봐도 용납이 안 되는 사람들만으로 범위를 한정하고, 무엇보다 친일이란 죄 자체를 잘못된 걸로 규정하는 게 중요합니다. 범위를 넓혀 잡으면 이도저도 아니게 되는 경우가 많습니다. 『친일인명사전』이나 반민족행위특별조사위원회(반민특위)의 명단은 일반적으로 생각하는 것보다는 굉장히 범위가 좁지만, 더 좁힐 여지가 있을 것 같습니다. 웬만한 생계형은 제외하고, 단순히 친일을 했는지 여부가 아니라 반민족 행위자만을 엄격하게 기록할 필요가 있지요.

해방 이후 반민특위를 처음 만들었을 때 이승만은 친일파 처단을 신중하게 하자고 했습니다. 신중하게 하는 건 좋지만, 그의 말을 곱씹어보면 앞서 이야기한 뉘앙스와는 다르다는 게 느껴질 겁니다. 신중하고 엄격하게, 범위를 좁혀서 정말 확실하게 환부만 도려내자는 말입니다. 이승만의 신중함은 말은 같아도 청산하지 말자고 한 셈이었지요. 노덕술과 최난수 같은 악질 친일 경찰이 반민특위에 잡혀가니까 이승만 측에서는 반민특위를 깨려고 했고, 그러기 위해 살인청부업자를 고용하기까지 합니다. 영화 「암살」의 '하와이 피스톨'이 그 사례에서 나온 인물이지요. 결국 노덕술, 최난수는 풀려나서 최난수는 경찰에 다시 복귀했고 노덕술은 아무래도 눈총이 따가우니까 헌병으로 옮겼습니다. 이렇게 눈 가리고 아웅하는 일이 많이 벌어졌습니다.

장경근, 운기병, 최운하는 반민특위를 깨는 데 중요한 역할을 한 친일파고, 친일파는 아니지만 이들과 손잡고 반민특위를 깬 서울시경국장 김태선이라는 사람도 있습니다. 박종표는 반민특위에 잡혀갔다가 풀려난 악질 헌병으로 나중에 4·19 혁명 때 김주열을 죽이고 시신을 유기한 사람입니다.

　김두식 교수의 『법률가들』(창비 2018)에는 일제하 법률가들이 해방 직후 어떻게 살아남았는지가 아주 잘 정리되어 있습니다. 그중에 2명만 소개한다면 장경근과 김갑수입니다. 이 둘은 내무부차관, 법무부차관으로 보도연맹을 만들고 관리했던 사람들입니다. 따라서 학살에 깊은 책임을 져야 할 사람들인데, 전쟁 후에도 살아남아서 이승만 정부 시기에 엄청난 국가폭력을 자행했습니다. 장경근은 반민특위 습격과 3·15 부정선거의 주역이고, 김갑수는 '비상사태하의 범죄 처벌에 관한 특별조치령(비상조치령)'을 만들었지요. 비상조치령은 4·19 혁명 뒤에 가장 먼저 위헌판결을 받은 악법 중의 악법입니다. 이 법으로 정말 무수한 사람이 죽었습니다. 『법률가들』에 나오는 '열 받는' 일화인데, 김갑수는 이 법을 만들어놓고 정작 본인은 피난을 갔다고 합니다. 그리고 돌아와서는 그때 급하게 만든 법이 이렇게 무서운 법이 될 줄은 몰랐다고 변명하면서 서대문형무소 앞에 변호사 사무실을 차리고 그 법의 피해자들 대상으로 돈을 쓸어 담았다고 하죠. 김갑수는 나중에 대법관이 되기도 합니다. 대법관으로서 바로 조봉암을 사형시킨 진보당사건의 주심판사를 맡았지요. 이런 사람들이 진짜 '법비(法匪)' 아닐까요?

　이승만 정부를 보면 각료 127명 중에서 57명, 국회의원 800명 중에서 300여 명, 경찰은 총경급 이상의 70여 퍼센트가 친일파입니다. 고위직에 친일파가 엄청나게 많았습니다.

역사를 공부하며 북한의 기록을 읽을 때 부러웠달까, 제일 인상 깊었던 게 있습니다. 북조선로동당 창립대회에서 성원 보고를 하는데, 대표 801명 중 반일투쟁에 적극적으로 참가한 자가 373명으로 46퍼센트이고 투옥되었던 동지들의 총수는 263명에 그 징역의 총 연장연수는 1,087년이었다는 내용과 함께 박수가 터집니다. 이 대목을 읽으면서 이런 의문이 들었습니다. 대한민국 국회를 만들 때는 왜 이런 이야기들을 하지 못했지? 왜 제헌국회는 이런 것 대신에 하나님께 기도하는 걸로 시작했을까? 한국이 기독교 국가도 아닌데 말입니다. 당시 기독교인이 인구의 1퍼센트 조금 넘을 때인데 그랬죠. 이런 장면들이 아쉽습니다.

『동아일보』『조선일보』의 친일은 어떻게 봐야 할까요? 지금은 비판 일색인데, 그에 대해선 문제를 제기하고 싶습니다. 당시에 그 신문사들이 잘했다는 이야기는 결코 아닙니다. 천황의 사진을 실은 것이 잘한 짓은 아니지만, 그렇게 했어도 결국 폐간당했습니다. 그래서 해방 후에 돌아온 어떤 독립운동가도 이 신문사들이 친일을 했다고 낙인을 찍거나 복간할 자격이 없다고 이야기하지 않았습니다. 오히려 오늘날 와서 친일을 했으니 폐간해야 한다는 의견이 있지요. 물론 지금『동아일보』『조선일보』가 하는 행태는 비판받아 마땅합니다. 그리고 그것이 친일 문제를 제대로 반성하지 못했기 때문이라는 점도 동의합니다. 그러나 일제강점기의 친일행각 자체에 대해서는 섬세하게 봐야 한다고 생각합니다.

또 중요한 문제는 대한민국에도 일제 군국주의의 흔적이 강하게 남아 있다는 것입니다. 일제는 1937년 중일전쟁을 시작하면서 장기적으로 전쟁에 활용하기 위해 이른바 '군국소년'을 엄청나게 많이 키웁니다. 같은 시기 국민학교도 많이 만들지요. 1945년 해방 무렵에 이 군국소년들은 십대 중반이 되었습니다. 비교해보자면 화랑 관창이 열여섯, 유관순 열사가 열여섯, 잔다르크가 열여섯이었지요. 일제는 이 땅에 많은 군국소년소녀들을 만들어놓고 떠나버린 겁니다. 같은 시기 일본 본토에서도 군국소년소녀들이 엄청나게 길러졌지만 전쟁에서 졌기 때문에 이들을 활용하지는 못했습니다. 그리고 일본에 들어온 미군 점령 당국이 전쟁을 찬양한 교과서 내용 등을 새까맣게 먹물로 지워버리는 등 군국주의의 물을 빼려고 했습니다. 하지만 한국에서는 이런 작업이 없었죠. 해방됐을 때 열다섯 정도였던 군국소년 중 많은 수가 혼동기에 청년단원이 되었습니다. 서북청년단 같은 단체가 성행했던 이유입니다. 또 이들은 스무살 무렵에 병사가 되어 한국전쟁을 치렀습니다. 정작 일본의 군국소년들은 군대가 해산돼 전쟁을 치르지 않았죠.

군국소년이었다가 청년단을 거쳐서 군인으로 한국전쟁을 치른 병사들은 전쟁이 끝난 후 어떻게 됐을까요? 조봉암이 진보당사건 1심에서 무죄판결을 받자 반공청년들이 법원에 쳐들어와서 빨갱이 판사를 타도하자고 외치는 일이 있었습니다. 이 반공청년 세대가 바로 일제가 키워낸 군국소년들입니다. 박정희 집권 이후 만들어진 병영국가에서 "일하며 싸우고 싸우면서 일하자"라고 했던 바로 그 세대. 박정희가 병영국가의 사령관이라면 병영국가의 부대원이었던 그 사람들이 바로 일제가 키워낸 군국소년들이었죠. 그래서 친일파를 말할 때 사회 상층부만 봐서는 안 된다고 생각합니다. 우리 사회에는 아래까지 광범위하게 일본 군국주의로 물들었던 것입니다. 적어도 한두 세대에 걸쳐서 그랬습니다. 이 세대는 어떻게 됐을까요? 그 물이 빠졌습니까? 그러지 않고 박정희와 더불어 살았습니다. 이 세대는 자신들이 대한민국을 세우고 지켰다고 생각해왔습니다. 그런데 어느날 '빨갱이' 김대중, '빨갱이' 노무현이 등장해 대한민국을 북한의 김정일한테 갖다 바치려고 하니 가만있을 수 있겠습니까? 그래서 거리로 나온 '가스통 할배'들이 바로 군국소년들입니다. 이들이 서북청년단도 부활시키고 한 거지요.

박정희를 친일파라고 하는 이유는 길지만 간단히 줄여서 말하겠습니다. 1945년 이전 행적을 볼 때 박정희는 친일파이기는 하지만, 급이 낮았다고 할까요? 사실 그는 친일파로 출세하기 위한 준비운동만 열심히 했지, 막상 친일파로 출세해보려 하자 일본이 망해버렸습니다. 말하자면 '불행한' 친일파죠. 1945년을 기준으로 보면 특A급 친일파는 아닙니다. 그런데 왜 박정희가 친일파라고 강조해야 할까요?

한일회담 이후의 한일관계는 기시 노부스케를 정점으로 하는 일

만주군관학교 시절의 박정희.

본의 만주인맥과 박정희를 정점으로 하는 한국의 만주인맥이 사이 좋게 만들어왔다고 할 수 있습니다. 이 내용은 MBC 「이제는 말할 수 있다」의 '만주의 친일파 편' 같은 프로그램에서 많이 다루었습니다. 이 시점 이후로 일본 자본이 한국에 들어와 한국사회에 여러 가지 변화가 일어났지요. 광화문에 이순신 장군 동상이 들어서고 바로 그 옆에 코리아나 호텔도 세워졌습니다. 민망한 일이지만 이 호텔은 기생관광의 상징적인 장소가 되었지요. 조선일보 사옥이기도 합니다.

그런데 이런 것보다 중요한 것은 유신시대의 성격입니다. 유신 (維新)이라는 말이 어디서 나왔겠습니까? 메이지유신에서 따왔다고도 하지만, 메이지유신보다도 쇼와유신이 더 중요했을 것이라 생각합니다. 쇼와유신은 박정희가 청년으로 살았던 시기에 벌어진 사건입니다. 박정희가 일본 육사에 진학할 무렵, 그에게 큰 영향을 줬던 사건이 바로 쇼와유신과 연관되는 2·26 쿠데타입니다. 박정희는 이런 분위기 속에서 군인이 되었습니다. 그리고 만주인맥의 인물들과 정신적으로 연결되면서 그 인맥의 맨 아래를 구성했지요. 유신도 이런 맥락에서 했던 겁니다.

만주 관련 자료들을 읽다 보면 1930년대 말과 1940년대 초반 만주의 분위기가 딱 1960년대 말 1970년대 초반 서울의 분위기와 똑같다는 것이 느껴집니다. 박정희를 친일파라고 하는 이유가 여기에 있습니다. 1945년 이전에 친일을 했다는 것이 아니라, 그때 만주에서 배운 것을 바탕으로 권력을 잡아 1960~70년대 우리 사회를 그와 비슷하게 만들었다는 것이 진짜 중요합니다. 박정희는 만주에서 실시했던 '국민수장'이라는 제도를 발전시켜서 열손가락의 지문을 찍는 주민등록제도를 만들었습니다. 재일조선인들은 검지 지문 하나 찍는 것으로 인권침해이자 차별이라고 강력히 저항했는데 우리는 여전히 열손가락 지문을 찍고 있지 않습니까? 이런 것들이 만주국에서 비롯되었습니다. 그밖에 국민교육헌장, 월요일 아침 애국조회, 목요일 아침 교련조회, 두발 단속, 복장 검사, 신체검사, 쥐잡기, 조기청소, 재건체조. 매스게임 등이 죄다 만주국에서 했던 것들입니다. 새마을운동은 조선총독부의 농촌진흥운동을 그대로 가져온 것이지요. 농촌진흥운동에 '새로운 마을 만들기'라는 게 있었습니다.

해방된 지 벌써 75년인데 아직도 친일 타령이냐고 할 수도 있습니다. 네, 안타깝지만 아직도 친일 타령해야 합니다. 『친일인명사전』이 우여곡절 끝에 2009년, 그러니까 해방되고 64년이 지나서야 나왔습니다. 발간 당시 사전에 수록된 인물 4,500여 명이 거의 다 죽고 딱 두 명 살아 있었습니다. 그런데도 이루 말할 수 없이 저항이 심했지요. 친일파 정리는 어떻게 해야 할까요? 친일파 정리는 그 시대로 거슬러 올라가서 하는 게 아니라고 생각합니다. 바로 지금을 정리하면 친일파는 자연스럽게 정리될 것입니다. 중요한 건 현실입니다. 오늘 친일 문제의 싸움터는 1920년대, 30년대, 40년대의 역사연구가 아닙니다. 친일파를 누가 이어받았는가? 그들이 어떻게 활동하고 있는가? 그 힘을 깨버리는 게 친일을 정리하는 것입니다. 연구는 그다음에 숨 돌리면서 하면 되지요. 요즘 유행하는 말로 '주전장'은 여기, 지금 이 순간입니다.

누가 친일파의 후손인가 하는 점을 지나치게 따지는 것도 문제입니다. 노덕술, 박처원, 이근안, 정형근, 원세훈 등 우리 사회에는 누군가를 고문하고 무언가를 조작했던 사람들이 있습니다. 이명박의 최측근이었던 국정원장 원세훈은 서울시 공무원 간첩사건 책임자지요. 그런데 이 사람들 중에서 친일파는 누굽니까? 노덕술 하나밖에 없습니다. 박종철 고문에 책임이 있는 박처원도 친일파는 아닙니다. 해방 후에 경찰에 투신했지요. 친일파의 자식인가요? 그것도 아닌 것 같습니다. 이근안, 정형근, 원세훈은요? 아니지요. 그런데 친일파 자식이 누구인지만 따지면, 친일파부터 내려온 고문 같은 악습을 어떻게 이야기할 수 있겠습니까? 족보로만 따지려고 하는 게 '종족주의'겠지요. 중요한 것은 누가 그 세력을 이어받아 같은 행태를 벌이고 있는지를 따지는 것입니다.

또한 친일파 청산이 아주 중요하지만 만병통치약은 아닙니다. 북한은 친일 청산을 잘했지만 또 다른 문제들을 안게 되었지요. 우리 사회가 지금 겪고 있는 몇몇 문제들은 친일 청산을 못했기 때문에 비롯되었지만, 그렇다고 뒤늦게라도 친일 청산만 하면 해결되느냐 하면 아니라는 말입니다. 과거를 연구하고 과거사를 제대로 정리해야 하지만 실제 싸움은 지금 여기 현실에서 벌어지고 있다고 거듭 강조하고 싶습니다. 과거사 청산은 현실을 개혁함으로써 해야 합니다. 지금을 바로잡으면 과거가 바로잡힌다는 생각으로 움직여야 합니다. 과거를 바로잡아서 지금을 바로잡으려는 생각은 잘못되었습니다. 우리의 과거 청산이 성과를 거두지 못했던 중요한 이유가 그런 방식이었기 때문 아닐까 싶습니다. 지금을 바로잡는 작업에 더 힘을 모아주기를 부탁합니다.

06
반격의 『반일 종족주의』

『반일 종족주의』 저자들은 어떤 사람일까

『반일 종족주의』라는 책이 나왔습니다. 대한민국의 평균적인 많은 사람들이 이 책의 저자들에 의해서 '종족주의자'로 규정당하고 있는 것 같습니다. 공저자이자 대표저자인 이영훈 교수에 의해 취재기자가 구타당하는 모습이 보도되어 이 책이 유명세를 더 탔지요. 많은 사람들이 이 책이 베스트셀러가 된 데 놀랐습니다. 처음에는 광화문의 태극기집회에 참석하는 사람들이 대량 구매하는 경향이 있었지만, 구매 추이를 보면 거기에 그치지는 않았던 것 같습니다. 베스트셀러가 되자 무슨 이야기를 했는지 궁금해서 구매하는 독자들도 있었던 것 같습니다.

사실『반일 종족주의』에 나오는 이야기 중 많은 부분이 일본에서 수입된 것입니다. 전부라고 할 수는 없겠지만 상당히 많은 부분이 일본 극우파의 평소 논리를 되풀이하고 있는데, 이 책이 거꾸로 일본에 수출된다고 하죠? 부끄러운 일본 역진출이 아닌가 싶습니다. 일본 우익은 반갑게 여기는 모양입니다.

그런데 한국에서 베스트셀러가 된『반일 종족주의』와 비슷한 책이 일본에도 있었습니다. 니시오 간지(西尾幹二)가 쓴『국민의 역사(国民の歴史)』(産経新聞社 1999)라는 책입니다. 니시오 간지는 역사학자가 아니라 '새로운 역사교과서를 만드는 모임'의 대표로 있었던 사람입니다. 이 단체는 일본회의의 외곽 단체로, 후소샤(扶桑社)의 우익 역사교과서를 만들어낸 집단입니다.『국민의 역사』는 출간 석 달 만에 70만 부가 팔렸습니다. 일본이 우리보다 출판시장이 훨씬 크고 책이 많이 팔리는 나라지만 일본에서도 70만 부면 대단한 거지요. 그래서 시끌벅적했습니다.

이영훈 교수가 강연이나 매체에서 어떤 이야기를 했나 한번 살펴보지요.

일본군 '위안부' 제도는 일본 정부와 군이 책임질 필요가 없는 사적인 과거였다.

피해자들에 대한 감금과 폭행이 없어서 인신의 자유가 보장된 합법적인 공창이었다.

　일본 식민지배 기간 동안 강제동원이나 식량수탈, '위안부' 성노예

만행 같은 반인권적인 만행은 없었다.

　일본군 '위안부' 피해자 중 폭행을 안 당한 사람이 있을 수 있지

만, 매우 석은 일부일 뿐 전체적으로 그랬다고 할 수는 없지요. 이

발언들이 논란이 되자 '할머니들한테 상처 된다고 생각하지 않는

다. 나는 진실을 이야기했을 뿐이다'라고 이야기했습니다.

　『반일 종족주의』는 토지조사사업, 산미증식계획, 일제의 식민지

지배 방식, 강제동원, 육군지원병, 학도지원병, 청구권 문제, 백두

산 문제, 독도 문제, 쇠말뚝 문제, 조선총독부 청사 해체 문제 등 한

일관계에서 제기되는 문제들을 전방위적으로 다루면서 기존 학설

들을 비판합니다. 을사오적에 대한 공격이나 친일 청산에 대해서

도 비판적으로 언급하고, 3부에서는 일본군 '위안부' 문제를 집중

적으로 다룹니다.

　이 주제들을 세세하게 다룰 수는 없고 중요한 쟁점별로 짚어볼

까 합니다. 하지만 개별 주장을 따라가는 것도 중요한데, 사실『반

일 종족주의』의 주장에 대해서는 서평이나 영상이 많이 있고, E. H.

카가 이야기했듯 역사서를 잘 이해하려면 역사가를 들여다보는 것

이 좋습니다. 여기선 그 방법을 따라서 '반일 종족주의자 그룹'이

어떤 사람들이고 학계에서 어떤 위치에 있는지를 먼저 살펴보려고

합니다. 그래야만 이 인물들에 대해 정확하게 이해하고 한국사 연구의 지적 맥락을 파악하며 이 책을 볼 수가 있습니다. 그리고 솔직히 어쩌다가 그들이 이렇게 되었는지 안타까운 마음에 설명을 해야겠다고 생각하기도 했습니다.

이 집단의 지적인 배경은 안병직과 이영훈의 대담집 『대한민국 역사의 기로에 서다』(기파랑 2007)에 잘 나와 있습니다. 『반일 종족주의』에는 그 이야기가 빠져 있지요. 또 이 책에는 『반일 종족주의』의 주요 내용이 대부분 들어 있는데, 사실 『반일 종족주의』에서 새롭게 나온 주장은 별로 없습니다. 그 대신 전보다 더 강력해졌지요. 훨씬 더 선동적이고 공세적인 어조로 서술했습니다.

이 그룹의 스승이라고 할 수 있는 안병직 선생은 사실 '토착왜구' 소리를 들을 분은 아닙니다. 당시 지식인들이 한국 근현대사에 대해서 처음 눈을 뜨기 시작할 때 밑줄 쳐가며 읽었던 글의 저자 중 한 명이지요. 1980년대만 해도 서울대 경제학과 대학원에 한 해에 입학하는 40~50명의 학생 중에서 70퍼센트 정도가 안병직 선생 밑에서 경제사를 공부하고 싶다고 했을 정도입니다. 같은 과에 교수가 몇십 명 있었던 것을 감안하면 그만큼 인기 있고 진보적인 교수였던 것이죠.

당시 젊은 세대는 안병직의 이름으로 나온 글들을 많이 읽었습니다. 안 선생이 1970년대에 잡지 『창작과비평』에 한용운이나 신채호를 소개하는 글을 썼는데, 지금이야 워낙 책이 많이 나와서 쉽게 구해 볼 수 있지만 1970~80년대에는 한용운이나 신채호의 저작을 구하는 게 쉽지 않았습니다. 그때 안병직 선생이 그 저작들을 풀어서 대중적으로 한용운과 신채호를 읽을 수 있게끔 했지요. 또 1975년 한국일보사에서 발간한 '춘추문고' 시리즈로 나온 『3·1운동』이라는 안 선생의 저서가 판매금지가 되는 등 논란이 되기도 했습니다. 『역사학보』에 발표한 논문 「3·1운동에 참가한 사회계층과 그 사상」을 책에 수록했는데 그게 말썽이 되었지요. 민족대표 33인을 비판했기 때문입니다. 33인이 도대체 뭘 했느냐는 겁니다. 식당에 모여서 시위 현장에 나가보지도 않았고, 더 중요한 건 그 이후에 도대체 뭘 했느냐는 거죠. 그중에서 친일파도 나오지 않았느냐는 거센 비판을 논문으로 쓴 겁니다. 해방 이후 몇십 년 동안은 감히 민족대표 33인을 비판하지 못하는 분위기였습니다. 해방 직후 좌파에서 좀 비판했지만 한국전쟁 끝나고 난 다음에는 완전히 신성시되고 있었는데, 안병직이 처음으로 금기를 깨는 글을 썼습니다. 이 일로 명예훼손으로 고소되어 재판을 받고 곤욕을 치르기도 했지요.

또 안병직 선생은 정약용의 『목민심서』를 처음으로 제대로 번역하는 일에 주도적으로 참여하기도 했습니다. 그때까지 『목민심서』는 한글로 완역된 적이 없었고 발췌 번역도 충실하지 못한 판본만 있었지만, 안 선생을 비롯해 사회과학자, 역사학자 들이 다산연구회를 만들어 긴 기간 공들여 작업한 결실이 여섯 권짜리 『역주 목민심서』입니다. 다산연구회 멤버들에 의해 우리 실학 연구가 본격화됩니다. 안병직 외에 사회학자 김진균, 역사학자 이우성, 정창렬, 성대경 등이 참여했지요.

이후 안병직 선생은 1980년대 중반 안식년으로 일본에 갔다가 충격을 받았다고 전해집니다. 그때껏 한국 자본주의는 금방 무너진다고 믿어왔는데 그러지 않을 것 같다는 생각을 하게 됐지요. 맑스주의 역사관에 따르면 자본주의는 반드시 망하게 되어 있지 않습니까? 그리고 실제로 박정희가 살해당하는 과정도 경제와 관련이 있지요. 당시 경제가 파탄 날 지경이었습니다. 부산과 마산에서 괜히 들고일어난 것이 아닙니다. 부마항쟁 때 그렇게 순식간에 5만 명이 모일 수 있었던 것은 경제가 힘들기 때문이었습니다. 경제학자 안병직은 한국경제를 이끌던 지도자 박정희가 죽고 한국 자본주의도 이제 무너질 것이라고 생각했는데, 몇 년이 지나도 망하지 않았습니다. 1989년 동유럽 사회주의가 무너질 때 많은 사람들이 충격을 받았지만, 안병직은 한국 자본주의가 무너지지 않아서 충격을 받은 경우입니다.

그리고 그때 경제 상황이 바뀌더니 1986년에 처음으로 한국이 전체 무역흑자를 기록합니다. 무역통계가 집계된 이래로 그 전까지 한국이 무역흑자를 기록한 것은 일본에 대규모로 쌀이 수출됐던 1924~25년밖에 없었습니다. 그렇다면 60년 만에 처음 흑자를 본 것인데, 이제까지 한국 자본주의가 망할 것이라고 믿어온 것이

틀렸다는 데 충격을 받은 것이지요.

생각이 바뀌는 건 얼마든지 좋습니다. 어떻게 똑같은 생각만 하고 살겠습니까. 그런데 이 경우 바뀌어도 너무 많이 바뀌었습니다. 안병직은 나카무라 사토루(中村哲)라는 일본의 경제사학자와 공동 연구를 진행했는데, 그 과정에서 '중진자본주의'라는 개념에 매료됐습니다. 중진자본주의론에 따르면 한국은 더 이상 후진국이 아닙니다. 식민지에서 출발하여 후진적인 자본주의 단계에 머물러 있던 한국이 (유물론 역사관이 전망했던 것처럼 무너지지 않고) 중진국 대열에 올라섰다는 겁니다. 그래서 안병직은 새로운 이론이 필요하다고 판단해 그전까지의 맑스주의 경제사관을 버리고 새 길을 찾게 됩니다. 그리고 자세한 내막까지는 잘 모르고 좀 이상하긴 한데, 스승의 생각이 바뀌니까 그 밑에서 공부하던 사람들의 생각도 두세 명 빼놓고는 확 바뀌어버렸습니다. 처음 안병직의 생각이 바뀌었을 때 제일 격렬하게 반발했던 것이 이영훈이라고 합니다. 안병직 선생은 그렇게 생각을 바꾸고는 낙성대경제연구소를 세웠습니다. 여기서 이른바 낙성대학파가 만들어지지요. 『반일 종족주의』는 하루아침에 나온 것이 아니고, 이 집단이 근 30년 나름대로 열심히 연구한 결과물을 아주 과격하지만 대중적인 언사로 풀어낸 책입니다.

이제 이영훈 선생에 대해 이야기해보겠습니다. 이영훈이 독립운동가 차이석 선생의 외손뻘이라고 허위 주장을 했고 서울대 명예

교수가 아닌데 명예교수라 사칭했다며 거짓말쟁이라고 이야기하는 사람들이 많습니다. 이에 대해선 변명할 여지가 별로 없지만, 이 영훈도 그렇게 수준 낮다고 지탄받을 만한 사람은 아니었습니다. 한때 명민한 연구자였기에 안타깝습니다.

1970년 전태일 열사가 분신했던 날, 분신한 지 불과 2시간 여 만에 현장에 달려간 대학생들이 있었습니다. 그중 한 명이 이영훈이 었다고 합니다. 이 대학생들이 전태일의 장례까지 치렀습니다. 그때 서울대 상대생들 약 100명이 전태일의 죽음을 애도하면서 단식농성을 했습니다. 이영훈이 여기에 참여했는지 안 했는지 정확히는 모르겠지만 참여했을 것입니다. 분신 현장에 갔다 온 사람이니까 집회에 나가서 발언도 하고 단식농성도 했을 것 같습니다. 이영훈은 이후 교련반대 사건으로 제적되어 군대에 끌려가기도 했던 운동권 학생이었습니다. 또 이영훈은 작고한 김근태 전 장관이 아끼는 후배였습니다. 김근태가 권유해서 김문수와 더불어 구로공단에 취업하기도 했는데 한 달 정도 있다가 못 버티고 그만두었다는 이야기가 전해집니다. 김문수와 이영훈은 경북고등학교 동기로 같은 반 친구이기도 했고 친했다고 하지요.

이영훈은 태동고전연구소 임창순 선생으로부터 제대로 한문을 배우기도 했습니다. 임창순 선생은 우리나라 서예, 금석학의 대가로 1차 인혁당 사건 때 고초를 겪었습니다. 임창순 선생은 한문을 저녁시간에 조금 배워서는 문리가 트이지 않는다고 하면서 본인

가산을 정리해 남양주의 수동에 지곡서당이라는 서당을 열었습니다. 지곡서당에서 3년 동안 한문을 배웠다고 하면 한문 실력으로는 다 인정해주는데, 거기서 공부했으니 이영훈이 허투루 공부한 사람은 아닙니다.

이영훈은 이후 서울대 규장각에서 계속해서 사료를 보고 공부했습니다. 역사연구는 얼마나 끈질기게 앉아서 사료를 많이 보느냐가 중요합니다. 논문만 읽어보면 티가 나지요. 그건 감출 수 없습니다. 이영훈은 한문 실력도 출중하고 자료도 성실하고 꼼꼼하게 많이 봤습니다. 상당한 내공을 가진 학자입니다.

자본주의 맹아론을 둘러싼 논쟁

그러나 언젠가부터 한국사학계의 연구자들은 이영훈의 연구가 노예를 중심으로 이뤄진다며, 이른바 '정체사관'을 가지고 있다고 판단해서 거리를 두기 시작했습니다. 당시 역사학계는 조선 후기에 진보적 발전 가능성이 있었다고 보는 급진적 시각이 주류를 이루고 있었습니다. 이른바 '자본주의 맹아론'인데, 한동안 우리 사회를 지배했던 주류이론이라고 할 수 있습니다. 조선 후기에 신분제가 동요하고 상공업이 발달해서 자본주의의 맹아가 싹텄다는 식의 설명을 아마 들어봤을 것 같습니다. 조선 후기, 특히 영정조 시기에 자본주의의 맹아가 싹트려는 움직임이 있었다는 것이죠. 이 이론은 인기가 있었지만 지금 보면 문제도 많습니다. 이제는 자본주의 맹아론을 원래 형태 그대로 주장하는 사람은 거의 없습니다.

맹아론을 이해하려면 '식민사관'부터 이해해야 합니다. 식민사관 중에서도 조선 정체성론 또는 정체사관과 관련이 있습니다. 카를 맑스의 5단계설, 역사의 발전단계를 원시공산제, 고대노예제, 중세봉건제, 근대자본제, 미래의 사회주의로 나누는 이 이론적 틀로 보면 노예제 사회는 고대인데, 조선은 아직 여기 정체되어 있다는 말입니다. 봉건시대에도 못 들어갔다는 이야기지요. 그러나 사실 경제사적 의미에서 엄밀히 따지면 중세봉건제는 중세 유럽과 일본에서밖에 없었습니다. 중국사에서는 고대로 분류할 수 있는 춘추전국시대에 봉건제도가 있었죠. 진나라의 통일과 한나라 성립 이후에는 쭉 군현제도였습니다. 우리도 군현제도였죠. 그러니까 이 두 경우에는 중앙집권적 관료국가가 만들어진 겁니다. 전사들이 통치하는 봉건제도와는 달리 중앙집권적 관료국가에서는 유학을 바탕으로 문신이 통치합니다. 봉건제도는 내부에서 전쟁이 자주 벌어지는 지역에서 취했던 형태입니다. 그야말로 영역 나누기라고 할 수 있지요. 한국이나 중국은 그렇지 않았고, 그래서 제도가 아주 달랐습니다. 그런데 그 모든 것을 5단계설이라는 하나의 틀 안에 넣고 봉건제도가 선진인데 봉건제도가 아니었으니 노예제였다고 말하면 잘못된 것이죠.

사실 노예 연구를 많이 한다고 해서 반드시 정체사관을 가지고 있는 것도 아닙니다. 예컨대 미국 내 한국학의 거장이었던 제임스 팔레(James Palais) 교수도 조선시대를 노예제 사회로 불렀다고 해서 정체성론자라는 비판을 받기도 했습니다. 그런데 팔레 교수는 맑스주의자가 아니고, 5단계설을 따르는 학자도 아닙니다. 그리고 조선만 노예제 사회로 보았던 것이 아니라 대표적인 노예제 사회로 남북전쟁 이전 미국의 남부사회를 꼽기도 했죠. 그러니 봉건제의 전 단계로 노예제 사회를 상정하는 정체성론과는 전혀 상관이 없는 셈입니다. 심지어 오늘날 한국에도 노예가 아주 없지는 않겠죠. 염전노예 사례도 있으니 말입니다. 물론 제도로서 노예제가 있는 것은 아니고, 생산수단을 가진 자본가 입장에서 노예 노동보다 임금 노동의 생산력이 훨씬 높으니까 자본주의가 유지되고 있습니다. 그런데 조선시대 인구의 일정 비율이 노예였다는 것은 조선을 발전적인 사회로 보려는 사람들한테 불편한 진실입니다. 이영훈은 그 불편한 진실을 용기 있게 이야기했던 사람입니다, 그때까지는.

식민사관 얘기를 좀더 해보면, 한마디로 조선은 정체되어 있었다는 것인데 사실상 통일신라나 조선이나 거기가 거기라는 말입니다. 한반도 사회는 천 년 동안 발전이 없었다는 것이 일본 식민주의자들의 논리입니다. 일본이 들어와서 조선을 흔들어 깨운 뒤에야 같이 발전하게 됐다는 것이죠. 결국 이 정체사관 또는 식민사관은 일본의 조선 지배를 정당화하는 논리로, 조선인들을 많이 아프게 했습니다. 역사 전공자들은 이 논리와 정말 부단히 투쟁해왔습니다. 오죽하면 지금까지 식민사관을 극복하자는 이야기가 나오겠습니까? 여기에 맞서 싸운 학자들이 신채호, 박은식, 정인보, 김교헌 같은 이른바 민족주의 사학자들입니다. 이들은 조선의 찬란함과 아름다움을 강조했습니다. 안재홍, 손진태 등 신민족주의사학으로 나뉘는 학자들도 민족주의사학과 크게 다르지 않았습니다.

민족주의사학의 다른 쪽에는 사회경제사학이 있었습니다. 백남운 같은 학자들이 주도한 사회경제사학은 세계사의 발전법칙, 그러니까 위에서 간단히 설명한 맑스주의 공식을 가지고 조선사를 설명했습니다. 일본에서는 진보적인 맑스주의자들조차 조선 정체론을 이야기했지만 백남운은 조선에도 봉건제가 있었고, 일반적인 모델과 형태만 다를 뿐이었다고 주장했습니다. 5단계설을 그대로 적용하고도 우리에게 봉건제가 있었음을 입증하려고 한 것이죠.

이제 우리는 서구형 근대만을 표준으로 놓고 모든 사회를 거기에 끼워 맞추려는 시각에 대해 반박할 줄 압니다. 다른 발전의 길도 가능하다는 것을 우리가 발전을 통해 입증해서 콤플렉스가 없어진 편인데, 1960~70년대 우리가 아직 후진국 단계에 머물러 있었을 때는 그런 반박을 쉽게 하지 못했습니다. 발전경로가 하나라고 생각했기 때문이지요. 그런 맥락에서 우리도 봉건이 있었고 스스로 자본주의를 발전시킬 가능성도 있었다고 주장하면서 나온 게 자본주의 맹아론입니다.

맹아는 싹이지요. 자본주의 맹아론의 핵심은 우리의 자본주의 맹아도 발전할 수 있었는데, 이 싹이 자라질 못했다는 것입니다. 우리에게 가능성이 있었는데 일본이 와서 짓밟아서 실현할 수 없었고, 이식 자본주의가 될 수밖에 없었다고 하지요. 물론 우리에게 가능성이 있었다는 것은 중요합니다. 하지만 자본주의 맹아론은 말하자면 죽은 자식 나이 세는 격이지 싶습니다. 가능성이 있었다, 그래서요? 제국주의 침략을 당하고 그 싹이 짓밟혀버려서 결국 발전하지 못했다면 그 싹이 실제로 있었던 건지도 불분명하고, 있었다 해도 어떻게 발전해갔을지 증명할 수 없습니다. 아마도 싹보다는 씨앗에 가깝지 않았나 싶습니다. 서구 자본주의 발전단계를 보여주는 지역들, 예컨대 피렌체나 베네치아 같은 곳에 가보면 시골 부자들인데도 엄청난 집을 지어놓고 살지 않았습니까? 유럽에서는 그 정도를 자본주의 맹아 단계라 부릅니다. 우리가 조선에 자본주의 맹아가 있었다 거론하는 시기의 생산력이 이 정도였을까 생각해보면 아닌 것 같습니다. 우리의 자본주의 맹아론에는 이런 과장이 있다고 생각합니다.

자본주의 맹아론의 대표적 학자인 김용섭 선생은 서울대 국사학과 교수였는데, 이후 연세대로 소속을 옮겼습니다. 다들 서울대에 들어가려고 하기에 서울대에서 다른 곳으로 옮긴다는 것은 아주 드문 일이었지요. 그래서 서울대 식민사학자들한테 밀렸다는 이야기가 나오기도 했습니다. 하지만 당시 서울대 교수들이 식민사학자는 아니었습니다. 우파 민족주의자들이었죠. 그 학자들에게 식민사학의 잔재가 많이 남아 있다고, 식민사학을 극복하지 못했다고 이야기하면 부정하지 않겠지만 그들을 식민사학자라고 규정하는 것은 과도합니다. 사실 민족주의는 식민사학을 제대로 극복하기가 힘듭니다. 차원이 같기 때문입니다. 한 집단을 다른 집단에 비해 열등하거나 우월하다고 주장하는 방식이 크게 다르지 않습니다.

자본주의 맹아론의 농업경제사 분야에서는 김용섭, 상공업 분야에서는 강만길이 대표적인 학자인데, 강만길 선생은 이후 민족운동사 쪽으로 방향을 전환했습니다. 19세기 말부터 20세기 전반, 적어도 일제강점기까지 우리 역사의 흐름은 경제사만으로 설명할 수 없고 민족해방운동사, 독립운동사가 중요하지 않느냐는 입장입니다. 맑스주의자들은 때로 경제사로 모든 것을 설명하려 하는데, 제국주의 침략의 시기에는 저항의 역사가 매우 중요합니다.

자본주의 맹아론이 한국에서만 있었던 것은 아닙니다. 오히려 중국에서 먼저 나왔지요. 중국은 공산주의 혁명에 성공한 뒤에, 자본주의가 충분히 발전한 유럽국가가 아니라 반봉건사회라 불리던 중국에서 혁명이 어떻게 가능했는지를 설명해내야 했습니다. 북한도 마찬가지입니다. 북한에서도 『조선상업사』『조선중세수공업사』 같은 책들이 나오면서 자본주의 맹아론을 주장했습니다. 원래 중국과 북한에서 등장한 발상을 1960년대 후반과 1970년대 초반에 한국의 학자 몇몇이 받아들여 전개했다고 볼 수 있습니다.

이와 비슷하게 1920년대 중반 이후 일본에서도 일본 자본주의 논쟁이 있었습니다. 당시 일본의 진보적 지식인들은 혁명을 위해 일본사회를 분석하면서 자본주의가 어떻게 작동하는지, 자본가는 어떻게 배치되어 있는지, 계급은 어떻게 편재되어 있는지, 혁명을 위해 세력 배치는 어떻게 할 것인지 등을 두고 논쟁했습니다. 이렇게 한 사회를 분석하면서 머릿속으로 수십 번씩 혁명을 하는 거죠. 이런 분위기가 한국에서는 1930년대에 조금 있었지만 그렇게까지 치열하게 진행되진 않았습니다. 실천운동과 지식인 사이가 괴리되었고 실천운동이 많이 파괴되었기 때문인데, 일례로 1930년대 만주의 항일무장투쟁은 주로 빈농 출신의 투사들에 의해서 이뤄졌고 지식인들의 도움은 별로 없었습니다.

한국에서 사회변혁을 어떻게 할 것인지에 대한 논쟁이 뒤늦게 불붙은 것은 1980년대입니다. 바로 유명한 사회구성체 논쟁입니다. 1985년 『창작과비평』 부정기호에서 진보 사회과학계를 대표하는 박현채 선생과 이대근 선생의 지상 논쟁이 있었습니다. 이대근은 나중에 안병직과 함께 낙성대연구소를 만들어 공동연구를 많이 한 사람입니다. 이 논쟁을 시작으로 불이 붙어서 박현채와 조희연 현 서울시교육감이 논쟁의 결과를 편집, 정리해서 책으로 내기도 했습니다. 이때 나온 NL-PD 논쟁은 21세기까지 이어졌지요. 2008년 민주노동당 분당 사태도 이 논쟁의 연장선에 있습니다. 아직도 해소가 제대로 안 되었지요. 그때 가명으로 논쟁을 벌였던 논객들 중에 지금도 맹활약 중인 사람들이 많습니다. 그러다 우리가 한국사회를 바꾸기 전에 세상이 먼저 바뀌어버렸지요. 동구권 사회주의가 무너졌습니다. 사회변혁 논쟁에 치열하게 참여했던 세대들에게 이 일은 어마어마한 충격이었습니다. 2018년 우리 곁을 떠난 고 노회찬 의원은 이때 사회주의 혁명을 포기하고 지하에서 나와 진보정당운동으로 나아가게 됩니다. 이것 역시 당시 논쟁 구도와 관련이 있습니다.

당시 논쟁 구도에서 안병직은 식민지반봉건사회론 계열이었습니다. 그러니까 따지자면 NL 계열의 이론적인 근거가 되었다고 할 수 있는데, 실은 중국 마오쩌둥의 논리입니다. 마오는 실사구시를 주장했죠. 맑스 이론 그대로 중국혁명에 적용해보려고 하는데 잘 안 맞았기 때문입니다.

맑스가 혁명을 논하면서 상정한 것은 자본주의 사회 아닙니까? 그런데 현실에서 혁명은 이론대로 벌어지지 않았습니다. 최초의 혁명은 소농이 많았던 프랑스에서 일어났습니다. 자본주의가 제일 발달한 영국이나 공업이 발달한 독일이 아니라 농업이 발달한 프랑스에서 일어난 것입니다. 그다음에는 러시아에서 일어났지요. 혁명 전 러시아는 일본한테 져서 망신을 당했습니다. 오죽 못났으면 일본한테 깨지냐고 비판받을 때 레닌이 열심히 한 게 뭡니까? 러시아의 자본주의는 혁명이 일어날 수 있을 만큼 충분히 발전해 있다는 걸 증명하기 위해서 글 쓰고 논쟁했습니다.

중국은 어떻습니까? 사실 맑스-엥겔스 저작에서 식민지에 대한 이야기는 굉장히 소략합니다. 제국주의는 식민지를 토대로 부를 축적했기 때문에 그 토대를 깨야 제국주의가 무너진다는 얘기를 했다고 할 수 있겠지만, 식민지 자체를 분석하지는 않았지요. 레닌이 분명 좀더 관심을 가지면서 통찰력을 보여주고 원칙을 세우는 데 기여했지만 그렇다고 그가 식민지 각 나라의 현실에 정통한 건 아니었습니다. 러시아혁명만으로도 정말 바빴지요. 그러니 식민지나 반식민지의 민족해방운동에는 사실상 선생이 없었습니다. 자기가 답을 찾아내야 했던 거죠. 그게 마오의 출발점입니다. 자본주의가 충분히 발달하지도 않았는데 어떻게 혁명이 가능하냐는 비판에 마오는 할 수 있다고 반론하려고 했습니다.

마오는 중국을 자본주의가 충분히 발달한 사회가 아니라 식민지 반봉건사회로 규정했습니다. 따라서 중국이 거쳐야 하는 민주주의 혁명은 부르주아들이 지도하는 낡은 부르주아 민주주의 혁명이 아니라, 프롤레타리아트가 지도하는 신(新)민주주의 혁명이라고 보았습니다. 1949년 중국혁명 승리 이후 이와 같은 입장은 중국뿐 아니라 베트남이나 북한의 혁명을 설명하는 이론으로 발전했지요.

보수적 역사인식의 흐름

안병직 선생이 입장을 바꾸기 전 40대까지 그에게 학문은 혁명의 도구였습니다. 혁명을 하려면 자본주의를 분석해야 하고, 그 분석을 실증하려니까 경제사를 연구해야 했지요. 이렇게 혁명의 도구로 학문 연구를 하다가 갑자기 혁명의 가능성을 포기하니, 그다음부턴 학문을 위한 학문을 하게 되어버렸던 것이죠. 실증은 중요합니다. 혁명의 도구로 연구한다 하더라도 실증을 충실히 해야 한다고 생각합니다. 제대로 된 연구라야 현장에서 써먹을 수 있지요. 안 그러면 그 도구가 현장에서 먹히지 않습니다. 도구이기 때문에 필요한 것만 골라서 쓰려고 하면 현장에선 조립이 되지 않습니다. 그런 의미에서 낙성대연구소가 실증을 강조하는 것에 대해서는 이의가 없습니다. 하지만 그들은 맥락을 떠나서 필요한 부분에만 실증의 현미경을 들이대고 있습니다. 시야가 너무 좁다는 말입니다.

낙성대연구소의 학자들이 낸 책을 보면 『근대조선수리조합연구』(일조각 1992) 『근대조선 공업화의 연구』(일조각 1993) 『맛질의 농민들』(일조각 2001) 등입니다. 『맛질의 농민들』은 아주 흥미로운 책이고, 그 외 언급한 책들도 다 수준이 높습니다. 이영훈 선생은 『한국경제사』(일조각 2016, 전2권) 제1권으로 2017년 월봉저작상을 받기도 했지요. 이 상은 한국학 분야에서 상당한 권위를 인정받습니다. 이런 연구성과들이 『반일 종족주의』에서 펴는 주장의 근거로 중요하게 사용됩니다. 문제는 그 성과들만으로『반일 종족주의』에서 하는 큰 이야기를 할 수 있느냐는 거지요. 확실하게 밝혀낸 것에서 조금만 더 확장해 말하면 설득력이 있습니다. 10을 밝히고 20쯤 이야기한다면 설득력이 있지요. 그런데 10을 밝혀서 1,000을 이야기하고 10,000을 이야기하면 어떻게 설득력을 가질 수 있겠습니까?

안병직 선생의 제자이지만, 사상 전향을 한 안병직을 따라가지 않은 허수열 선생은『개발 없는 개발』(은행나무 2011)이라는 좋은 책을 썼습니다. 식민지근대화론에 대한 경제사학자의 통렬한 비판서입니다. 허수열은 이 책에서 개발이 됐지만 누구를 위한 개발이었는지, 조선에서 경제가 팽창했으면 그 부가 누구에게 갔겠는지, 발전의 목적이 무엇이며 그걸 따졌을 때 그 발전이 조선 경제의 발전인지 묻습니다. 그리고 통감부 초기 통계가 엉터리라는 지적도 합니다. 1920년경, 특히 3·1운동 이후에는 통계가 신뢰할 만한데 통계연보를 처음 만들 때는 대충 만들었다는 것이지요. 통감부도 조선을 처음부터 구석구석 파악할 수는 없었습니다. 조선을 집어삼키고 한 10년쯤 통치하다 보니 구석구석 골목골목을 파악할 수 있는 능력이 생긴 거지, 시작부터 그럴 리가 없었겠죠. 통계를 분석하는 사람들은 금방 알 수 있습니다. 1910~17년 통감부의 통계가 엉터리라는 건 낙성대연구소도 인정합니다. 낙성대연구소 통계의 기준점이 되는 1910년, 그러니까 강제 병합 직후의 각종 통계는 너무 낮게 잡혀 있습니다. 기준점이 낮게 잡히니까 이후 조금만 성과를 거둬도 크게 발전한 것처럼 보이는 것이죠.

그런데 정말로 결정적인 것은 이런 주장들에서 경제가 발전한 시기를 언제까지로 잡는가 하는 점입니다. 여러분도 『반일 종족주의』를 유심히 보면 알 수 있는데, 대개 1939년이나 1940년까지의 수치를 언급합니다. 우리가 일본 사람들 밑에서 언제까지 살았습니까? 1945년입니다. 1945년은 중간에 일본이 항복했으니까 통계가 정확하지 않겠지요. 1944년 통계도 안 나왔다고 가정한다면 적어도 1943년까지는 제대로 된 통계가 있어야 합니다. 그런데 왜 그 통계는 안 쓰냐는 말입니다. 일본 통치에 대해 다룰 때는 그 시기 전체를 가지고 이야기해야 하지 않겠습니까? 어떤 회사가 장사 잘되던 시기만 실적에 넣고, 장사가 망한 시기는 통계에서 뺀다면 어떻게 되겠어요? 그런 걸 우리는 '사기'라고 하지 않나요?

일본 제국주의의 침략전쟁에 일본제국의 일부였던 조선도 끌려들어가서 조선 경제까지 같이 망해버린 겁니다. 일본이 가만있는데 다른 나라가 쳐들어와 전쟁이 일어난 게 아닙니다. 일본 제국주의의 팽창의 본질적인 속성 때문에 발생한 전쟁과 그 결과를 왜 통계에서 뺍니까? 전쟁 중이라 통계가 없는 것이 아닙니다. 그걸 넣으면 발전으로 주장할 수가 없어서입니다. 우리나라는 그 전쟁으로 어떻게 됐습니까? 그냥 못살게 되고 끝난 게 아닙니다. 일본군 '위안부'로 끌려가고 강제징용, 징병으로 끌려가서 얼마나 많은 사람들이 죽고 고통을 당했습니까? 경제만 따져봐도 전쟁 때문에 망한 걸 포함하면 일제강점기 36년간 발전한 것도 별로 없습니다. 그렇게 반박하면 그들은 그래도 그때 자본주의를 체험해서 나중에 발전할 수 있었다고 이야기하는데, 정말 일본을 찬양해주고 싶어서 안달이 나지 않는 한 할 수 없는 이야기라고 생각합니다.

왜 그럴까요? 안병직, 이영훈 선생이 처음부터 그랬으면 그린가 보다 하겠습니다. 그런데 스무살 이영훈은 전태일이 죽었을 때 가장 먼저 달려간 사람입니다. 1970대에서 1980년대 초반 그 어려웠던 시절에 세상을 바꾸기 위해서 노력하고 일본 제국주의 침략의 부당성을 증명하기 위해서 제일 열심히 연구했던 인물들이 이제는 어떻게 일본을 찬양하지 못해 안달 난 것처럼 구느냐는 말입니다. 이영훈이 어느 글에서 채만식의 『태평천하』를 인용한 것을 보고는 더욱 놀랐습니다.

　보통 사람에겐 그리 중요한 변화가 아니었다. 그들의 일상은 오히려 개선됐다. 양반의 토호질이 멈추고, 비적이 사라지고, 조세가 공정하고, 장시가 늘어나고, 막힌 저수지가 준설됐다.

　그런 세상을 소설가 채만식은 '태평천하'라고 묘사했다. 문학적 발상만은 아니었다. 시대적 감각이기도 했다. 1927년 경북 예천군 어느 마을에서는 30년 만에 단오 축제가 열렸다. 한 양반은 그날의 일기에다 "성황제가 끝난 후 동리민이 동사(洞舍)에 모여 배불리 먹고 취하고 웃고 즐기니 이 또한 태평기상이 아닌가"라고 적었다.(『한국경제』 2019.3.10.)

채만식의 『태평천하』가 무슨 이야기입니까? 여기서 진짜 태평성대를 말하나요? 그게 아니라 반어법, 풍자라고 하지 않습니까? '세상 좋아졌다고' 태평성대라며 풍자한 거지요. 이영훈 같은 인물이 어떻게 이렇게 되었을까요. 사료를 그렇게 중시하는 사람이 이 소설이 어떤 입장과 감각으로 쓰였는지 정말 인지하지 못하는 것일까요? 색안경이 이런 건가 싶습니다.

2006년 『해방 전후사의 재인식』(책세상, 전2권)이라는 책이 나왔습니다. 『해방 전후사의 인식』(한길사, 전6권)을 비판하는 책이었지요. 진보진영에서 낸 『해방 전후사의 인식』을 비판했는데 여기에는 나중에 뉴라이트를 표방하게 된 인물의 글과 자본주의 맹아론의 과장된 점을 정당하게 비판하는 학자들의 논문이 섞여 있습니다. 이 책이 나왔을 때 『동아일보』 『조선일보』 등에서 대서특필을 했는데, 서평 기사로는 드문 경우였습니다. 책이 정치적 선전의 도구가 되니까 정치적 의도와 무관하게 학문적 입장에서 원고를 실은 진지한 학자들은 당했다고 생각하기도 했죠. 그런 학자들 중에는 진보적인 입장을 견지하고 있지만 과거 연구가 실상과 동떨어졌던 것을 반성하며 글을 쓴 이들도 있었습니다. 다만 이런 정치적 반응은 미처 예상하지 못했지요.

그 무렵 이른바 '뉴라이트'가 대거 등장합니다. 뉴라이트는 '대한민국은 성공한 역사'라는 인식을 밝히며 2005년 교과서포럼을 만들었습니다. 대한민국의 정통성을 옹호해야 한다고 주장했죠. 이 집단은 2006년 안병직을 이사장으로 하는 뉴라이트재단을 결성합니다(현재는 자유주의연대와 통합해 '사단법인 시대정신'으로 개칭). 교과서포럼은 2008년 3월 대안교과서를 내놓았는데, 출간 당시는 이명박정부 때지만 준비는 노무현정부 시절에 했습니다. 노무현 정권의 과거사 바로세우기, 과거사 진상규명 작업이 본격적으로 진행되는 데 수구세력이 위기의식을 느껴서 결집해 교과서도 내고 대한민국의 역사를 긍정적으로 보자고 주장한 것입니다. 이때 '자학사관'이라는 용어가 일본에서 수입됩니다.

일본 우익의 자학사관은 어느 나라나 역사교육에서 자기 나라에 대해 자부심을 갖도록 교육해야 하는데 일본은 패전 이후 미국이 교육을 장악하면서 일본이 잘못하고 나쁜 짓 한 사실만 가르치고 있다며 문제제기를 합니다. 자라나는 아이들이 일본에 자부심을 가져야 하는데 교육 현장에서 일본은 절대악으로 묘사되어 있다는 것이죠. 제2차 세계대전은 제국주의 전쟁이었는데, 미국이나 일본이나 똑같은 제국주의 국가였고 어디 일본만 나쁜 짓을 했느냐고 문제제기를 하기도 합니다. 일본이 좋은 일 한 것도 가르쳐서 자라나는 아이들이 균형 있게 역사를 볼 수 있어야 한다고 주장한 것이지요. 그럴듯해 보이기도 합니다. 그래서 일본의 학부모들도 앞서 언급한 니시오 간지의 『국민의 역사』를 많이 사 봤는데, 보고 난 다음에는 뜨악했습니다. 그럴듯한 줄 알았더니 완전히 전쟁을 미화하고 있다는 걸 알게 된 거죠.

일본인들이 아직 이웃나라를 침략한 걸 반성하는 데까지는 못 갔어도, 전쟁이 나쁘다는 생각은 확고히 가지고 있습니다. 그러니 이런 내용을 어떻게 학생들에게 가르치자고 하겠습니까? 자연스럽게 우익 교과서인 후소샤 교과서는 학교 채택이 안 되고 팔리질 않았습니다. 그러니까 이번엔 우익들이 국가권력을 살금살금 장악하면서 교과서 편성 기준을 바꾸기 시작했습니다. 2000년대에 들어서 일본군 '위안부' 문제나 난징대학살 등에 대한 언급을 줄여오다가 2012년 아베 신조가 정권을 다시 잡으면서 교과서도 확 바뀌게 되지요.

한국의 경우 일본에 비해 수구세력이 대단히 서두르면서 힘으로 밀어붙였습니다. 이명박정부가 들어서자마자 촛불집회에 데지 않았습니까? 촛불집회 전부터 역사교과서를 손보겠다고 마음먹고 있었는데 여중생들까지 촛불을 들자 이명박정부는 아무것도 모르는 여중생들을 전교조 빨갱이들이 '새빨간' 교과서로 버려놔서 그렇다며 한편으로는 전교조를 탄압하고 다른 한편으로는 기존의 근현대사 교과서에 대대적인 공격을 시작합니다. 그러면서 수구세력이 뉴라이트 교과서를 만들어 검인정 시스템에 뛰어들었는데, 이 말썽 많은 교과서가 교학사 교과서였습니다. 교학사 교과서가 왜 채택이 안 됐습니까? 우리나라 학교에서 교과서 채택 권한은 학교 운영위원회에 있고, 운영위에서는 학부모 위원들이 다수를 점하고 있습니다. 그러니까 학부모들이 교과서 채택을 결정할 수 있는 겁니다. 강남구, 서초구 학부모들은 아주 보수적이지요? 그 보수적인 학부모들이 보수파 정권의 입맛에 맞고 보수언론이 지지했던 교과서를 왜 채택하지 않았을까요? 책을 너무 엉터리로 급하게 만들어서 틀린 게 너무 많았기 때문이라고 합니다. 결정적인 이유는 역사교사들이 대학수능시험 문제를 교학사 교과서대로 풀었더니, 만점이 안 나왔더라는 것이지요. 교학사 교과서대로 답하면 기출문제 중에서 한두 문제를 틀릴 수밖에 없었다고 합니다. 그 소문이 퍼지니까 아무리 보수적인 학부모라도 '내 자식 수능시험에서 점수 깎여도 좋으니까 교학사 교과서 씁시다' 하는 사람이 없었던 겁니다. 결국 채택률은 0퍼센트였지요.

뉴라이트들이나 수구파들은 입만 열면 자유시장경제를 중시하지 않습니까? 밤낮 시장경제의 가치와 자유주의를 주장하는데 자유시장경제 신봉자라면 시장경제의 원리에 따라야 하지 않을까요? 교과서 검인정 체제는 일단 검인정을 통과하고 나면 교과서 판매를 자유시장에 맡기겠다는 것입니다. 다시 말해 일정한 자격을 국가가 검사하지만 그다음은 자유시장이지요. 학교별로 시중의 여러 교과서를 두고 어떤 제품이 제일 좋은지 판단해 채택하는데 거기서 교학사 교과서가 완패했습니다. 불량품이었기 때문이지요. 그럴 때 자유시장론자라면 어떻게 해야 할까요? 자신의 상품이 왜 선택을 받지 못했는지 분석하고 품질을 개선해서 다시 시장에 도

전해야겠지요. 그런데 이들은 그렇게 하지 않고 교과서 시장 자체를 폐쇄시키려 했습니다. 박근혜정부에서 검인정교과서 체제를 국정교과서로 바꾼 것이죠. 자유시장을 아예 없애고 국가가 독점적으로 공급할 테니 불량품이든 뭐든 상관없이 하나만 쓰라고 했습니다. 군대에서 보급품 주듯이요.

당시 오죽했으면 '아베가 웃는다'는 말이 나올 정도였습니다. 도대체 국정교과서를 쓰는 나라가 선진국 중에 어디 있습니까? 한 인터뷰에서 이런 질문을 당시 새누리당 의원에게 던졌더니 선진국쪽에 있다는 대답을 하길래 어디냐고 다시 물었습니다. 그 의원이 미얀마와 북한이라고 대답해서 새누리당이 북한을 선진국으로 올려줬다고 비꼬는 만평도 나올 정도였습니다.

『반일 종족주의』가 말하지 않는 것들

『해방 전후사의 재인식』의 필자이기도 한 이철우 선생이 최근 인터뷰에서 두 가지 중요한 문제를 지적했습니다. 하나는 '종족'이라는 용어를 사용한 부분입니다. 국제법에서는 민족문제, 국적문제를 중요하게 다루는데, 이영훈 등은 우리말로 종족(ethnicity)이라고 썼지만 실제 내용은 종족주의와 전혀 다른 부족주의(tribalism) 개념을 썼다는 거지요. 부족은 부족 간 상위 공동체가 있을 때 쓰는 개념인데, 한국과 일본을 묶어주는 공동체가 있느냐, 그게 없는데 어떻게 반일 종족(부족)주의라고 쓰느냐, 설마 내선일체를 주장하는 것이냐며 세계 학계에 내놓으면 창피한 이야기라고 지적했습니다.

또 다른 문제는 인신매매와 관련된 것으로 매우 중요한 내용입니다. 일본군 '위안부'나 강제연행 문제에 대해 『반일 종족주의』 저자들은 '위안부'와 강제연행 모두 군인이 와서 총칼로 끌고 간 것이 아니고, 그렇기 때문에 강제연행이 아니라고 주장하는데, 이 역시 말이 안 된다는 지적입니다. 앞서 말했듯 국제사회는 2000년 팔레르모 의정서에서 강제성의 개념을 합의했습니다. 이에 따르면 '착취를 목적으로 위협, 무력행사, 사기, 기만, 권력남용 등을 동원해 사람을 모집하거나 운송, 인수하는 행위'가 바로 강제적 인신매매입니다. 일본의 행위가 모집이었다, 관알선이었다, 자기 발로 갔으니 자발성이 있었다, 이렇게 주장하는 건 국제적으로 합의된 기초 상식을 완전히 무시하는 것입니다. 연구하고 평가하면서 남을 설득하려면 합리적인 기준이 있어야 하는데, 이렇게 국제 학계에서 기본 상식으로 되어 있는 개념을 무시하고 강제성이 없었다고 하면 말이 됩니까? 더군다나 『반일 종족주의』 저자들조차 일본에 건너간 노동자 전체는 아니지만 그중 10만 명은 강제연행이었다고 인정합니다. 10만 명이라 해도 결코 적지 않습니다. 도쿄대의 도노무라 마사루(外村大) 교수를 비롯한 일본학자들조차 모집, 관알선까지 다 포괄해 강제연행이라고 쓰고 있는데 그러면 안 된다고 주장하고 있지요.

토지조사사업이나 산미증식계획에 대해서는 한국의 초기 연구가 좀 과장하기도 했다고 생각합니다. 이 점에서 뉴라이트가 집중 공격한 책이 신용하 선생의 여러 저서들인데, 신 선생의 작업은 30~40년 전에 이뤄진 것입니다. 최초의 연구 성과로 널리 알려지긴 했지만, 잘못되거나 과장된 부분은 후속 연구에 의해서 많이 보완되고 바로잡혔지요. 제대로 비판하거나 논쟁하려면 최근의 연구 성과를 가지고 해야 합니다.

앞서도 언급했지만,『반일 종족주의』저자들이 주장하는 것처럼 일제하 조선의 농민들이 그렇게 잘살게 됐으면 왜 소작쟁의를 일으켰겠습니까? 농촌이 그렇게 잘살게 됐으면 왜 일제가 농촌진흥운동을 폈을까요? 농가 소득이 증대되었는데 왜 농민들이 흔들리고 적색농민조합이 여기저기서 조직됐을까요? 통상 농민은 자신의 좁은 세상에 안주하는 경향이 있습니다. 고향 반경에서 멀리 떠나본 일이 없는 농민들이 왜 간도나 일본으로 그렇게 많이 갔겠습니까? 농촌에서 엄청난 규모의 이민이 발생했다는 것 자체가 농촌경제의 파탄을 증명합니다. 제3공화국 시절 새마을운동이 성공했다고 하는 사람한테 그럼 왜 그때 농민들이 농촌을 떠났는지, 왜 농촌에서 아이들 울음소리가 점차 안 들리게 됐는지 물어보면 다들 변변한 답을 못합니다.

『반일 종족주의』는 일제강점기 학도지원병들이 체제 안에서 출세하려는 욕망에 가득했던 젊은이들이었다고 합니다. 그런데 그 욕망을 부추겼던 건 바로 친일파들이었죠. 일본제국 내에서 조선인의 지위를 향상시키기 위해서는 조선인에게도 징병을 실시해야 한다고, 심지어는 일본어 상용을 위해 조선어를 쓰지 말자고끼지 얘기했던 친일파의 논리 중 선동 부분만 가지고 와 써먹는 것 같습니다. 신분상승을 위해서 그렇게 해야 했다는 논리죠. 현영섭 같은 친일 인물이 징병제 실시를 환영하고 찬양했던 것, 최남선 등이 '학도여 성전에 나서라, 영광되게 죽어라'라고 했던 것의 바탕에 있는 논리입니다. 그래야 조선인이 '본토인'과 차별받지 않으며, 대일본제국에서 2등 시민인 우리가 그래야 1등 시민이 될 수 있다는 것이었죠. 그 이야기를 그때로부터 80년이 지난 지금 다시 하고 있는 것입니다.

쇠말뚝 이야기는 맞습니다. 동의합니다. 쇠말뚝 문제를 김용삼이라는 『월간조선』 기자가 집중적으로 제기했지요. 그런데 김용삼만 이야기한 건 아닙니다. 예컨대 역사문제연구소장을 지낸 진보진영의 큰 어른 이이화 선생도 언급했지요. 『이이화의 역사풍속기행』(역사비평사 1999)에 쇠말뚝 얘기는 낭설이라고 나와 있습니다. 지금은 폐간했지만 대표적인 진보진영 잡지였던 『말』에도 「집단최면의 주술, 쇠말뚝」이라는 기사가 게재되었지요. 그 기사는 이렇게 끝납니다. "일제의 침략행위에 대한 기록을 대한민국에서 가장 과학적이고 일목요연하게 정리하고 있다는 독립기념관 역시 쇠말뚝이 걸어놓은 최면에서 자유롭지 않은 것 같다." 김용삼 기자와 비슷한 취지로 진보진영에서도 하던 이야기입니다.

무엇이 '종족주의'인가

우리가 물어야 하는 것은 '근대란 무엇인가'입니다. 경제만 발전하면 근대인가요? 경제를 발전시켰으니 일제가 찬양받아야 한다면 스탈린, 히틀러, 김일성도 찬양해야 할까요? 김일성이 한국전쟁이 끝난 뒤 얼마나 빨리 경제를 발전시켰나요? 히틀러는 제1차 세계대전에 패망해 폐허가 된 독일을 일으켰습니다. 스탈린은 유럽의 후진국이던 소련을 세계 초강대국으로 만들었죠. 그럼 다 찬양해야 할까요? 아니지요. 우리가 사는 근대를 말할 때 경제도 중요하지만 다른 여러 가지 요인들도 면밀하게 살펴야 하는데, 그 밖의 문제를 하나도 이야기하지 않는 것은 옳은 태도가 아닙니다. 오히려 그게 '반일 종족주의' 아닐까요? 『반일 종족주의』를 만든 주요 인물들은 그전에는 온 세상을 뒤집고 싶어했지만 실패했습니다. 한국에서의 혁명도 실패하고 동구 사회주의도 무너지고 소련마저 해체되면서 좌절했지요. 하지만 그 좌절을 그들만 겪었나요? 다른 사람들은 다시 일어났습니다. 민중 속에서 민중과 함께 말입니다.

그런데 이 사람들은 민중을 폄하하고 정작 자신들이 '종족주의'에 빠져 있습니다.

『반일 종족주의』 저자들은 역사를 왜곡했습니다. 이들이 자본주의 맹아론 같은 내재적 발전론을 비판할 때 쓰는 말이 '부조(浮彫)적 수법'입니다. 자기가 보여주고 싶은 것만 도드라지게 보여준다는 뜻이죠. 그런데 솔직히 말해 정도의 차이가 있겠지만 모든 연구가 어느 정도 부조적입니다. 그리고 정작 이 사람들이야말로 훨씬 더 부조적입니다. 카메라 앵글을 어떻게 잡느냐, 무엇을 보여주느냐에 따라 전혀 다른 장면이 됩니다. 일제강점기를 어떻게 저렇게 해석할 수 있습니까?

모든 토론에서 승리하려면 허수아비랑 싸우면 됩니다. 그리고 만만한 꼬투리 하나 잡아놓고 그것만 집중적으로 공격하면 되겠죠. 그런데 우리가 알던 이영훈 선생이 그런 사람은 아니었습니다. 김낙연 선생 같은 분도 훌륭한 학자였던 것 같고 지금도 소득불균형 분야에서는 아주 탁월한 업적을 내고 있는데, 사실 알다가도 모를 일입니다.

『반일 종족주의』의 각론에 대해서는 여러 훌륭한 비판이 많습니다. 그래서 여기선 그런 주장들이 나온 배경을 설명했습니다. 『반일 민족주의』 같은 책이 나온 것은 가슴 아프지만 대중이 금방 이 책의 문제점을 깨달으리라고 생각합니다. 우리에게는 100만 명, 200만 명이 모여서 세상을 바꿔낸 경험이 있잖습니까. 그럴 때 우익들은 그런다고 세상이 바뀌냐, 경쟁자들은 스펙 쌓고 있는데 집에 가서 공부하는 게 남는 장사다, 열심히 일하면 밥이나 먹게 해 주겠다고 했습니다. 하지만 우리가 살고 싶은 세상을 만들기 위해, 그 의사를 드러내기 위해 노동할 시간 아껴서 세상을 바꾼 기억이 우리에게는 있습니다.

그냥 밥만 먹고 사는 게 삶은 아닐 것입니다. 나는 누구인가를 왜 묻습니까? 어떻게 살아야 할까를 왜 고민합니까? 밥만 먹고 사는 세상이 근대입니까? 그들의 논리에 굴해서는 안 됩니다. 우리를 반일 종족주의자라고 부르는 그들이야말로 진짜 험한 종족주의자입니다. 그들이야말로 종족이라는 틀에 사로잡혀 있지만 여러분은 좀더 보편적인 시각에서 보길 바랍니다.

사실 반일이라는 말도 요새 잘 안 쓰지요. 이제는 'NO아베'이지, 'NO재팬'은 아닙니다. 어떻게 그게 종족주의겠습니까? 일본에도 양심적인 사람들이 있습니다. 양심적인 세력끼리 한일연대를 해야 할 때입니다. 종족이 아닌 보편적인 가치 속에서 일본과 만나서 현재 갈등하고 있는 문제를 풀었으면 합니다. 아시아 공동의 집을 같이 지어 나갔으면 좋겠습니다.

오늘의
한일관계,
어떻게 풀어갈까

3부

07
재일조선인 문제를 보면
한일관계가 보인다

재일조선인의 형성

1945년 8월 15일, '삼천만 동포'가 염원하던 해방이 찾아왔습니다. 정확한 수치는 아니지만 당시 조선의 인구수를 흔히 '삼천만 동포'라고 표현했습니다. 그런데 동포들이 모두 한반도에 거주하지는 않았습니다. 해외에 이주한 사람들도 포함되었지요.

1945년 기준 해외에 이주한 이들은 대략 400만 명입니다. 3,000만 중 400만, 약 14퍼센트이지요. 14퍼센트는 전 세계 이민사를 통틀어 손에 꼽을 정도로 높은 수치입니다. 19세기 중반 '대기근'이 일어난 아일랜드에서 25퍼센트가량의 사람들이 살기 위해 나라를 탈출한 이래 단기간에 가장 높은 비율로 사람들이 고국을 떠나 해외로 이주했지요. 오늘날 우리는 화교를 대표적인 해외 이주민으로 떠올리지만, 중국 전체 인구수 대비 화교의 비율은 2퍼센트가 채 되지 않습니다.

해방 당시 400만 명의 해외 이주민은 어디에 있었을까요? 200만 명은 곳곳에 흩어졌습니다. 중국, 만주, 사할린, 하와이, 중앙아시아 등에서 거주했지요. 나머지 200만 명은 일본에 있었습니다. 이들이 바로 오늘날 이야기하는 '재일조선인'의 뿌리라고 할 수 있습니다.

재일조선인을 둘러싼 여러 문제들은 여러분의 생각보다 훨씬 복잡하고 미묘하게 얽혀 있습니다. 그 속에는 한일관계뿐 아니라 남북관계, 북일관계까지 숨어 있지요. 그렇기 때문에 재일조선인의 역사적 맥락을 이해하는 것은 한일관계를 바라보는 새로운 관점을 제시합니다.

일본 법무성의 자료에 따르면 1909년 일본에 거주한 조선인은 790명이었습니다. 그 뒤로 재일조선인이 늘어나 3·1운동이 일어난 1919년에는 약 2만 6,000명이었습니다. 10년 사이에 꽤 늘어났지요? 놀라운 점은 그 뒤로 매년 적어도 1만 명씩 재일조선인이 증가했다는 것입니다. 심지어 1923년 관동 대지진이 일어나 6,000명이나 되는 조선인이 학살당했는데도 1924년 재일조선인은 전해에 비해 4만 명이 늘어났습니다.

왜 이렇게 일본으로 많이 건너갔을까요? 그만큼 식민지 조선에서 먹고살기가 팍팍했기 때문입니다. 특히 1910년대에 이뤄진 토지조사사업과 1920년부터 실시된 산미증식계획으로 농촌사회에 큰 변화가 일어나며 여기서 밀려난 사람들, 특히 남부 지방 주민들이 살기 위해서 일본으로 많이 이주했습니다. 그래서 재일조선인은 대부분 경상도와 전라도 출신입니다. 38선 이북 사람들은 일본보다 만주나 러시아로 많이 갔지요.

게다가 조선총독부가 이주를 부추기기도 했습니다. 총독부의 정책 탓에 사람들이 점점 살기 어려워지는데, 그대로 두면 언젠가 분노가 폭발해서 사회가 불안해지지 않겠습니까? 그래서 사람들에게 간도의 흉년은 조선의 풍년이나 다름없다, 일본에 일자리가 훨씬 많고 신문물이 있어 살기 좋다, 이렇게 바람을 넣었습니다. 모순을 조선 밖으로 수출한 셈이지요. 그렇게 모순을 수출한 결과 만주에서 격렬하게 항일 운동이 일어났다고 생각합니다.

한편 일본은 일본대로 노동력이 필요했습니다. 앞서 이야기했듯 메이지유신 이래 일본은 전쟁이 끊이지 않았습니다. 내부에서 다투든 외부와 싸우든 많은 남성이 전쟁터에서 목숨을 잃었지요. 부족한 노동력을 보충해야 했기 때문에 내키지 않아도 조선인에게 문을 열어둘 수밖에 없었습니다.

그러던 와중에 1937년 중일전쟁이 발발하며 재일조선인은 더욱 급격하게 증가합니다. 전쟁을 치르며 일본 국내의 노동력이 부족해지자 조선인을 강제로 동원하여 메운 것이지요. 1937년 약 73만 명이던 재일조선인은 1945년 236만 명 정도로 늘어났습니다. 무려 160만 명이 증가했지요. 이러한 급격한 증가를 자발적 이주만으로 단순하게 설명할 수는 없습니다.

당시 강제동원된 조선인들의 삶은 말로 표현할 수 없습니다. 강제동원된 이들은 일본뿐 아니라 사할린이나 동남아시아 등으로도 보내져 가혹한 환경에서 목숨을 걸고 일했습니다. 군함도는 대표적인 사례이지요. 많은 분들이 강제노역에서 목숨을 잃었고 살아남은 이들도 갖가지 차별을 당해야 했습니다.

마침내 1945년, 염원하던 해방이 이뤄졌습니다. 조국이 해방되었기 때문에 많은 재일조선인들이 고향으로 돌아왔습니다. 일본 정부와 전후 일본을 통치한 GHQ도 강제동원된 조선인들이 일본에 남아 있으면 사회문제가 되리라 보아서 귀향을 막지 않았지요.

그런데 문제는 조선인들이 일본에서 가지고 나갈 수 있는 돈과 짐을 제한한 것입니다. 돈은 최대 1,000엔, 짐은 최대 250파운드로 정해두었지요. 일본에서 부가 유출되는 것을 막은 조치였습니다. 당시 1,000엔은 오늘날 5~10만 원 정도 되는 금액입니다. 재일조선인 중에는 이미 일본에서 수십 년을 거주하며 재산을 축적한 사람들도 많았는데 그런 사정을 전부 무시한 조치였지요.

그래도 많은 이들이 일본을 떠났습니다. 1947년까지 일본에 남은 재일조선인은 약 60만 명이었지요. 그들이 단지 돈이 아까워 일본에 남았던 것은 아닙니다. 해방 직후 한반도 내에도 좌우합작, 신탁통치 등 많은 문제가 있어 혼란스러웠기 때문에 좀더 상황을 지켜보려 한 사람들이 많았지요. 1948년 한반도에 남한과 북한 두 정부가 들어서며 재일조선인의 귀향은 거의 멈추었습니다. 고향이 북한이지만 남한의 이념에 동조하는 사람이 있었고, 그 반대도 있었을 것입니다. 게다가 1950년 한국전쟁이 발발하며 돌아가고 싶어도 돌아갈 수 없게 되었지요.

어쨌든 많은 조선인들이 일본에 남았고 그들은 여러 문제에 대처하기 위해 뭉쳐야 했습니다. 그래서 만들어진 조직이 재일본조선인연맹, 이른바 조련입니다. 조련은 해방 직후 가장 많은 재일조선인들이 참여했던 단체입니다. 다만 조련은 좌익적인 성향이 강했습니다. 사회주의적인 경향이 강해 남한보다는 북한과 가까웠고, 재일조선인의 권리를 우선하여 일본에 협력했던 사람들을 배제했지요.

그래서 조련과 이념이 다른 이들은 새로운 단체를 만들었습니다. 재일본조선거류민단(이하 민단)입니다. 앞선 이야기로 짐작할 수 있겠지만 초창기 민단에는 친일파 인사들이 많았습니다. 조련에 들어갈 수 없는 사람들이지요. 재미있는 점은 민단의 초대 단장이 박열이라는 사실입니다. 천황을 폭탄으로 죽이려 했다는 혐의로 22년이나 교도소에 수감되었던 박열이 민단의 상징적 인물이 된 것입니다. 박열과 민단의 관계에 대해서는 여러 가설이 있을 뿐이라 앞으로 더 연구가 이뤄져야 합니다. 민단은 이후 여러 차례 이름을 바꾸었는데 오늘날까지 재일본대한민국민단이라는 이름으로 활동하고 있습니다.

민단과 달리 조련은 폭력 단체로 규정되어 일본 경찰에 의해 해산됩니다. 아예 사라진 것은 아니고 이후 조련의 잔류 조직이 모여 새로운 조직을 결성했지요. 조련을 이은 조직은 여러 우여곡절 끝에 한국전쟁 휴전 직후인 1955년 재일본조선인총연합회를 결성합니다. 우리는 흔히 '조총련'이라 부르지만, 일본과 북쪽에서는 '총련'이라고 합니다.

총련과 민단은 재일조선인을 대표하는 양대 조직으로 오늘날까지 이어지고 있습니다. 초창기에는 총련이 훨씬 컸지만, 1965년 한일 국교 정상화가 이뤄지고 1966년 민단이 한일협정에 의한 영주권 신청운동을 주도하면서 역전되었지요. 총련의 규모는 계속해서 줄어들어 지금은 구성원이 8만 명도 되지 않아 민단과 비교할 수조차 없습니다.

재일조선인? 재일한국인? 재일동포? 자이니치?

이렇게 해서 초창기 재일조선인 사회가 형성되었습니다. 이후 재일조선인들은 일일이 거론하기 어려울 정도로 많은 고난을 겪었습니다. 일본사회에서 하층민으로 고생하며 차별을 받은 것을 비롯하여 북송사업, 재일동포 간첩 조작사건 등에 휘말려 많은 희생을 치렀지요.

우리는 이쯤에서 용어에 대해 고민해봐야 합니다. 지금껏 재일조선인이라 했는데, 이외에도 비슷한 단어가 여럿 떠오를 것입니다. 얼핏 생각해봐도 재일동포, 재일교포, 재일한국인, 재일코리안, 자이니치 등을 댈 수 있지요. 이 모든 단어는 뉘앙스가 다릅니다.

재일동포는 어떨까요? 흔히 쓰는 표현이지만 한국 내에서만 쓸 수 있는 말입니다. 한국에 사는 사람들 입장에서 일본에 사는 이들을 가리키는 말이기 때문이죠. 민족 중심으로 사고하는 좁은 의미의 단어라 객관적이라고 할 수는 없습니다. 재일교포는 재일동포보다도 문제가 심각하지요. 교포의 '교(僑)'란 상사 주재원이나 유학생처럼 임시로 거주하는 사람들을 의미하니 대를 이어 일본에 정착한 재일조선인들의 현실과는 동떨어진 말입니다.

재일한국인은 어떻습니까? 남한의 포털 사이트에서 가장 쉽게 볼 수 있는 표현입니다. 하지만 서경식 교수 같은 분은 재일한국인이라는 표현을 반대합니다. 오로지 일본에 있는 대한민국 국적인 사람들만 가리킨다는 것이지요. 식민지 시절 일본에 끌려갔다 해방 후 대한민국 국적을 택하지 않은 사람들도 있습니다. 그런 사람들은 아예 논의에서 제외해야 할까요? 서경식 교수는 이런 점을 지적하며 더 폭넓은 '재일조선인'이라는 표현을 사용해야 한다고 했습니다.

　재일조선인이라는 표현에 반감을 느끼는 사람들이 많은데, 여기서 말하는 조선은 조선민주주의인민공화국, 즉 북한이 아닙니다. 그보다 분단이 되기 전, 일제 강점기 전, 한반도 전체를 가리키는 던이이지요. 그러니 재일조선인이란 '조선(한반도)에서 건너와 일본에서 사는 사람들'이라는 의미가 맞겠습니다. 그런데도 '조선'이라는 표현에 무조건적 반감을 품는 사람이 많으니, 우리 현대사의 이념 갈등이 동포사회까지 영향을 미친 셈입니다.

　마지막으로 자이니치(ざいにち)는 재일(在日)의 일본식 발음입니다. 좀 이상하지 않습니까? 엄밀히 말해 일본에 거주하는 모든 외국인은 자이니치라고 할 수 있습니다. 그런데 일본사회에서 자이니치라 하면 대개 재일조선인을 가리킨다고 알아듣습니다. 자이니치는 현재 일본에 살고 있다는 점을 특별히 강조하는 말로, 젊은 세대들 사이에 많이 쓰이고 있습니다. 자이니치라는 말에는 그 뒤에 붙는 조선인, 한국인, 동포, 교포 따위로 규정되는 복잡한 정체성에 대해 묻지도 말라, 답하지도 않겠다, 이런 뜻이 담겨 있다고 봐야겠지요.

　제2차 세계대전 후 GHQ가 보니 일본 국적을 지니고 있지만 일본인이 아닌 집단이 있었습니다. 바로 대만인과 조선인, 그리고 오키나와인입니다. 일본 정부와 GHQ는 이들이 일본 국민인 동시에 외국인이라고 규정했습니다. 척 봐도 이상하지요? 1947년 5월에는 더 이상한 일이 일어납니다. 일본 국적을 지닌 조선인, 대만인, 오키나와인에게 외국인으로 등록하라고 한 것입니다. 그리고 외국인 등록증을 늘 소지하라고 강제했지요. 게다가 갑자기 재일조선인도 조선학교가 아닌 일본인 학교에 다니라고 정했습니다. '너희는 외국인이지만 일본 교육을 받아'라는 모순이 일어난 것입니다. 이러한 흐름 속에서 재일조선인은 '일본 국적이 있는 특별외국인'이라는 불안정한 법적 지위를 지니게 되었습니다.

이처럼 불안정했던 재일조선인을 크게 뒤흔드는 사건이 세 차례 있었습니다. 먼저 1948년 한반도에 두 국가가 들어섰습니다. 재일조선인들은 자연스레 남쪽과 북쪽 중 하나를 선택해야 하는 상황에 놓였지요. 그나마 일본이 남북한과 수교를 하지 않아 당장 선택하지 않아도 괜찮긴 했습니다. 하지만 재일조선인들은 혼란스러울 수밖에 없었습니다. 남한을 택하자니 이승만정권 때문에 사회가 혼란스러워 보였고, 조련에 속한 이들이 사상적으로 가까운 북한을 택하자니 현실적으로 일본은 미국과 밀접한 관계를 맺고 있는 데다가 정작 대부분의 재일조선인들이 남한 출신이었기 때문입니다. 재일조선인 사회에 폭탄이 잠재되었지요.

결정적인 문제가 터진 것은 샌프란시스코 강화조약이 발효된 뒤인 1952년입니다. 이때 일본은 군정에서 벗어나 주권을 회복합니다. 그와 동시에 실시한 정책이 일본에 거주하되 일본 호적이 없는 사람들의 일본 국적을 박탈한 것이었습니다. 쉽게 말해 조선인과 대만인의 일본 국적을 빼앗은 것입니다. 그들은 일본 국적이 있지만 호적은 조선과 대만에 있었습니다. 그러면 재일조선인들이 남한 또는 북한 국적을 택했느냐? 그러지는 못했습니다. 한국전쟁이 한창이던 시기에 어떻게 그럴 수 있었겠습니까? 남북한이 일본과 국교 정상화를 하지도 않았었지요.

일본 국적 박탈로 재일조선인들은 졸지에 무국적자가 되었고 정기적으로 외국인 등록을 갱신하지 않으면 일본에 체류할 수 없게 되었습니다. 국적이 없는 탓에 해외를 오가는 것도 마음대로 할 수 없었지요. 심지어 외국인 등록에 지문 날인이 필수였습니다. 한국과 달리 일본에서는 예나 지금이나 범죄자만이 지문을 등록합니다. 그 때문에 일본에서는 오랫동안 재일조선인을 비롯한 외국인의 지문 등록이 인권 침해 및 차별 정책이라고 비판을 받았고, 뒤늦었지만 1992년에 완전히 폐지되었습니다.

사람들이 종종 헷갈리는 '조선적(朝鮮籍)'이라는 말이 이때 생겨났습니다. 당시 일본 국적을 잃었지만 외국인 등록을 한 재일조선인들을 구별하기 위해 '조선적'이라고 지칭했습니다. 조선적은 일본 내에서만 특수한 지위를 인정할 뿐 해외에 나가면 무국적자로 분류됩니다. 누군가 "재일조선인 중 조선적이 있다." 또는 "재일조선인 중 북한 국적이 있다"라고 한다면 그것은 명백히 틀린 표현입니다. 조선이라는 표현은 상징적인 기호에 불과하며 국적이 아닙니다. 또한 일본은 북한과 국교 정상화를 하지 않았기 때문에 재일조선인 중 조선적을 가지고 있는 사람들이 북한 국적자는 아닙니다.

일본 우익은 재일조선인의 일본 국적 상실에 대해 너희들이 원하던 것 아니었느냐고 외려 큰소리를 칩니다. 하지만 재일조선인 중 많은 수는 자신의 뜻과 상관없이 일본으로 삶의 터전을 옮겼습니다. 해방 후 일본에 남은 데에도 어쩔 수 없는 이유가 있었지요. 그런데 일본은 어떤 사정도 고려하지 않고 느닷없이 국적을 박탈했습니다.

일본과 비슷한 상황에서 전혀 다른 선택을 한 나라도 있습니다. 바로 독일입니다. 독일은 독일 국적으로 전쟁에 동원된 폴란드인 등에게 패전 후 국적을 선택할 기회를 주었습니다. 독일 국적으로 남든 폴란드 국적으로 돌아가든 각자의 판단에 맡기고 고심할 시간을 주었지요.

일본은 왜 그렇게 서둘러서 조선인과 대만인의 국적을 박탈했을까요? 그 이면에는 돈이 관련되어 있습니다. 일본은 1952년 주권을 회복한 후 전쟁에 동원되어 전사하거나 부상을 당한 사람들에게 보상금을 주었습니다. 재일조선인은 대부분 보상금 대상자였지요. 그래서 일본 정부가 부랴부랴 국적을 박탈한 것입니다. 전쟁에 마음대로 데려다 쓰고는 그 뒤에는 국적을 빼앗고 전혀 보상하지 않았습니다.

재일조선인의 법적 지위는 10년 넘게 불안정한 상태로 유지되었습니다. 그러다 1965년 다시 큰 변화가 일어났지요. 한일 국교 정상화가 이뤄진 것입니다. 만약 일본이 1952년 국적을 빼앗지 않고, 1965년 남한과 더불어 북한과도 국교를 정상화했다면, 재일조선인들은 훨씬 많은 선택지를 지녔을 것입니다. 일본, 한국, 북한 중 자신의 사정에 맞는 국적을 선택해 안정적으로 생활했겠지요. 하지만 오로지 남한과 국교를 정상화하며 무국적 상태인 재일조선인 앞에는 대한민국 국적이라는 선택지만 남았습니다. 대한민국정부는 재일조선인들에게 대한민국 국적을 선택하길 요구했고, 일본 정부 역시 대한민국 국적을 선택한 사람들에게는 협정영주권을 부여하겠다고 했습니다. 조선적으로 있을 때의 불안정한 체류권과 비교조차 되지 않았지요.

많은 재일조선인이 고민할 수밖에 없었습니다. 남한을 지지하는 사람, 북한을 지지하는 사람, 남북이 하나가 되기를 바라는 사람, 아예 남북한 어느 쪽도 지지하지 않는 사람 등이 다양하게 있었기 때문입니다. 이번에도 자신의 뜻과 상관없이 선택지가 하나밖에 없으니 답답한 상황이었지요. 결국 무국적자라는 불안정함에서 벗어나기 위해 많은 사람들이 대한민국 국적을 선택했습니다.

물론 이때 대한민국을 선택하지 않았던 사람들 중에는 총련에 소속되어 스스로 북한의 공민임을 자임하는 사람들도 있었습니다. 하지만 한국 국적 선택이 공식화되고 시간이 지날수록 자연스레 총련의 구성원도 줄어들었습니다. 총련을 지지하지만 현실적인 이유로 한국 국적을 선택한 이들도 있었지요. 또한 재일조선인이 세대를 거듭하며 한국 국적이나 조선적을 버리고 일본으로 귀화한 사례도 늘어났습니다.

아직도 조선적을 유지하고 있는 사람들이 일부 있습니다. '나는 조선인으로 이곳에 왔다. 나는 남쪽도 북쪽도 선택하지 않고 끝까지 조선인으로 남겠다.' 이렇게 생각하거나 스스로 북한 공민이라고 하는 분들이지요. 이들은 어떻게 보면 난민입니다. 하지만 일본은 조선적에 대해 안정적인 권한을 전혀 주지 않았고, 조선적을 유지한 재일조선인들은 대중교통 학생 할인이나 의료비 지원 같은 사회보장제도의 보호를 전혀 받지 못했습니다.

그러던 와중에 1980년대 초반 일본은 당시 베트남에서 건너온 난민을 받아들이지 않아 국제적인 비난을 받았습니다. 일본에 왔던 베트남 난민들은 별수 없이 태평양을 건너 뉴욕까지 갔는데 그 과정에서 많은 사람들이 목숨을 잃었지요. 전 세계에서 일본을 비난했고 일본은 1982년 난민법을 받아들일 수밖에 없었습니다.

이런 흐름에서 조선적을 비롯한 재일조선인에 대한 문제의식이 생겨났습니다. 법적인 조치의 필요성이 대두되었고 결국 특별영주권이라는 개념이 만들어졌지요. 특별영주권은 간단히 말해 1952년 일본 국적을 빼앗긴 대만인과 조선인 그리고 그 자손들에게 부여한 영주권입니다. 그래서 1965년 한국 국적을 선택한 사람들뿐 아니라 조선적을 유지한 사람들도 특별영주권자가 되었습니다. 재일조선인들이 일본에 건너가고 머물게 된 과정은 매우 복잡한 동시에 많은 역사적 의미를 품고 있는데 아주 간단하게 '특별'이라는 말로 뭉뚱그린 것입니다.

누군가는 특별영주권에 대해 일종의 특혜라고 이해합니다. 특히 일본 우익들은 특별영주권을 들먹이며 특혜를 받는 재일조선인들은 일본을 떠나라고 하지요. 하지만 특별영주권은 오랫동안 차별을 당하고 핍박을 받았던 이들을 구별하는 또 다른 이름일 뿐입니다. 일본은 물론 한국에서도 특별영주권에 대한 역사적 맥락을 가르치지 않기 때문에 제대로 이해하기란 쉽지 않습니다.

2018년 12월 기준 조선적을 유지하는 재일조선인은 3만 명이 채되지 않습니다. 대부분 고령자라서 매해 1,000명씩 줄어들고 있지요. 이들이 모두 세상을 떠나면 더 이상 재일조선인이라는 단어를 사용하기도 어려울 것입니다. 일본은 '위안부' 문제처럼 재일조선인 역시 시간의 흐름 속에 당사자들이 자연스럽게 소멸하길 기다리고 있습니다. 우리는 당사자들이 사라져도 역사까지 잊히지 않도록 기억해야 할 것입니다.

재일조선인은 어떻게 일본사회에서 생존했는가

지금까지 큰 틀에서 재일조선인이 해방 전후 어떤 과정을 거쳤는지 짚어봤습니다. 그렇다면 일본에 남은 재일조선인들, 법적 지위가 불안정하고 실제로 차별과 빈곤에 시달릴 수밖에 없었던 그들은 어떻게 살아남았을까요?

약자들이 살아남기 위해 가장 먼저 취해야 할 수단은 뭉치는 것입니다. 바로 민족 집단을 구성하는 것이지요. 앞서 말했던 총련이나 민단이 민족 집단입니다. 재일조선인은 자신이 총련이나 민단의 이념을 지지하지 않더라도 이 공동체들에 들어가 생존을 모색할 수밖에 없었습니다. 다만 시간이 지난 오늘날에는 같은 공동체에서 똘똘 뭉치는 경향이 약해졌습니다. 예컨대 한 집안에서도 구성원에 따라 할아버지는 조선적, 아버지는 민단, 어머니는 총련, 동생은 일본 귀화 같은 식으로 모두 제각각인 경우도 있지요.

해방 직후가 아니라 뒤늦게 한반도로 돌아가려고 한 재일조선인들도 많았습니다. 이런저런 사정으로 일본에 남았지만 철저한 차별과 나아질 기미가 보이지 않는 빈곤에 환멸을 느껴 조국으로 귀국하려고 마음을 먹은 사람들이 많았지요. 하지만 그 역시 녹록지 않았습니다. 당시 남한정부는 반일·반공을 앞세우며 재일조선인의 입국을 받아들이지 않았습니다. 재일조선인을 싸잡아 '빨갱이'라고 여긴 것이지요. 그 때문에 많은 재일조선인들이 북한으로 건너가기도 했습니다. 1959년부터 1984년까지 약 10만 명의 재일조선인이 재일동포 북송사업(한국에서는 일본이나 총련이 북으로 보낸다는 의미에서 북송사업으로 불렸지만, 재일조선인의 입장에서 보면 귀국운동, 총련이나 북한의 관점에서는 귀국사업으로 불렸음)을 통해 북한으로 갔습니다. 정말 북한으로 가길 원했던 사람이 많았지만 어쩌다 보니 가게 된 사람도 많았습니다. 일본에서 빈민 생활을 하다 지친 사람도 있었고, 당장 남한으로 갈 수 없으니 일단 북한으로 건너갔다가 나중에 기회가 되면 남한으로 가자고 생각한 사람도 있었지요.

공동체에 들어가거나 북한에 건너가는 것 외에 다른 선택을 한 재일조선인도 있습니다. 바로 일본에 귀화하는 것이었지요. 조선적이든 한국 국적이든 도저히 일본사회에서 살아갈 수 없으니 어떻게든 살기 위해 일본 국적을 취득한 것입니다. 하지만 귀화를 해도 기록에는 조선이라는 뿌리가 남았습니다. 그 탓에 기업에서는 차별을 받았고 공무원이 되어도 승진에서 누락되었지요. 결국 귀화도 답이 될 수 없음을 깨달은 이들은 아예 한국도 일본도 아닌 제3국으로 망명 아닌 망명을 떠나거나 일본 내에서 되도록 존재를 드러내지 않고 투명인간처럼 살아갔습니다.

이런 배경 때문에 재일조선인은 주로 일본인이 하지 않는 일들을 돈벌이로 삼았습니다. 고물 수집이나 일본어로 '야키니쿠'라고 하는 고깃집, 아니면 파친코 등을 하는 경우가 많았지요. 해방 직후 재일조선인들은 정말 악착같이 살았는데 그러다 보니 암시장 같은 곳에서도 재일조선인이 중요한 위치를 차지했습니다. 그 때문에 일본 정부와 GHQ는 조선인을 모두 잠재적 범죄자로 몰며 무슨 일만 생기면 이게 다 조선인 때문이라고 핑계를 대곤 했지요.

또한 운동선수나 연예인 중에도 재일조선인이 꽤 있습니다. 아무래도 실력을 가장 우선하는 분야이고, 가명으로 활동하면 본인이 조선 출신이라는 사실을 숨기기 쉬웠기 때문입니다. 예나 지금이나 자신이 재일조선인이라는 사실을 밝힌 운동선수나 연예인은 매우 적습니다. 대표적인 예로 일본 프로레슬링의 기초를 닦은 것으로 유명한 역도산(力道山)이 있지요. 아무리 프로레슬링이 미리 승패를 각본으로 짠다고 해도 역도산이 거구의 미국인들을 쓰러뜨리는 모습은 패전국인 일본 국민들에게 큰 만족감을 주었습니다. 역도산이 야쿠자의 칼에 찔려 죽었을 때는 그의 장례식에 수많은 인파가 모여 추모하기도 했지요. 하지만 역도산은 함경남도 출신의 조선인입니다. 다만 일본사회에서는 철저하게 자신의 출신을 숨겼고, 무슨 수를 썼는지 확실하지 않지만 호적까지도 일본으로 바꿨습니다.

　그와 더불어 요즘은 재일조선인 변호사도 많습니다. 공무원이나 회사원은 지금도 국적에 따른 제한이 많지만 변호사만은 국적이 상관없기 때문입니다. 처음부터 그랬던 것은 아니고 1976년 재일조선인 김경득 변호사가 외국 국적으로는 처음으로 사법시험에 최종 합격한 것이 계기가 되었습니다. 다만 시험에 합격한 뒤에도 우여곡절이 많았습니다. 일본 최고재판소는 사법시험에 합격한 김경득 변호사에게 사법연수생이 되려면 먼저 일본으로 귀화하라고 요구했습니다. 이에 김경득 변호사는 이의를 제기했고, 결국 처음으로 한국 국적을 유지한 채 사법연수생이 되었습니다. 그 뒤로 재일조선인에게 변호사가 되는 길이 열렸을 뿐 아니라 재일조선인의 권리옹호운동에도 큰 영향을 미쳤습니다.

이런저런 예들을 들었지만 현실에 비하면 아주 일부에 불과합니다. 재일조선인은 일본사회의 노골적인 차별에서 생존하기 위해 정말 아등바등 살아왔습니다. 서경식 교수가 언급한 '반(半)난민'이라는 개념은 일본에서 살아가는 재일조선인의 정체성을 가장 분명히 보여준다고 생각합니다.

꽤 오랜 시간이 지난 오늘날에는 재일조선인 3, 4세대가 겪는 문제들이 전면으로 대두되고 있습니다. 재일조선인 1세대와 2세대는 조선이라는 뿌리를 마음에 품고 살았지만, 평생을 일본에서 살며 일본어만 할 줄 아는 재일조선인 3세대와 4세대는 어떠한 정체성을 지녀야 할까요? 영화 「고」(GO)나 「박치기」 등은 젊은 재일조선인들이 품은 정체성에 대한 고민과 현실의 어려움을 아주 잘 표현해냈습니다.

조선학교로 바라본 재일조선인 차별과 인권 문제

재일조선인이 일본에서 차별을 당한 사안이야 여러 가지 있지만, 대표적인 예로 민족학교 문제를 살펴보려 합니다. 재일조선인

학교가 겪은 수난과 투쟁의 역사는 당대의 한일관계와 북일관계를 고스란히 반영하고 있기 때문입니다.

2007년 기준 일본에는 약 200개의 외국인 학교가 있습니다. 8만 명 가까운 아이들이 일본어 외 교육을 받고 있지요. 재일조선인과 관련해 가장 많은 학교는 총련과 북한이 지원하는 조선학교로 일본 전국에 73개교가 있습니다. 그에 비해 민단이 지원하는 학교는 4개교로 훨씬 적은데, 그중 가장 유명한 곳은 1955년에 인가를 받은 도쿄한국학교입니다.

지금은 「우리 학교」 같은 다큐멘터리 영화를 통해 조선학교에 대한 인식이 좀 달라졌지만, 아직도 많은 사람들이 조선학교는 북한이 만든 학교, 북한을 지지하는 학교라고 알고 있습니다. 하지만 조선학교는 1945년 해방 후 조련이 주축이 되어 벌였던 귀국운동과 같은 시기에 일본 전국의 재일조선인들이 조선어를 공부하기 위해 스스로 만든 학교들입니다. 해방 직후 재일조선인들은 대부분 쓰레기장 같은 슬럼가에서 근근이 살아갔기 때문에 어떤 곳에서는 건물도 없이 다리 밑에서 수업을 했지요. 그렇게 시작된 학교들이 지금까지 유지되고 있습니다.

총련이 했던 모든 활동을 옹호할 수는 없지만, 적어도 조선인의 정체성을 지키기 위해 학교를 세우고 노력했다는 점은 인정해야 할 것입니다. 조련으로 시작해서 우여곡절 끝에 총련을 결성하고 지금에 이르기까지 그들은 일본 내에서 조선인의 정체성을 지키기 위해 악전고투하며 학교를 유지해오고 있습니다. 그에 비해 민단은 학교를 몇 개 세우지 않았는데, 어떻게 보면 처음부터 일본 내에서 일본인으로 살아가겠다고 결정한 것이나 다름없습니다.

누가 주체가 되었든 조선학교가 그동안 재일조선인의 정체성과 역사성을 유지하는 데 큰 역할을 했다는 사실을 부정할 수는 없습니다. 그렇기 때문에 현재 조선학교가 맞닥뜨린 여러 위기를 그대로 방치하는 것은 재일조선인과 그들의 문화, 그리고 그들의 역사가 상실되도록 내버려두는 것이나 마찬가지입니다.

조선학교나 한국학교에 대해 주로 이야기하고 있지만, 사실 일본에는 그 외에도 많은 외국인 학교가 있습니다. 브라질학교, 페루학교, 중화학교 등이 있지요. 특히 브라질학교와 페루학교는 일본계 브라질인, 페루인이 일본에 돌아와 만든 학교들로 일본과 관련이 적지 않습니다. 그런데 일본 정부는 이런 외국인 학교들을 일체 정규학교로 인정하지 않고 있습니다. 그저 각종학교로 분류하는데, 쉽게 말해 간호학교나 미용학교 같은 곳으로 취급하는 것입니다. 정규학교가 아니기 때문에 졸업생들은 상급학교 진학을 위한 학력을 인정받지 못하고, 보조금을 비롯해 각종 법적 제도의 보호도 받지 못하지요.

정규학교가 아니라서 조선학교 운영에는 이런저런 고충이 많습니다. 학부모들이 십시일반 돈을 모아야 뭔가 사업을 할 수 있고, 통학용 버스를 한 대 마련할 때도 바자회 같은 행사를 해서 돈을 모아야 합니다. 그러지 않으면 운영 자체가 되지 않지요. 이런 사정은 다른 외국인 학교도 마찬가지입니다. 심지어 영어로 수업하며 상류층 아이들이 다니는 인터내셔널 스쿨도 그렇지요.

그런데 일본에서 외국인 학교를 각종학교로 취급하는 것은 조선학교 때문입니다. 외국인 학교를 정규학교로 규정하는 순간 조선학교에도 보조금을 지급하고 각종 제도로 보호해주어야 하는데 그러기는 싫은 것이지요. 그렇다고 조선학교만 각종학교로 취급하면 너무나 노골적인 차별 정책이 되어버립니다. 그 때문에 아예 모든 외국인 학교를 정규학교로 인정하지 않는 극단적인 정책을 취하는 것입니다.

많은 이들이 조선학교가 정규학교로 인정을 받으면 일본사회의 전반적인 인권 수준이 향상될 것이라고 말하기도 합니다. 일본의 재일외국인 관련 정책이 대부분 재일조선인을 기준으로 세워지기 때문입니다. 조선학교를 지원하지 않기 위해 모든 외국인 학교를 정규학교로 인정하지 않듯이, 일본은 재일조선인을 배제하기 위해 국제인권법이나 아동권리조약 같은 것들을 위반하는 일이 일어나도 방치하고 있습니다. 1992년까지 일본에 영주하는 외국인이 지문을 등록해야 했던 것은 대표적인 예이지요. 재일조선인 때문에 모든 외국인에게 지문 등록을 강요했고, 국제적인 비난을 받으면서도 수십 년 동안 제도를 폐지하지 않았습니다.

그러면 재일조선인의 민족학교에 대해 자세히 알아보기 위해 시

1948년 한신교육투쟁 당시 일본 학교에서 추방당하는 재일조선인 학생들.

간을 거슬러 올라가겠습니다. 앞서 간단히 언급했는데 1945년 해방 직후 조련을 중심으로 일본 각지에 조선학교가 만들어졌습니다. 한동안은 일본 정부의 지원까지 받으면서 활발하게 교육 활동을 했지요. 그런데 1948년 GHQ와 일본 정부 문부성은 전국의 조선학교를 폐쇄하고, 조선인도 일본인과 동일하게 공립학교에 다니라고 명령했습니다. 좌익적인 성향이 강한 조련의 이념이 조선학교를 중심으로 퍼져나가게 두었다가는 재일조선인이 일본 내 새로운 집단으로 대두될지 몰랐기 때문에 미리 싹을 자른 것입니다.

이에 재일조선인들은 철저하게 저항했고 그에 따라 오사카와 고베 지역에서 일어난 것이 1948년의 한신교육투쟁(阪神教育鬪爭)입니다. 재일조선인들의 격렬한 데모를 진압하기 위해 경찰과 군대까지 투입되었고 그 과정에서 당시 16세이던 조선인 소년 김태일이 총에 맞아 세상을 떠났지요. 막대한 희생을 치른 끝에 조선인 학교는 폐지는 막아냅니다.

1952년 재일조선인이 일본 국적을 상실하자 조선학교 역시 큰 변화를 맞습니다. 재일조선인은 무국적자에 특별외국인이 된 것 아닙니까? 그래서 일본 정부는 더 이상 외국인을 위한 교육에 세금을 사용할 수는 없다며 조선학교를 모든 지원에서 배제했습니다. 일본에 건너간 것도 남은 것도 자의가 아닌데 교육의 기회 자체를 앗아간 것이지요. 이번 결정에 대해서는 일본 내에서도 이견이 나왔습니다. 사회당 등에서는 최소한 각종학교로는 인정해주자고 했고, 결국 그렇게 각종학교로서 준학교법인 자격을 취득하며 마무리되었습니다.

1965년 한일 국교 정상화가 이루어지며 또 다른 문제가 대두됩니다. 조선학교는 사실 대한민국과 아무런 관련이 없지 않습니까? 그렇기 때문에 일본은 조선학교를 각종학교로서도 인정할 수 없다고 태도를 바꾸었습니다. 그 이래 오랫동안 조선학교는 일본에서 아예 학교가 아니었습니다. 조선학교는 지자체에서 보조금을 받지 못했고, 학생들은 전철을 타도 학생 할인을 받지 못했으며, 학교에서 아무리 열심히 운동부 활동을 해도 대회에 출전할 수 없었지요. 오랫동안 그러다 1970년대에야 다시 각종학교로 인정을 받았습니다.

1980년대 고도 경제 성장 시기의 일본에 외국인 노동자들이 대거 들어왔습니다. 그러면서 공교육 내에서 외국인 교육을 소회할 필요성이 대두되었지요. 그때 만들어진 것이 민족학급입니다. 공립학교 내에 외국어 교육을 하는 학급을 개설한 것이지요. 그중에는 재일조선인을 위한 학급도 있었습니다. 하지만 교사나 교재 등이 제대로 지원되지 않았기 때문에 민족학급을 운영한 학교는 몇 곳 되지 않았고 그나마도 제대로 유지되지 못했습니다.

이런 우여곡절을 겪으면서도 조선학교는 꾸준히 명맥을 유지해 왔습니다. 그런데 2000년대 들어 일본이 보수화하며 조선학교는 이전에 없던 문제, 바로 학교 부지를 빼앗길 위기와 마주하고 있습니다. 본래 조선학교는 슬럼가에 살던 재일조선인들이 땅을 개척해 만들었습니다. 예컨대 쓰레기 매립지를 자신들의 거주지로 만들며 한쪽에 학교를 세운 것이지요. 그런데 2000년대 들어 일어난 재개발 붐 때문에 쫓겨날 위기에 처하게 되었습니다.

도쿄의 고토구에 에다가와·도쿄 조선제2초급학교라는 곳이 있습니다. 이 학교가 바로 원래 쓰레기 매립지였던 곳을 메워서 세운 곳입니다. 혁신 도정으로 유명했던 도쿄도지사 미노베 료키치(美濃部亮吉)는 1972년부터 학교 부지를 20년 동안 무상으로 빌려주겠다고 학교 측과 약속하고 계약을 맺었습니다. 그 덕에 오랫동안 학교가 유지되었지요. 그런데 2000년대 들어 도쿄도지사가 된 우익 성향의 이시하라 신타로(石原慎太郎)는 조선학교가 토지를 불법 점거했다며 철거하려고 들었습니다. 당시 재일조선인을 비롯해 한일 시민단체에 한국 정부까지 나서서 중재하고 돈을 모아 극적으로 학교 부지를 매입하여 철거를 막았습니다.

2003년에는 더 불합리한 일이 있었습니다. 앞서 말했듯 조선학교를 비롯한 외국인 학교는 정규학교가 아니기 때문에 고등학교 과정을 마쳐도 대입 자격이 주어지지 않습니다. 일부 대학들은 외국인 학교를 졸업해도 입학 자격을 인정해주지만, 대부분 대학을 들어가려면 검정고시를 따로 봐야 하지요. 그런데 자민당에 속한 국회의원 자녀가 인터내셔널 스쿨을 졸업하고 도쿄대에 입학하려다 자격이 없음을 알게 되었습니다. 그 국회의원은 '아니, 내 아이가 인터내셔널 스쿨에서 공립학교보다 훨씬 수준 높은 교육을 받았는데 왜 자격이 없느냐?'라고 의아해했습니다. 그제야 인터내셔널 스쿨을 비롯한 외국인 학교의 사정을 알게 된 것입니다.

이런 사정을 알고 모든 외국인 학교에 대입 자격을 주었으면 좋았을 테지만, 전혀 다른 방향으로 일이 진행되었습니다. 오로지 인터내셔널 스쿨에만 대입 자격을 부여한 것입니다. 국회의원들이 그런 법안을 제출했고 문부성이 그에 따르는 조치를 취했지요. 이는 조선학교뿐 아니라 모든 외국인 학교에 대한 명백한 차별이었습니다. 그래서 '외국인 학교·민족학교에 대한 제도적 보장을 실현하는 네트워크'가 설립되었습니다. 수많은 교사와 양심 있는 일본 시민이 참여해서 결국 차별 법안 자체를 없애버렸지요. 조선학교에 한정된 사건은 아니지만, 일본 내에 팽배한 재일조선인에 대한 차별이 인권 문제에 어떤 영향을 미치는지 보여주는 대표적인 사례입니다.

현재 가장 심각한 문제는 고교 무상화 정책에서 조선학교가 배제된 것입니다. 원래 일본은 중학교까지 의무교육이었고 고등학교는 의무교육이 아니었습니다. 고등학생은 학교에 학비를 냈고 특히 사립이라면 대학교 못지않게 학비가 비쌌지요. 그랬는데 2009년 중의원 선거에서 민주당은 정권 교체를 이루기 위해 고교 무상화를 공약으로 내걸었습니다. 공립학교는 전면 무상화를 하고, 사립학교는 일부 보조금을 지원하는 식이었지요. 사립학교가 포함되었기 때문에 조선학교를 비롯한 외국인 학교도 보조금 대상이었습니다.

2009년 선거에서 민주당은 자민당 창당 이래 처음으로 정권 교체를 해냈습니다. 2010년 4월에는 공약대로 고교 무상화가 실현되었지요. 그런데 조선학교에 보조금을 주어서는 안 된다는 주장이 제기되었습니다. 북한의 일본인 납치 문제를 들먹이며 반일 및 북한 찬양을 교육하는 조선학교에 보조금을 지원해서는 안 된다는 여론이 일어난 것입니다. 지지부진한 북일관계에 재일조선인

3, 4세대의 교육을 인질로 삼은 것이나 마찬가지였지요. 결국 민주당 정권은 '보류'라는 명목으로 조선학교에 보조금을 주지 않았습니다. 아예 배제하기는 부담스러우니 '보류'라고 포장한 것입니다. 3·11 동일본 대지진이 일어난 후에는 재해지역에 대한 지원이 우선이라며 계속해서 뒤로 미뤄졌습니다.

이 일이 충격적이었던 것은 민주당 정권에서 벌어졌기 때문입니다. 그간 자민당과 대립하며 인권과 평화를 우선한다고 강조했던 민주당이 정권을 잡고 나니, 자민당과 다를 바 없이 조선학교를 차별했습니다. 자민당 정권만 교체되면 상황이 나아지리라 기대했던 사람들은 크게 실망했습니다. 자민당이든 민주당이든 일본 정계는 모두 재일조선인과 조선학교를 배제하는 정책을 펼친다는 현실을 뼈저리게 깨닫게 되었지요.

상황은 아베 신조 내각이 등장하며 더욱 악화되었습니다. 민주당 정권에서는 허울뿐일지언정 '보류'라는 표현을 사용했는데, 2013년 아베 내각은 아예 고교 무상화에서 조선학교를 배제하는 것을 법으로 만들어버렸습니다. 이를 주도한 시모무라 하쿠분 당시 문부상은 앞서 언급한 대로 일본회의의 핵심 멤버입니다.

유엔 아동권리위원회나 인종차별철폐위원회 등에서는 조선학교를 고교 무상화에서 배제하지 말라고 일본에 시정 권고를 수차례 보냈습니다. 하지만 일본은 권고에 전혀 따르지 않고 있습니다. 현재 여러 형태의 국가배상 청구 소송이 진행되고 있지만 대부분

재판은 패소하고 있으며 조선학교는 여전히 보조금을 받지 못하고 있지요.

해방 이래 조선학교가 겪은 고난사는 재일조선인이 겪은 차별과 인권 문제를 고스란히 보여줍니다. 아이들이 교육을 받을 권리는 가장 기본적으로 지켜주어야 하는 것임에도 한일관계나 북일관계에 따라 이리저리 휘둘리고 심지어 인질처럼 다뤄졌지요. 사실 남한에서는 조선학교라 하면 총련과 북한을 연관해서 떠올리며 좋지 않은 인상을 갖곤 합니다. 하지만 조선학교에 다니는 학생 중에는 조선적뿐 아니라 한국 국적이나 일본 국적도 많습니다. 현실은 '조선학교=빨갱이'처럼 단순하지 않은 것입니다. 그러니 조선학교, 그리고 재일조선인에 대해 고려할 때는 무엇보다 인권 같은 가치를 우선해야 하지 않을까요? 이는 나아가 한일관계나 북일관계에도 적용될 것입니다.

한국사회와 재일조선인 문제

지금까지는 주로 일본사회에서 재일조선인이 어떤 일들을 겪었고 어떻게 살아남았는지 다루었습니다. 그렇다면 그들의 고향인 남한이나 북한에서는 어땠을까요? 고향인 만큼 재일조선인들을 보듬으며 물심양면 도와주었을까요? 안타깝게도 그런 미담이 많지는 않았습니다.

해방 직후 해외에서 많은 동포들이 한국으로 돌아왔으며, 재일조선인들도 해방된 조국에 공헌하겠다는 벅찬 마음으로 바다를 건넜습니다. 일본에서 신문물을 접한 그들은 귀중한 인재였고 실제로 정부 수립과 새로운 사회 건설에 많은 공헌을 했지요. 하지만 한국전쟁이 발발한 후에 상황이 바뀝니다. 한국전쟁 이후 남한에는 반공이 그 무엇보다 중요한 가치로 자리 잡았습니다. 이승만정권의 눈에 재일조선인은 대부분 좌익 경향이 강한 조련−민전(재일조선통일민주전선)−총련에 가입하여 북한에 우호적인 공산주의자 '빨갱이'로 보였지요.

이승만정권의 반공·반일 기조가 강해지며 재일조선인은 한국 정부의 차별을 받게 되었습니다. 누군가는 이승만정권이 재일조선인에 대해 '기민(棄民) 정책'을 펼쳤다고 평하기도 합니다. 재일조선인을 버렸다는 뜻이지요. 당시 주일 한국대사관에서는 재일조선인을 상대로 비자 장사를 벌이기도 했습니다. 고향에 돌아가기 위해 비자를 받아야 하는 것도 서러운데 심지어 거액을 요구한 것이지요. 오죽하면 민단에서 비자 장사를 주도한 유태하 참사관을 추방하라는 운동을 벌이기도 했는데, 이승만정권은 외려 유태하를 공사에 이어 대사까지 승진시켰습니다. 이와 같은 한국 정부의 차별은 훗날 많은 재일조선인이 북한으로 건너가거나 총련을 택할 수밖에 없는 구조를 만들어냈습니다.

남한이 비자 장사를 하던 시기, 북한은 전쟁으로 폐허가 되었음에도 일본에 있는 조선학교들에 거액의 지원금을 주었습니다. 그덕에 학교 부지를 매입해서 건물을 짓고 학생들을 가르칠 수 있었지요. 정치적인 의도가 있었지만 재일조선인들에게는 남한과 대비될 수밖에 없었습니다. 게다가 북한은 재일조선인을 대상으로 북한에 오면 교육이 무상이고 훨씬 잘살 수 있다고 홍보했습니다. 일본에서 빈민으로 생활하고 남한의 차별을 겪던 재일조선인에게 꽤나 매력적이었을 것입니다.

　　이런 흐름 속에서 1959년 재일조선인 북송사업(귀국운동, 귀국사업)이 전개되었습니다. 앞서 언급했듯 1984년까지 약 10만 명이 북한으로 이주했지요. 재일조선인 북송사업에는 일본과 남한과 북한의 이해관계가 아주 복잡하게 얽혀 있습니다. 일본은 거주지 선택의 자유와 인권을 존중한다고 포장했지만 실은 언제 사회문제가 될지 모를 재일조선인을 내보내고 싶어했고, 북한은 자본주의 국가에서 살던 동포들을 대거 받아들임으로써 한국전쟁 후 불안정한 내부에 체제의 우수성을 알리려 했습니다. 남한은 필사적으로 북송사업을 막으려 했는데, 남쪽 출신 재일조선인들까지 대거 북한으로 건너갔기 때문입니다. 재일조선인을 품에 안을 생각은 없었지만 북한으로 넘어가는 것도 원하지 않았지요. 그래서 이승만정권 차원에서 북송사업을 저지하려 했습니다. 기가 막힌 것은 북송저지사업의 책임자가 백범 김구를 암살한 안두희였다는 사실이지요.

그렇다면 북한으로 간 재일조선인들이 행복하게 살았느냐? 안타깝게도 그러지 못했습니다. 초기에는 살 만했다고 합니다. 북한도 자본주의 국가에서 살다 온 재일조선인들이 적응하도록 이것저것 편의를 봐주었지요. 하지만 갈수록 재일조선인과 북한 체제의 메울 수 없는 간격이 두드러졌습니다. 아무리 총련에 속해 있었다 해도 일본에서 살다 온 그들이 북한에서 주체사상 교육을 받으면 불협화음이 생길 수밖에 없었습니다. 게다가 북한정권도 재일조선인들이 주민들 사이에 불온한 자본주의 사상을 퍼뜨릴까 우려해 생활을 통제하고 거주지를 제한하기 시작했지요.

결국 재일조선인들에게는 일본에도 남한에도 북한에도 안락하게 살 만한 곳이 없었습니다. 초창기에는 귀국 인원을 제한할 정도로 많은 사람들이 몰렸던 북송사업은 갈수록 실상이 알려지며 인원이 대폭 줄어들었습니다. 북한으로 건너갔다 각종 차별과 인권 침해를 견디다 못해 탈북한 사람들이 재일북송피해가족협의회를 만들기도 했지요.

물론 모든 재일조선인이 북한으로만 가지는 않았습니다. 일찍이 총련에 환멸을 느끼고, 북한의 체제가 결코 이상적이지 않다고 생각한 청년들은 남한에 주목했습니다. 그래서 남한을 직접 경험하고자 유학을 왔지요. 남한에서 공부하며 남한, 북한, 일본 사이에 놓인 재일조선일들이 택할 수 있는 혁신적인 삶의 방식은 무엇일까 고민했습니다. 그런데 그들을 기다린 것은 재일조선인 유학생 간첩 조작사건이었습니다.

1970년대 초 유신헌법 발표 이후 박정희정권에 대한 반감이 높아지자 중앙정보부는 힘이 없되 독재정권에 비판적인 이들을 간첩으로 몰아갔습니다. 재일조선인 유학생은 공작에 더할 나위 없이 만만한 대상이었지요. 당시 대학가에는 재일조선인 유학생은 무조건 멀리하라는 말이 돌았습니다. 괜히 친하게 지냈다가 같이 엮일 수 있다는 것이었지요. 그만큼 많은 간첩이 중앙정보부나 보안사에 의해 만들어졌습니다. 리쓰메이칸 대학 법학부에서 가르쳤던 서승(徐勝) 교수 같은 분은 1971년 불법 체포를 당한 뒤 무기징역을 선고받고 1990년까지 무려 19년이나 갇혀 있었습니다. 그처럼 억울한 누명을 쓴 유학생들이 한둘이 아니었지요.

비교적 최근에는 조선적의 입국 문제가 대두되었습니다. 조선적을 지닌 재일조선인들은 오랫동안 남한에 입국하지 못했습니다. 왜냐하면 조선적을 북한 국적으로 취급했기 때문입니다. 대한민국 국적을 선택하지 않았으니 북한 국적이나 다름없다고 본 것이지요. 그러다 김대중, 노무현 정부 때 드디어 이들의 입국이 허용되었습니다. 하지만 이명박, 박근혜 대통령 시기에는 다시 입국이 제한되었지요. 조선적의 입국 제한이 차별이라며 소송이 제기되었고, 인권 침해라는 결론이 내려졌습니다. 문재인정권이 들어선 후에는 조선적의 입국이 허가되었지요. 지금 이야기한 과정을 보면 알겠지만 다시 정권이 바뀌면 조선적의 입국은 언제든 제한될 수 있습니다. 이 문제만 보아도 아직까지 남한에서 조선적은 역사적 맥락을 고려하지 않은 채 북한 관련자로 단순하게 여겨지고 있다는 사실을 확인할 수 있습니다.

또 다른 사례로 한국민주통일연합(이하 한통련) 문제가 있습니다. 한통련은 1973년 재일조선인 청년들이 대한민국 민주화와 한반도 평화통일을 위해 설립한 단체입니다. 김대중 대통령 납치사건 때 그를 구하려 노력했고, 유신 독재와 전두환정권에 반대했으며, 국가보안법 폐지 운동을 벌였지요. 하지만 한통련은 1970년대에 반국가단체로 지목되었고, 그 소속원들은 오랫동안 한국 땅에 입국할 수 없었습니다. 노무현 대통령 때에야 일시적으로 입국이 허용되었지요. 그 나름 통일된 한반도의 이상적 형태를 그리며 투쟁했는데, 아직도 한통련은 반국가단체의 불명예를 뒤집어쓰고 있습니다. 현재의 손형근 의장에 대해서도 여권을 발급해주지 않으며 대한민국 입국을 거부하고 있지요. 한통련 역시 재일조선인 유학생 간첩 조작사건과 관련하여 억울한 누명을 썼다는 사실을 고려하면 그들의 명예 회복을 진지하게 논해야 할 시점입니다.

재일조선인이 한국사회에서 어떤 일들을 겪었는지 돌아보면 그들에게 단지 "해외동포 여러분, 힘내세요. 응원할게요." 하는 것이 얼마나 무책임한 말인지 알 수 있습니다. 일본사회가 재일조선인을 동등한 인격체로 여기지 않고 노골적으로 차별하는 것도 불합리한 일이지만, 한국사회가 재일조선인에 대해 이해하지 못하고 편견을 지닌 채 대하는 것도 그에 못지않게 불합리합니다. 더 늦기 전에 지금부터라도 재일조선인을 둘러싼 역사적 맥락을 제대로 가르치고 그들을 이해하며 그들이 처한 문제를 함께 고민해야 할 것입니다.

오늘날의 재일조선인과 일본의 대외 정책

현재 일본 인구는 대략 1억 2,000만 명입니다. 그중 외국인은 얼마나 될까요? 2018년 말 기준 일본에 등록한 외국인 총수는 약 273만 명입니다. 총인구의 대략 2퍼센트가 외국인이지요. 현재 일본은 한국처럼 고령화와 저출산 문제가 동시에 일어나고 있기 때문에 부족한 노동력을 보충하기 위해 매년 외국인을 많이 받아들이고 있습니다. 동일본 대지진 직후 일시적으로 줄어든 것 외에는 외국인 등록자 수가 꾸준히 증가하고 있지요. 일본 정부 차원에서 도쿄올림픽을 앞두고 외국인을 적극적으로 받아들이겠다고 했기 때문에 2020년에는 300만 명을 넘어설 것으로 보입니다. 아직 먼 미래이지만 이 추세가 유지된다면 2060년에는 일본 총인구의 10퍼센트가 외국인이 될 것이라 예측하기도 하지요.

그렇다면 273만 명이나 되는 외국인들의 국적 분포는 어떨까요? 한국이 제일 많을 것 같지 않습니까? 2005년까지는 그랬습니다. 그

때까지만 해도 외국인 등록자의 30퍼센트 정도가 한국 국적 또는 조선적이었고, 그다음이 중국 국적이었는데 16퍼센트 정도였지요. 2018년에는 완전히 역전되었습니다. 외국인 등록자 중 가장 많은 이들은 중국인이며 약 76만 명입니다. 한국 국적은 약 45만 명으로 그 뒤를 잇고 있지요

여기서 의아한 사람들이 있을지도 모르겠습니다. 우리가 흔히 '60만 재일동포'라는 말을 쓰는데 왜 45만 명밖에 안 되느냐는 것이지요. 나머지 15만 명은 일본으로 귀화하거나 조선적인 사람들입니다. 이제 조선적이 3만 명 정도밖에 남지 않았고 매년 급속히 줄어들고 있으니 몇 년 뒤에는 재일조선인의 굴곡진 역사를 직접 체험한 이들이 아예 없어질 것입니다. 일본 역시 그때를 기다리며 아무런 정책적 대안을 내놓지 않고 있지요.

참고삼아 중국인과 한국인 다음으로는 베트남인, 필리핀인, 브라질인이 순서대로 많습니다. 베트남인과 필리핀인이 많은 이유는 아마 노동력 때문일 것이라고 쉽게 짐작할 수 있습니다. 특히 베트남인은 한 해 동안 무려 20퍼센트 넘게 증가했지요. 이 추세라면 머지않아 한국인조차 역전할지 모릅니다. 의외인 점은 브라질인이 일본에 많다는 사실입니다. 이것 역시 역사적 배경을 알면 이유를 알 수 있습니다.

메이지유신 후 해외로 이주하는 일본인들이 늘어났습니다. 특히 하와이에 많이 건너갔는데, 그중 일부는 미국으로 갔다가 브라질

과 칠레까지 갔지요. 초창기 일본계 해외 이민자들인 셈입니다. 사실 이들이 자의만으로 해외에 나갔다고 보기는 어렵습니다. 메이지유신이란 간단히 표현해 근대화인데, 근대화에는 적당한 인구와 적당한 생산력이 필요합니다. 사람들이 지나치게 많으면 먹여 살리기 어려워 외려 근대화의 걸림돌이 되지요. 브라질과 칠레까지 이주한 일본인들은 바로 그 근대화에서 배제되었던 사람들입니다. 살 곳을 찾다가 지구 반대편까지 간 것이지요.

1970~80년대 일본 경제가 급속도로 성장하면서 노동력이 부족해졌습니다. 외부에서 노동력을 수혈해야 하는데 그렇다고 외국인 노동자 때문에 문제가 일어나는 것은 싫고, 누가 가장 적합했을까요? 일본의 피를 이어받은 브라질과 칠레 이민자들의 자손을 떠올린 건 당연한 일입니다. 가족 중에 일본인이 있는 덕에 일본 적응도 훨씬 수월하게 했지요. 이러한 연유로 오늘날 일본에 브라질인들이 많습니다.

사실 이 정책은 한국도 똑같이 써먹었습니다. 기왕에 외국인 노동자를 받아들인다면 한국인과 피가 이어지고 한국 문화도 어느 정도 이해하는 사람이 좋지 않겠습니까? 그 조건을 충족하여 한국에 건너온 이들이 중국 조선족이었습니다. 한국과 일본이 외국인 노동자를 받아들인 과정에는 흡사한 점이 많습니다.

다시 이야기를 재일조선인으로 되돌리겠습니다. 우리가 재일조선인에 대해 고려할 때 가장 먼저 전제로 삼아야 하는 것은 일본이 그 어느 나라보다 외국인과 피가 섞이길 원치 않는다는 사실입니다. 우리도 '한민족'이라고 하며 단일민족임을 내세우지만 일본은 우리보다도 단일민족 의식이 강합니다. 그들은 지금도 천황부터 이어진 일본인의 피를 유지해야 한다고 생각합니다. 앞서 일본이 베트남 난민을 받아들이지 않아 국제적인 비난을 받았다고 했지요? 당시 유럽 언론은 일본이 외국인과 공존하는 법을 모른다고 맹비난을 했습니다. 다시 태어나도 지금처럼 외국인을 받아들이지 않을 것이라고도 했지요. 그 배경에는 외국인을 배척하는 일본 고유의 사고방식이 자리하고 있습니다.

기본적으로 일본은 외국인과 섞이길 원치 않는 나라인데, 최근 들어 이상한 일이 벌어지고 있습니다. 아베정권이 외국인 노동자들을 대량으로 받아들이는 것입니다. 우리는 지금의 아베정권이 극우 성향이라고 생각하고 있습니다. 이상하지 않습니까? 극우보수가 정권을 잡으면 외국인을 배척하며 혐오 발언이 난무할 것 같은데, 외려 그와 반대로 아베정권은 외국인을 향해 어느 때보다 활짝 문을 열었습니다.

2018년 말 일본에서는 입국관리법 개정안이 통과되었습니다. 개정안의 주요 내용은 '단순노동 업종의 외국인 노동자를 수용한다'라는 것이었습니다. 그 전까지는 공학자, 교수 등 전문직의 이주만 인정해왔지만 이제는 인력난이 심각하니 건설이나 조선 분야에서 일할 노동자도 받아들이겠다는 뜻이었지요. 당시 입국관리법 개정안에 대해 야당에서는 일본사회 전체에 영향을 미칠 테니 철저하게 토론하자고 했지만, 여당인 자민당은 외려 토론을 하지 않은 채 통과시켰습니다.

다시 말해 일본 내부적으로는 여전히 국수주의적이고 외국인에 대해 통제도 하지만, 외부적으로는 팽창 정책을 취하는 것입니다. 외국인 노동자들 받아들이는 것은 물론 2013년에는 환태평양경제동반자협정(TPP)에도 가입했지요. 2015년 미국의 트럼프 대통령이 자국 경제 보호를 위해 TPP에서 탈퇴한 것과 대조되는 행보입니다. 그러니 아베 내각의 정책을 단순히 고립주의나 국수주의 등으로 여겨서는 안 됩니다. 아베 내각은 의외로 유연성이 있습니다. 균형을 지키며 중장기적인 관점으로 정책을 추진하고 있지요. 이 점을 인정해야 다음 논의를 이어갈 수 있습니다.

예상대로 2060년에 일본 인구의 10퍼센트가 외국인이 될지 확언할 수는 없지만, 어쨌든 그런 방향으로 나아가긴 할 것입니다. 어떤 형태로 바뀔지 구체적인 논의가 이뤄지지 않은 채 빠르게 외국인을 향한 문이 열리고 있는 것은 문제이지만 그런 길을 거부할 수는 없겠지요. 그렇다면 우리는 무엇을 고민해봐야 할까요? 얼마 남지 않은 조선적은 머지않아 소멸할 테고, 갈수록 일본에서 재일조선인의 비중은 낮아질 것입니다. 이러한 흐름 속에서 과연 재일조선인은 어떤 정체성을 유지할 것인지, 그리고 한국에서는 재일조선인을 위해 무엇을 할 수 있는지, 이런 질문에 대한 답을 미리미리다 같이 찾아봐야 합니다. 많은 의견을 듣고 충분히 숙고해야 재일 조선인들이 겪은 수난의 역사가 되풀이되지 않을 것입니다.

재일조선인의 과거, 현재, 미래

재일조선인들은 해방 이래 지금까지 줄곧 똑같은 질문을 받아왔습니다. "당신의 정체성은 일본입니까, 남한입니까, 북한입니까?" 예전 한 재일조선인은 이 질문에 이렇게 답했습니다. "정체성이 그렇게나 중요합니까? 왜 정체성에 그 정도로 연연합니까? 밤하늘에는 반짝이는 별이 수없이 있는데, 어떤 별은 한국 것이고, 어떤 별은 일본 것입니까?" 재일조선인 개개인이 반짝이는 별들처럼 정체성에 얽매이지 않고 자유롭게 살아갔으면 한다는 의미였습니다. 이 일화는 재일조선인의 정체성에만 관심을 두는 편협한 시각에 일침을 가합니다.

재일조선인들에게 정체성을 밝히라고 했던 일본, 남한, 북한은 과연 그들에게 무엇을 주었습니까? 일본사회에서 재일조선인은 철저히 배제되고 차별을 받았습니다. 북한정권은 체제 선전을 위해 재일조선인을 이용했다가 여의치 않으니 버렸지요. 남한은 때로 이용하고 때로 차별했습니다. 이런 일들을 수십 년 동안 겪었는데 과연 그들이 명확한 정체성을 지닐 수 있을까요? 재일조선인에게 정체성을 묻기에 앞서 그들이 현재 처한 상황을 객관적으로 바라보고 합당한 조치를 취해야 할 것입니다.

재일조선인에게 관심을 기울이는 것은 단순히 불쌍하고 딱한 동포를 돕는 차원의 일이 아닙니다. "동포 여러분, 힘내세요." 하는 무책임한 말을 건네는 것이 아니라는 뜻입니다. 재일조선인 문제는 일제 강점기에 대한 역사인식과도 관련이 있지만 나아가 현재 인류의 보편적 가치인 인권을 지키는 일로 이어집니다. 그래서 일본의 사회운동, 변혁운동과 재일조선인 문제는 밀접하게 연결되어 있습니다.

또한 재일조선인 문제는 일본의 미래를 예측하는 기준을 제공합니다. 일본사회에는 점점 외국인이 늘어나며 다양성이 증대될 것입니다. 그런 변화에 발맞춰 일본사회가 늘어나는 다양성을 포용할 수 있을지, 재일조선인 문제를 보면 어느 정도 가늠할 수 있습니다. 앞서 말했듯 일본의 외국인 정책은 재일조선인을 기준으로 세워졌기 때문입니다. 만약 지금껏 해온 방식을 유지한다면 일본사회는 다양성을 포용하지 못하고 혼란만 가중될 수도 있습니다.

이처럼 재일조선인 문제는 과거의 문제에만 한정되지 않습니다. 현재의 인권에 대한 문제이기도 하고, 미래의 일본사회에 대한 문제이기도 하지요. 그러니 우리는 재일조선인에 대한 관심의 끈을 놓아서는 안 됩니다.

하지만 오늘날 재일조선인들은 가장 큰 위기에 처해 있습니다.

일본 우익들은 남북 화해 분위기 속에 통일을 두려워하며 재일조선인에 대한 차별을 더 강화하고 있습니다. 일본사회에서 재일조선인을 향해 도를 넘은 혐오 발언이 이어지고 있으며 많은 재일조선인들이 일본을 떠나 한국이 아닌 아예 제3국으로 향하고 있지요. 재일조선인 소멸론까지 나올 정도입니다.

여태껏 문재인정부를 포함해서 남북 협상이 그렇게 많이 이루어졌지만 그 속에서 재일조선인 문제를 제대로 논의해본 적은 한 차례도 없습니다. 이제라도 바뀌어야 합니다. 재일조선인들에게는 한국어와 일본어를 동시에 구사하는 언어 능력만이 아니라 양국의 문화를 직접 체험하면서 국경과 민족의 고정된 정체성을 넘어 다양한 자아실현이 가능한 무궁무진한 잠재력이 내재되어 있기 때문입니다. 앞으로 남북한이 통일되고 식민주의·국가주의·민족주의를 초월한 새로운 동아시아 평화 공동체가 실현된다면, 한국 또는 북한 또는 일본의 정체성을 강요받아왔던 재일조선인은 한 국가나 민족의 정체성이 아닌 아시안(Asian)으로서의 정체성을 인정받을 것입니다. 그때야말로 재일조선인의 불안정했던 법적 지위와 정체성은 자연스럽게 해결되겠지요.

나아가 재일조선인은 한반도를 중심으로 한 새로운 평화 공동체가 형성되는 데 가장 크게 공헌할 수도 있습니다. 하나의 민족으로서 고정된 정체성이 아닌 국경이 사라진 공동체에 필요한 감각을 오히려 한국과 북한, 그리고 일본의 사람들에게 가르쳐줄 수 있을 것입니다. 새로운 공동체 실현의 주체가 될 수 있는 재일조선인의 잠재력을 우리 모두가 공유하고 자산으로 활용할 수 있다는 것을 고려하면, 그들이 새로운 한반도 국가 건설에 무언가 역할을 해내도록 지금부터 함께 고민해야 합니다.

최근 연이은 남북정상회담과 북미정상회담으로 한반도에 평화가 정착되고 통일에 대한 염원이 실현될 것 같은 기대가 부풀어오른 것이 사실입니다. 남북만이 아니라 해외동포들도 남북정상회담을 눈물을 흘리면서 감동적으로 지켜보았습니다. 특히 재일조선인들은 지금까지 일본 내에서 온갖 고통과 차별을 겪었지만 한반도 평화 정착과 통일이 실현된다면 너무 기뻐서 모든 앙금이 눈처럼 녹아내릴 것 같다며 높은 기대를 걸고 있습니다.

하지만 남북 평화 정착을 위한 프로세스가 진행되면 재일조선인이나 해외동포들이 실질적으로 통일 한반도의 주역이 될 수 있을까요? 남북이 정체성을 강화할수록 일본과 중국을 비롯한 주변국은 통일 한반도의 민족주의를 경계할 것이고, 각국 내 조선계 소수자들의 움직임에 대해서도 경계를 늦추지 않을 것입니다. 중국은 남북정상이 백두산에서 감동적인 악수를 하는 장면을 달갑게만 보지는 않았을 것입니다.

일본도 현재 남북 및 북미 회담에 배제된 상태여서 남북 평화 프로세스를 반가워하지는 않습니다. 오히려 남북통일로 약 1억 인구의 중견국가가 등장하는 것을 안전보장의 위협으로 여기고 있는 것이 실상이지요. 이러한 일본의 위기의식은 혐한시위나 헤이트 스피치(hate speech)로 이어지고 있는데, 주된 대상은 한국인이지만 재일조선인에 대해서도 노골적인 차별이 나타나고 있습니다. 이제는 통일된 너희 나라로 돌아가라는 것이지요.

남북도 정상회담을 통해서 재일조선인들의 법적 지위에 대해 구체적으로 일본 정부에 요구하는 안을 함께 마련할 필요가 있습니다. 냉전 시대 남북의 정체성 대립이 극심했을 때, 한국은 재일조선인들을 한국의 공민으로 취급했으며 북한 역시 재일조선인을 북한의 공민으로 인식해왔습니다. 하지만 남북평화회담에서 일본을 배제하는 것이 일본 내의 재일조선인과 한국인에 대한 차별을 일으키고 있는데, 남북 당국은 북미회담 및 비무장지대 평화 정착 등 현안 해결에 집중한 나머지 재일조선인을 비롯한 해외동포들의 법적 지위 및 한반도와의 관계에 대해서는 구체적인 안을 협의하지 못하고 있습니다. 최소한 조선학교의 무상화 배제에 대해서 공동 성명을 발표하는 정도는 가능할 것입니다. 남북 평화 프로세스에서 재일조선인에 대한 관심이 약해지고 이들의 역할 또한 고려하지 않는다면, 통일 한반도의 중요한 인재들을 잃어버리게 될지도 모릅니다. 한국, 북한, 일본, 그리고 재일조선인으로서의 정체성을 모두 경험하고 간직한 이들이야말로 통일 한반도가 아시아에서 어떤 정체성을 유지해야 하는지, 그 맹아를 보여줄 것입니다.

08

과거사 문제 해결을 위한
일본 시민사회와의 협력

일본 시민사회가 바라본 한국

오늘날 일본사회가 보수화되고 극우 정치세력이 등장하게 된 데는 극우세력들의 장기적인 정치기획이 큰 역할을 했습니다. 하지만 일본회의와 아베 수상을 비롯한 극우 정치세력의 등장에는 일본의 진보적 사회운동이 패배해온 역사와 아픔이 전제되어 있다고 할 수 있습니다. 그럼에도 역시 변화의 희망은 한일 시민사회의 연대에 있다고 생각합니다. 그런 의미에서 일본 시민사회의 내면을 들여다볼 필요가 있습니다.

한국과 일본의 시민사회가 연대하기 위해서는 일단 두 가지 사전 지식을 알아두어야 합니다. 첫 번째는 해방 후 일본 시민사회가 어떻게 한국을 인식했는가, 두 번째는 패전 후 일본의 사회운동이 어떻게 변해왔는가 하는 것입니다. 짧게 정리하기 어려운 이야기지만 역사적 맥락을 알아야 현재를 이해하고 미래를 모색해볼 수 있겠지요.

1945년 일본은 패전국이 되었습니다. 반면 재일조선인은 독립을 맞이한 사람들이었지요. 그래서 일본 내에 있던 독립국민들, 즉 조선인, 대만인, 오키나와인과 일본인 사이에는 커다란 온도 차가 있었습니다. 독립국민들, 일본에서는 이들을 삼국인(三国人)이라 불렀는데 그들은 해방감을 만끽했습니다. 고향으로 돌아가길 꿈꾸며 활발하게 움직였지요.

그 반면 일본인은 아예 정지해버렸습니다. 일본인의 특성이라고 할지, 그들은 임기응변에 능하지 않습니다. 급격한 상황 변화에 대한 대처가 능숙하지 않고, 사회 전체가 멈춰버리면 개인도 사고가 정지해버리지요. 해방 직후 일본인들은 어떻게 해야 하나 망설이며 누군가 명령해주길 기다렸는데, 재일조선인들은 물자를 조달하고 팔고 쌀을 구하면서 활발하게 시장 활동을 하고 생활을 영위했습니다.

일본인 눈에 재일조선인이 어떻게 보였을까요? 불과 며칠 전만 해도 식민지 출신으로 자신들을 따르던 조선인들이 갑자기 물자를 마음대로 가져다 쓰고 팔면서 목소리를 높였습니다. 이때 일본인

속에 처음으로 조선인은 믿을 수 없다, 조선인은 우리를 배신한다, 가만히 두면 언젠가 우리 사회까지 뺏을 것이다, 하는 의식이 싹틉니다. 차별의식이라고 바꿔 말해도 무방하겠지요. 패전 직후 일본인들이 갖게 된 삼국인 이미지가 이후 재일조선인에 대한 차별로 이어졌다고 볼 수 있습니다.

1952년 한국전쟁 도중에 한일 양국에 또 다른 일이 일어납니다. 일제 강점기부터 일본은 근대적인 동력선을 활용해 한반도 인근에서 어업을 했습니다. 많은 조선인 노동자들이 일본인 선장에게 고용되었지요. 해방 후 일본인 선장들은 배를 모두 가지고 일본으로 돌아갔는데, 한국전쟁 중 다시 배를 가지고 돌아와 동해와 독도 인근에서 어업 활동을 벌이기 시작했습니다. 우리가 전쟁을 겪은 비참한 시기에 예전처럼 난폭하게 어업 활동을 한 것이지요.

1952년 1월, 이승만 대통령은 '대한민국 인접해양의 주권에 대한 대통령의 선언'을 공표하여 평화선, 다른 말로 이승만 라인이라 불리는 해양 경계선을 그었습니다. 일본의 배는 평화선을 넘어와 어업 활동을 하지 못하게 만든 것이지요. 하지만 평화선의 범위가 해안선으로부터 평균 60마일에 이르러 국제법상 기준을 크게 초과하기 때문에 주변국의 반발을 샀습니다. 그럼에도 이승만정권은 꿈쩍하지 않았지요.

이후 한국 정부는 평화선을 넘어선 일본의 배들을 나포했습니다. 1965년 한일 국교 정상화와 동시에 평화선이 없어질 때까지 나포한 일본 배가 300척이 넘고, 억류한 일본 어부는 4,000명 가까이 됩니다. 그 과정에서 사망한 일본 어부도 있었지요. 일본은 나포된다는 것을 알면서도 도발하듯이 어부들을 동해로 보냈습니다. 그리고 일본 배들이 나포될 때마다 라디오로 그 소식을 전했지요. 결국 평범한 일본 대중은 한국이 일방적으로 평화선을 선포하고 일본 어부들을 잡아간다고 생각했습니다. 식민지 역사를 생각하면 일본인이 가해자이지만, 평화선을 둘러싼 사태를 보면서 일본이 피해자라는 인식을 갖게 된 것이지요.

일본인들이 한국에 대해 가해자 의식을 갖고 있지 않다는 점은 1965년 한일국교정상회담 때도 똑같았습니다. 1965년 한일 국교정상화 회담 당시 한일 양국의 시민사회가 격렬하게 반대운동을 벌였습니다. 일본의 야당과 진보세력이 반대운동을 주도했지요. 하지만 두 나라에서 일어난 반대운동의 맥락은 전혀 달랐습니다. 한국은 식민지배 역사를 어떻게 많지도 않은 돈과 바꿔 팔아버릴 수 있느냐며 굴욕적인 협정을 접고 제대로 된 식민지배 청산을 하라고 요구했습니다.

그에 비해 일본에서 벌어진 반대운동은 한미일 군사동맹 강화에 반대하기 위한 것이었습니다. 일본에는 1960년 미일안전보장조약에 반대했던 투쟁, 이른바 '안보투쟁'의 여운이 아직 남아 있었습니다. 일본이 재무장하여 전쟁을 벌이는 것을 우려하는 목소리가 높았지요. 그래서 한미일의 군사동맹 강화로 이어질지 모르는 한일 국교 정상화를 반대한 것입니다. 반대운동의 또 다른 이유는 일본의 자본이 한국에 투입되어 일본의 저임금 구조가 고착되면 안 된다는 것이었습니다. 당시 등장한 구호가 바로 "박정희에게 줄 돈이 있으면 나에게 달라"였습니다. 한마디로 한국에 경제 지원을 하지 말라는 주장인데, 이 대목에서 당시 일본 진보세력이 한국을 바라본 관점의 한계가 엿보입니다. 바로 식민지배에 대한 책임이나 한국에 대한 사죄와 반성을 조금도 고려하지 않았다는 것입니다. 한미일 군사동맹 강화를 반대하는 것에도 분명 의미가 있었겠지만, 한일관계의 역사적 특수성에 대한 고려가 보수세력뿐 아니라 진보세력에도 전혀 없었습니다.

1970년대 한국에서는 인권을 탄압하는 여러 사건들이 일어났고, 일본사회에서는 그런 사건들을 중심으로 한국사회를 바라보았습니다. 특히 전태일의 분신 항거와 김대중 납치사건은 일본사회 전체에 큰 충격을 주었지요. 일본인 중에는 전태일을 접하고 비로소 인권 문제에 눈을 떴다는 이들도 있습니다. 김대중 납치사건은 이중적인 영향을 미쳤습니다. 일본의 진보세력은 한국과 연대하는 과정에서 납치사건을 대했지만, 그러지 못한 일본의 일반 대중에게 김대중 납치사건은 한국도 다를 바 없다는 인식을 주었습니다. 한국이 강제징용 등을 사사건건 걸고넘어지는데 알고 보니 한국도 일본의 주권을 침해하며 납치를 한 것입니다. 김대중 납치사건 탓에 한국은 정당성을 잃었고 일본은 자신들을 합리화했습니다.

다만 일본의 사회운동 내에서는 한국과 연대하는 움직임이 적지 않았습니다. 김대중이나 김지하 구명운동은 일본에서도 일어났지요. 1970년대에 가장 큰 영향을 미친 사건은 역시 재일조선인 유학생 간첩 조작사건입니다. 당시 한국에 유학을 온 재일조선인 학생들은 대부분 진보적인 입장을 갖고 있었고, 그들의 지인들은 일본에 남아 있었습니다. 일본에 있던 유학생의 지인들은 친구가 북한의 간첩이 아니라는 사실을 누구보다 분명히 알고 있었지요. 그래서 친구들이 독재정권에 의해 부당하게 구속을 당하고 간첩 누명을 쓰자 개별적이든 집단적이든 석방운동을 벌였습니다. 이 사건을 계기로 일본의 많은 이들이 한국의 엄혹한 분단현실을 심각하게 느끼고 친구들을 구출하기 위한 석방운동에 동참했습니다. 일본의 청년 운동가들은 재일조선인 유학생 간첩 조작사건에서 강한 충격을 받음과 동시에 한국사회에 대해서도 다른 이미지를 갖게 된 셈입니다.

　1980년대의 광주민주화운동도 일본사회에는 큰 영향을 미쳤습니다. 국민의 군대라면서 자국 국민들에게 총을 겨눈 것도 충격적이었지만, 나아가 한국의 독재정권에 대해서도 많은 일본인들이 문제를 제기했습니다. 하지만 광주에 동원된 폭력적인 군대가 제2차 세계대전 전 일본군의 연장선에 존재한다는 가해자 의식을 지니지는 못했습니다. 그저 전후에 성립된 한국이라는 이웃나라의 독재정권에 대해서 비판적 인식을 갖게 된 정도였지요.

물론 당시에도 사회운동세력끼리 연대는 계속 이뤄졌습니다. 특히 장기수, 그중 양심수에 대한 석방운동을 함께했지요. 1989년 평양에서 열린 세계청년학생축전에 전국대학생대표자협의회를 대표해 임수경이 참가했을 때 일본과 서독을 거쳐 북한으로 넘어갔는데 당시 일본의 사회운동세력이 임수경을 도와주었습니다.

이처럼 냉전 시기와 한국의 군사독재 시기에 일본과 한국의 사회운동은 다방면에서 서로 연대했습니다. 당시 일본의 사회운동세력은 아시아에서 벌어지던 민주화운동에 자신들의 역할이 중요하다고 생각했습니다. 그래서 1960년대에 벌어진 인도네시아 학살에서 살아남은 공산주의자들의 망명을 받아주는 등 아시아 각지의 민주화운동에 힘을 보탰지요.

하지만 1980년 후반 상황이 변합니다. 1987년의 한국을 비롯해 아시아 각국이 민주화를 이뤄낸 것입니다. 이 무렵 일본의 진보운동 또는 시민운동세력은 아시아와 연대하던 자신들의 역할이 끝났다고 생각했습니다. 그래서 한국을 바라보는 일본 진보운동계의 인식은 이 무렵에 거의 정체되어 있습니다. 그리고 1980년대 후반부터 일본사회 전체가 급격하게 보수화하기 시작하지요. 1989년에는 일본에서 가장 진보적이었던 일본노동조합총평의회(총평)가 노사협조 노선으로 전환하여 일본노동조합총연합회(렌고, 連合)라는 어용 조직으로 개편되면서 일본사회운동의 혁신성이 상실되었습니다. 이 일은 이후 일본 사회당의 해체까지 이어지지요.

1990년대 초 냉전이 종식되고 일본의 보수화가 가속되며 일본사회운동과 아시아의 연대는 끊깁니다. 한국의 사회운동 역시 민주화 이후 민주적 사회를 구축하는 과정에서 일본과 새로운 관계를 맺는 데는 실패했지요.

2000년대 들어서는 이라크 반전운동 또는 반세계화운동 등이 대두되고 있는데, 한국은 예전보다 훨씬 더 성장한 반면 일본의 사회운동은 외려 퇴보해버렸습니다. 해방 후 이어지던 비대칭성이 지금은 반대되는 방향으로 나타나는 것이지요. 이런 비대칭성 때문에 한일 양국은 서로의 사회운동 역사를 깊이 이해할 수 있는 기회가 별로 없었던 것 같습니다.

탈냉전 후 확산되는 한일 사회운동 연대의 특성

앞으로 한일 시민사회가 연대하려면 일단 과거 시점에 머물러 있는 서로에 대한 인식을 오늘날에 맞추어 가다듬어야 할 것입니다. 그러기 위해 탈냉전 후 일본사회운동의 커다란 특징은 무엇인지 한국사회운동은 그런 것들을 어떻게 활용했는지 간단히 짚어보겠습니다.

먼저 현재 우리가 주목할 만한 일본의 사회운동단체와 활동을 소개하겠습니다. '아시아태평양자료센터'라는 곳을 들어보았는지 모르겠습니다. 줄여서 PARC(Pacific Asia Resource Center)라고도 하는데, 간단히 말해 일본 시민운동의 국제센터라고 생각하면 됩니다. 뒤에서 자세히 설명하겠지만 베트남전쟁을 반대했던 시민운동 그룹들이 해체된 다음에 만든 곳이 PARC입니다.

베트남전쟁 반대운동에서 시작된 만큼 PARC는 아시아에 관심이 많았습니다. 아시아의 자료를 모아 일본에 제공하기도 했고, 아시아의 뉴스를 소개하는 영문 계간지 『AMPO』를 만들기도 했지요. 한국에서는 『AMPO』의 1980년 5월호를 보고 다들 깜짝 놀랐습니다. 잡지를 전부 할애해서 광주민주화운동을 다루었기 때문입니다. 한국에서도 광주에 대한 보도가 거의 되지 않았는데 PARC는 자체적으로 광주에 인력을 보내서 정보를 수집한 다음 잡지에 담아 전 세계로 배포했습니다.

PARC는 2000년대 들어 『오르타(オルタ)』라는 월간지도 오랫동안 펴냈습니다. 잡지 제목은 '대안'을 뜻하는 영어 단어 'alternative'에서 비롯되었습니다. 이 잡지는 제목 그대로 전 세계에서 일어나던 많은 혁명운동과 대안운동을 일본에 소개했지요.

PARC에서 활동하는 이들 중에는 일본사회운동의 저명 인사들이 많습니다. 몇몇 소개를 하면 일본 신좌익운동의 사상적 대부인 무토 이치요(武藤一洋), 일본에서 시민학과 아시아학을 제창한 쓰루미 요시유키(鶴見義行), 무라이 요시노리(村井吉敬), 전후보상운동을 대표하는 우쓰미 아이코(内海愛子) 등이 있지요. 지금 이야기한 사람들도 극히 일부에 불과합니다. PARC는 시민운동 전반에 걸친 인적 네트워크를 지니고 있을 뿐 아니라 자유학교라는 형태를 통해 시민 개개인이 연구한 결과를 공유하는 자리도 마련하고 있습니다.

일본사회운동에 관심이 있다면 PARC 홈페이지부터 한번 보길 권합니다. 기회가 된다면 직접 방문해봐도 좋겠지요. 박원순 서울시장 역시 예전에 PARC에 방문해서 많이 배웠다고 말했습니다. 구체적으로는 어떻게 시민단체가 경제적으로 자립을 하는지, 어떤 네트워크를 구축하는지, 어떡해야 시민운동들의 역량을 모아 대안운동으로 이어갈 수 있을지 등을 참고했다고 하지요. PARC가 아시아 전체에서 모은 자료가 워낙 많고 직접 조사하는 프로젝트도 하기 때문에 한국 시민운동에 응용하는 경우도 있습니다.

한국에서 참고할 만한 또 다른 매체로는 『노동정보(労働情報)』라는 월간지가 있습니다. 일본의 현장활동가들이 참여하는 잡지인데, 일본의 노동운동에 대해 가장 분석적으로 고찰합니다. 그와 더불어 1977년 창간되어 역사가 오래되었기에 축적된 데이터도 무시할 수 없지요. 일본 노동운동의 과거와 현재 쟁점을 이해하는 데 도움이 될 것입니다.

그리고 피플스 플랜(People's Plan) 연구소도 알아두면 좋겠습니다. 이곳은 이른바 일본의 '신좌파'들이 만든 연구단체입니다. 이 단체에서는 연구서적이나 잡지를 발간하고 있는데 일본의 진보운동가들이 어떤 생각을 하는지와 더불어 유럽과 남미 같은 해외에서 논의되고 있는 여러 이론에 대해서도 소개합니다. 또한 일본 내 자본주의 현황과 아베정권에 대해서도 날카롭게 분석해서 참고할 만합니다.

한국과 관련이 있는 곳들도 소개해볼까요? 먼저 전동일노동소합(全統一勞働組合)이라는 곳이 있습니다. 우리나라는 노동조합이라 하면 보통 산업별 또는 기업별로 조직을 운영하는데, 이런 방식에는 소외되는 개인이 있을 수밖에 없습니다. 특히 노동조합이 결성되지 않은 중소기업이라면 개별 노동자가 해고 같은 부당한 대우를 받았을 때 자기 권리를 지키기 위해 저항하기 어렵지요. 전통일노동조합은 그런 개별 노동자들의 위한 조직입니다. 자기 회사에 노동조합이 없더라도 개인 의사에 따라 전통일노동조합에 가입할 수 있지요. 전통일노동조합은 한국과도 인연이 있습니다. 한국에 진출한 일본계 기업이 투자를 했다가 야반도주한다든지 노동자를 부당하게 해고하면 한국인 노동자를 위해 전통일노동조합이 일본 본사 방문 투쟁 등을 함께하며 연대해줍니다. 중소기업 노동운동에 관해 참고할 만한 단체이지요.

아예 한국과 연대를 주로 하는 대표적인 단체로는 한일민중연대가 있습니다. 이곳에서 활동하는 일본인들은 30~40년 전부터 한국과 연대한 사회운동 전문가들입니다. 주로 통일 및 노동 관련한 운동을 전개하고 있지요.

한국과 일본에서 나아가 아시아 전체를 아우르며 이루어지는 활동들도 있습니다. 예컨대 '야스쿠니 반대 동아시아 촛불행동'은 2006년 결성된 이래 일본의 야스쿠니 신사 참배를 반대하는 활동을 국제적으로 전개하고 있습니다. 일본과 한국을 비롯해 대만과 오키나와 등도 참여하고 있지요. 동아시아의 진보적인 대학교들끼리 머리를 맞대고 고민하기도 합니다. 한국의 성공회대, 한신대, 일본의 게이센여학원대, 대만의 세신대, 태국의 AMAN, 인도네시아의 이슬람대 등에 속한 교수들은 수년째 동아시아의 새로운 평화연방이라는 주제로 아시아가 함께하는 진보운동에 대해 토론해오고 있습니다.

앞서 몇몇 사례를 이야기했는데, 이번에는 탈냉전 후 한일 사회운동이 어떻게 연대했는지 좀더 구체적으로 살펴보겠습니다. 가장 먼저 떠오르는 것은 전후보상운동입니다. 1990년대부터 전개된 일본군 '위안부' 문제, 강제징용, 야스쿠니 반대운동 등이 모두 포함되지요. 최근에는 역사교과서도 뜨거운 이슈가 되었습니다. 역사교과서 개악 저지운동이 일어났고, 아예 한중일 3국의 학자들이 함께 역사교과서를 만들기도 했지요. 또한 오키나와와 평택에서 있었던 미군기지 반대운동도 빠뜨릴 수 없습니다.

냉전이 종식된 뒤에는 한국과 일본 모두에서 부문별 운동이 증가하고 있습니다. 사회운동이 세분화되었다고 볼 수 있지요. 그 때문에 한일 사회운동의 교류가 더욱 필요해지고 있습니다. 예컨대

비정규직 및 빈곤 문제에 맞서는 운동은 지금도 활발히 연대하고 있습니다. 동일본 대지진 후에 대두된 탈원전운동, 최근에 활발한 아베정권 규탄시위도 한국과 일본에서 동시에 진행되고 있지요.

지금까지 이야기한 내용을 보면 한일 사회운동의 연대가 분야별로는 잘되고 있는 것 같습니다. 하지만 아직 부족한 점이 많습니다. 앞서 설명했듯 한일 사회운동은 1980년대 민주화 후 불균등하게 발전하면서 서로에 대한 역사인식이 단절되었기 때문입니다. 진정한 시민사회의 연대를 위해서는 상대의 역사와 현황을 지금보다 훨씬 깊게 이해해야 합니다. 그러지 못하면 냉전 시대에 했던, 한계가 명확한 연대에 머무른 채 21세기의 새로운 시민연대로 나아가지는 못할 것입니다. 외려 서로의 시민운동을 퇴보시키는 악영향을 미칠 수도 있지요.

다음에는 일본사회운동의 역사를 큰 줄기에서 살펴보겠습니다. 왜 굳이 그런 것까지 알아야 하느냐 반문할 수 있지만, 일본사회운동의 역사는 우리에게 반면교사가 되는 한편 오늘날 두 나라가 어떻게 연대하면 좋을지 단서를 줄 것입니다.

일본 공산당의 실패와 안보투쟁의 한계

일본의 사회운동 역사에서 일본 공산당을 빠뜨릴 수는 없습니다. 누군가는 공산당이라는 말을 듣자마자 거부감을 느낄 수 있지만, 일본 공산당은 현재까지 일본사회운동에 영향을 미치는 거대한 존재입니다. 일본사회운동이 오늘날 명확한 한계를 지니고 극복하지 못하는 이유도 일본 공산당의 역사에서 찾을 수 있습니다.

일본 공산당은 1922년 결성되었습니다. 초창기 일본 공산당은 몇 번씩 공안조직에 공격을 받고 해산되었습니다. 그럴 수밖에 없는 것이 당시 공산당이 천황제 폐지와 더불어 조선, 중국, 사할린 등에서 일본군 완전 철수, 토지 분배 등을 주장하며 명백하게 식민지 정책을 반대했기 때문입니다. 1931년 만주사변이 터지자 일본 공산당의 사회주의 혁명 노선은 더욱 강경해졌습니다. 그 때문에 정부는 일본 공산당을 내부의 위험분자로 판단해 철저하게 탄압하고 공산당 주요 인사들을 대부분 교도소에 가두었지요.

당시에는 일본 공산당에 가입한 재일조선인들이 많았습니다. 일본이 패전한 직후에는 재일조선인들이 일본 공산당을 떠받쳤다고 해도 과언이 아닌데, 해방 공간에서 비교적 자유롭게 움직일 수 있었던 재일조선인들이 인력은 물론이고 자본도 제공했기 때문입니다. 그 덕에 일본 공산당이 재건될 수 있었지요. 이런 재일조선인의 역할은 한국전쟁 때까지 이어졌는데, 일본 공산당의 역사에 그러한 사실은 전혀 남아 있지 않습니다. 의도적으로 재일조선인의 존재를 지운 것이지요. 그에 대해서는 차차 설명하겠습니다.

패전 직후 일본 공산당은 노사카 산조(野坂參三)가 주창한 평화

혁명론을 앞세웁니다. 쉽게 말해 GHQ가 점령한 상황에서도 평화적으로 혁명을 이룰 수 있다는 것입니다. 이러한 논리는 전쟁으로 초토화되어 평화를 원하던 당대 일본인들의 호응을 얻었고 일본 공산당은 1949년 총선거에서 35석을 획득하며 집권을 꿈꿀 정도가 되었습니다.

하지만 1950년에 상황이 급변합니다. 우선 일본 공산당 내부에서 평화혁명론을 둘러싸고 분쟁이 일어났습니다. 노사카 산조가 갑자기 소련 공산당의 기관지에 자신이 주창한 평화혁명론을 비판하는 글을 실은 것입니다. 이에 도쿠다 규이치(德田球一)를 중심으로 한 중앙위원들은 일본 정세를 모르고 하는 비판이라며 노사카 산조의 글에 대한 '소감문'을 발표합니다. 이 일을 계기로 일본 공산당은 평화혁명론을 지지하는 '소감파'와 소련 공산당의 비판을 받아들여야 한다는 '국제파'로 분열됩니다.

그처럼 내홍을 겪는 와중에 1950년 5월 GHQ가 일본 공산당을 비합법화하며 공산당 소속 국회의원을 공직에서 추방해버립니다. 이른바 '레드 퍼지(red purge)'이지요. 냉전 체제가 강화되면서 공산당 세력을 약화시키기 위한 조치였는데, 조련 및 조선학교 해체론도 비슷한 시기에 나온 것입니다. 패전 직후 제국주의를 해체하고 민주주의를 향해 나아가던 일본사회가 냉전 체제가 강화되며 역방향으로 노선을 전환한 것입니다. 뒤로 물러났던 제국주의자들도 다시 앞으로 나서기 시작했지요.

한국전쟁이 발발하면서 일본 공산당은 반미 무장투쟁 노선을 택합니다. 전격적인 게릴라 투쟁을 일본 공산당의 당면한 과제로 삼아 산골에서 공작대를 양성하고, 특정 시설을 공격하고, 폭탄 제조법을 책으로 만들어 배포하는 등의 활동을 벌이지요. 여기서 재일조선인 문제가 대두됩니다. 당시 한국전쟁에 반대하는 무장투쟁의 전면에 나서 직접 행동한 이들 중에는 당연히 재일조선인들이 많았습니다. 일본인 공산당원들은 무장투쟁을 선언만 했지 직접 가담하는 경우가 적었지요. 나중에 반미 무장투쟁이 실패하고 폭력 혁명론에 대해 외부에서 비판을 받자 일본 공산당이 가장 먼저 잘라낸 이들이 바로 재일조선인이었습니다. 재일조선인들은 일본 제국주의뿐 아니라 공산주의운동에서도 차별을 받은 것입니다.

이미 언급했지만 반미 무장투쟁은 실패했습니다. 1952년 치러진 선거에서는 일본 공산당이 공인한 후보들이 전부 낙선했지요. 1955년에는 일본 공산당이 공식적으로 무장투쟁을 포기합니다. 일본 공산당이 반미 무장투쟁을 했던 것은 어찌 보면 소련과 중국 공산당의 방침을 의심하지 않고 그대로 따랐기 때문입니다. 이처럼 소련과 중국 공산당을 맹목적으로 따라가며 주체적으로 판단하지 못한 것이 당시 일본 공산당이 혁명에 실패한 주요 요인으로 꼽히곤 하지요.

반미 무장투쟁 노선의 실패는 재일조선인들이 총련을 결성하는 것으로 이어집니다. 재일조선인들이 우리가 일본의 혁명에 동참할 필요가 없으며 우리의 민족운동을 해야 한다고 생각한 것입니다. 일본 공산당도 다르지 않았습니다. 일본 내 소수민족과 함께하려는 운동을 접고 철저하게 일본인 당원들끼리 하는 민족주의 운동을 펼치기 시작했지요.

그때껏 국제적인 프롤레타리아 운동을 지향하며 민족을 초월한 동시 혁명을 꿈꾸던 이들이 각국의 민족주의 운동으로 방향을 전환했습니다. 일본 공산당의 민족주의적 성격 강화는 결국 소수민족 정책을 무시하는 것으로 이어졌지요. 지금도 일본의 진보운동 진영에서 다문화 공생 정책이 제대로 전개되지 못하는 이면에는 이런 역사적 배경이 있습니다.

오늘날 세계화에 뒤따른 여러 문제에 대응하기 위해서는 국경을 뛰어넘는 사회운동의 연대가 필요하다고 강조되곤 합니다. 가만히 살펴보면 한국전쟁 시기까지는 그런 국제적 연대가 이뤄졌습니다. 다만 결과적으로 크게 실패해버렸지요. 지금도 국제 연대라는 큰 틀에서 한국과 일본의 사회운동이 자연스럽게 뭉치지 못하는 이유는 일본 진보운동의 핵심인 공산주의세력이 여태 한국전쟁 때 실패한 트라우마를 극복하지 못했기 때문입니다.

1960년대 일본의 사회운동은 두 단어로 나타낼 수 있습니다. 바로 '안보투쟁'과 '학생운동'입니다. 안보투쟁에 대해서는 앞서 간단하게 언급했지요. 학생운동에 대해서는 한 단체를 알아두어야 합니다. 전일본학생자치회총연합(全日本学生自治会総連合), 줄여서

'전학련'입니다.

전학련은 1948년 145개 대학의 연대 조직으로 설립되어 초창기에는 일본 공산당의 영향력 아래에 있었습니다. 당시 일본 공산당은 자신들만이 혁명운동의 최전선에 설 수 있으며, 노동자가 아닌 학생들은 사실상 프티부르주아나 다름없기 때문에 공산당을 따라야 한다고 생각했습니다. 전학련의 노선 역시 일본 공산당과 다르지 않았기에 별다른 마찰은 없었지요.

하지만 한국전쟁이 끝나고 일본 공산당이 무장투쟁을 포기하면서 전학련은 일본 공산당과 대립하기 시작합니다. 일본 공산당이 무력을 버리고 일상투쟁을 지향한 반면, 전학련은 여전히 폭력혁명론을 고수했기 때문입니다. 게다가 1956년 유럽에서 스탈린 격하운동 및 소련의 헝가리 침공이 일어나 소련 공산당의 권위가 무너졌습니다. 그동안 소련 공산당의 방침을 철저히 따르던 일본 공산당에 대한 실망도 커졌지요. 결국 전학련은 자신들이 혁명운동의 새로운 전위가 되겠다며 공산주의자동맹(共産主義者同盟), 이른바 '분트(ブント)'를 결성합니다. 분트는 독일어로 '동맹'을 뜻합니다. 일본사회운동세력이 이러한 변화를 겪는 와중에 1960년 일본 제국주의 타도를 위한 안보 조약 개정 저지운동, 즉 '안보투쟁'이 벌어집니다.

1958년 일본에서는 기시 노부스케가 정권을 잡았습니다. 기시 노부스케는 아베 신조의 외할아버지로 잘 알려져 있는데, 패전 후

A급 전범으로 기소되었다가 1948년 석방되어 1950년대에 정치계로 복귀한 인물입니다. 기시 노부스케 내각은 당시 미국 대통령 아이젠하워와 손을 잡고 안보조약을 개정하려고 들었습니다. 1960년 초에는 신미일안전보장조약이 합의되었지요. 1950년대의 안보조약이 단순히 미군에 기지를 제공하기 위한 것이었다면 개정한 안보조약은 미일공동방위에 초점이 맞춰져 있었습니다.

이러한 안보조약 개정은 일본인들에게 전쟁이 끝나고 15년밖에 지나지 않았는데 다시 일본이 전쟁에 나설지도 모른다는 불안을 부추겼습니다. 이에 1959년 일본 사회당과 노동조합이 연계하여 '안보조약개정저지국민회의'를 결성하고 대대적인 대중운동을 일으켰습니다. 전학련도 안보투쟁의 주요 세력으로 참가했지요.

1960년 5월 일본 국회에서 안보조약 개정안이 강행 체결되자 수십만 명에 달하는 시위대는 매일같이 국회를 둘러싸고 데모를 벌였습니다. 시위대에는 특히 학생들이 많았는데 대부분 도쿄대, 게이오대, 와세다대 등을 다니는 엘리트들이었지요. 격렬한 시위에도 불구하고 안보조약 개정을 막기 어려울 것 같아지자 시위대는 국회 돌입을 시도합니다. 그 과정에서 간바 미치코(樺美智子)라는 여대생이 목숨을 잃기도 했지요.

간바 미치코가 숨을 거둔 뒤 일본의 주요 언론 7개사는 일제히 시위대를 비판하는 공동사설을 게재합니다. 폭력을 비판하는 한편 의회정치라는 제도를 준수해야 한다는 내용이었는데, 시위대가 왜 분노했는지에 관한 내용은 전혀 없어서 일본 진보세력은 이날을 '신문이 죽은 날'이라 부르기도 합니다. 어쨌든 시위대는 여론전에서도 밀리기 시작했고, 결국 1960년 6월 19일 자정이 되어 안보조약 개정안이 자동적으로 성립됨으로써 안보반대 사회운동 진영이 패배하게 됩니다. 격렬했던 반대운동은 눈 녹듯이 사라져버렸지요. 한국에서는 4·19혁명이 일어났던 바로 그 무렵입니다.

한국이었다면 개정안이 강행되더라도 곧장 폐기하기 위한 운동을 조직하고 계속 이어갔을 것입니다. 정권을 바꿔서라도 목표를 이루기 위해 투쟁했겠지요. 그런데 일본에서는 일단 법이 제정되어 실행되자 완전히 패배했다고 생각하고 포기해버렸습니다. 일본 사회운동의 특징일 수도 있는데, 1960년부터 거듭해서 이런 경험을 하며 점점 패배주의가 쌓였고 사회운동 자체에 대한 회의감도 깊어지지 않았을까 추측합니다.

안보투쟁 뒤에 기시 노부스케 내각은 퇴진을 합니다. 어찌 보면 아베 신조 총리는 외할아버지의 뜻을 이어받아 당시 못했던 헌법 개정을 이번에야말로 해내려는 것인지도 모릅니다. 그런 점에서는 현 상황을 안보투쟁의 연장선에 두고 볼 수도 있지요.

기시 노부스케 내각이 퇴진했지만 자민당은 이어진 선거에서 압승을 거둡니다. 새로이 들어선 이케다 하야토(池田勇人) 내각은 이제 정치의 계절이 아닌 경제의 계절이 되었다며 경제 성장을 우선하고 소득배가운동을 실시합니다. 안보투쟁에 참여했던 엘리트들

1960년 일본 안보투쟁 현장(아사히신문사 『앨범 전후 25년』).

은 이후 대거 대기업으로 취직했지요. 현재 토요타나 미쓰비시 같은 대기업의 주요 고위층 간부들은 대부분 학생운동을 경험했던 세대입니다.

안보투쟁은 일본사회운동 역사에서 각별한 의미를 지닙니다. 전후 15년 동안 평화로운 민주주의 국가를 만들기 위해 노력했는데 그 방향이 바뀌려 하자 민중이 들고일어나 저항한 것이지요. 다만 패배했기 때문에 학생운동은 좌절할 수밖에 없었습니다. 분트 같은 조직은 사분오열로 갈라졌지요. 누군가는 학생운동에서 이탈했고, 누군가는 자본주의 체제 내로 전향하여 대기업에 들어가 자본주의의 주류가 되었습니다. 더욱더 극좌적인 그룹이 만들어지기도 했습니다. 국회를 둘러싸고 국회 내로 돌입하는 정도로는 부족하다고 생각한 것이지요. 이들은 1970년대에 전면으로 등장합니다.

전학련과 안보투쟁은 일본사회운동에 큰 영향을 미쳤습니다. 1950년대까지 일본 공산당이 전체 사회운동을 지도했다면, 이제는 새로운 전위를 만들어야 한다는 의식이 생겨났지요. 일본 공산당이라는 거대한 힘 속에 모두들 들어가 단결하기보다는 개별적인 운동을 해야 한다는 주장이 많이 나왔습니다. 분트의 해체도 그런 흐름에 포함되는 일입니다.

일본사회운동의 변질과 종식

안보투쟁 후 일본사회운동을 상징하는 단어는 '전공투'와 '폭력혁명투쟁'입니다. 전공투란 '전학공투회의(全学共闘会議)'를 줄인 말인데, 쉽게 말해 여러 대학의 학생운동 조직이 모여 결성한 공동운동체입니다. 일본 현대사에 관심이 있다면 들어봤을지도 모르겠습니다. 지금부터는 이들의 운동이 안보투쟁과 어떻게 달랐는지, 그리고 1970년대 일본사회운동이 어떻게 변질되고 한계를 보이다가 결국에는 거의 종식되었는지 살펴보겠습니다.

안보투쟁의 결과 전학련이 분열됨으로써 일본에는 수많은 학생운동의 계파들이 등장했습니다. 그중에 일본트로츠키연맹에서 비롯된 혁명적공산주의자동맹, 일본 공산당의 내분에 따라 이탈하여 일본의 독점자본주의를 비판하는 구조개혁파, 일본 사회당 내 청년조직이 독립하여 결성한 사회주의청년동맹이 가장 두드러졌는데, 이 계파들이 연합해서 만든 것이 삼파전학련(三派全学連)입니다.

이들이 주도했던 것이 바로 1965년의 한일협정 반대운동입니다. 앞서 말했듯 한미일 군사동맹에 저항하는 운동이었고, 그 흐름이 1970년 미일안보조약이 갱신될 때 일어난 안보투쟁으로 이어집니다. 또한 나리타 국제공항 건설에 반대하는 투쟁도 벌였습니다. 공항반대투쟁은 정부가 어떠한 설명이나 양해도 없이 용지 매수를 밀어붙인 것에 대한 현지 농민들의 저항운동으로 시작했지만, 이후 학생운동세력도 가세했습니다. 나리타 국제공항을 일방적으로 건설해서 베트남으로 군대를 보내는 것이 일본 제국주의 및 파시즘적 국가관리 시스템의 부활이라고 본 것입니다.

흔히 이야기하는 전공투 운동은 1968년에 일어났습니다. 도쿄대 전공투는 야스다 강당을 점거해서 대학의 관리체계 해체 등을 요구했지요. 그들은 대학이 전쟁 전의 제국대학에서 벗어나지 못했으며 기존의 권위주의 관리체계를 해체해야 일본이 진정한 평화국가로 나아갈 수 있다고 보았습니다. 또한 1968년 2월 일본 국세청이 니혼대에서 출처를 알 수 없는 20억 엔을 발견했다고 발표하자,

학생들이 재단의 부정에 항의하며 대거 들고일어났습니다. 곧 니혼대 전공투가 조직되었고 대형 강당에 수만 명의 학생들이 모여 재단 개혁 및 해체를 요구했지요.

획기적인 방식이 돋보였지만 니혼대의 전공투는 대대적인 탄압을 받으며 결국 실패했습니다. 대학은 시위를 막기 위해 아예 학부별로 찢어서 지방으로 옮겨버리고 운동장도 없앴지요. 당시 일본 전국에서 전공투 운동이 들불처럼 번졌지만 다들 비슷하게 진행되다 사그라들었습니다.

1960년의 안보투쟁에 도쿄 출신 엘리트들이 참가했다면, 1968년 전공투에는 지방에서 상경한 비주류 학생들이 많았습니다. 지방에서 도쿄에 올라와 보니 제국주의 주류가 그대로 유지되고 있었기 때문에 해체를 주장한 것이지요. 1968년 전공투의 특징은 관리주의, 권위주의, 가부장적 체제에 자식 세대들이 문제를 제기하며 해체하려고 했다고 볼 수 있습니다.

사실 전공투 운동에는 문제가 많았지만, 전공투에서 비롯되어 지금까지 일본사회운동에 남아 있는 좋은 유산도 있습니다. 어느 사회운동 그룹도 나이가 많거나 학력이 높다고 해서 명령하지 않는다는 것입니다. 일본의 사회운동에서는 구성원들이 평등한 관계를 맺습니다. 다 같이 일을 나누어 하고 회의에도 참석합니다. 회의에서 발언권이 많은 사람은 연장자도 고학력자도 아니고 가장 많이 활동한 사람이지요. 전공투가 적어도 사회운동 내에서는 권위주의를 해체해냈다고 평가하는 사람도 있습니다.

1970년의 미일안보조약 자동 연장을 앞두고도 대대적인 반대투쟁이 일어났지만 역시 뚜렷한 한계를 보이며 실패했습니다. 심지어 투쟁이 한창이던 1969년 말의 선거에서는 자민당이 압승을 거두며 사회당이 참패했지요. 당시 일본의 사회운동이 얼마나 일반 국민들과 동떨어져 있었는지 알 수 있습니다.

1960년 안보투쟁 이래 일본의 사회운동이 거듭 패배하자 등장한 것이 '적군파(赤軍派)'입니다. 적군파는 1969년 분트의 극좌 세력이 독립하여 결정한 조직입니다. 그들은 혁명에 군대가 반드시 필요하며, 오로지 물리적 폭력으로써만 혁명이 완수될 수 있다고 주장했습니다. 나아가 일본에서는 혁명이 불가능하고, 일본을 혁명사령부로 삼되 전 세계의 다른 혁명주의와 연계를 해야 한다고 생각했지요.

결성 초창기 화염병을 투척하며 파출소를 습격하던 적군파의 활동은 갈수록 과격해졌습니다. 1970년 적군파 9명이 일본 여객기 요도호를 납치해 북한으로 망명하는 사건이 일어났고, 1972년에는 이스라엘 텔아비브의 국제공항에서 총기를 난사하는 사건도 저질렀지요.

일본 내에 남아 있던 적군파라고 크게 다르지 않았습니다. 공권력에 의해 점점 궁지로 몰리던 적군파는 산속으로 거점을 옮깁니다. 그곳에서 발생한 것이 일본 학생운동에 종말 선언을 내린 '아사마 산장 사건'입니다. 총기 탈취 등으로 경찰에 쫓기던 적군파 멤버 5인이 외진 산속에 있던 아사마 산장에서 인질을 잡고 열흘 동안 농성했는데, 인질범 진압을 위한 경찰의 돌입 작전이 텔레비전으로 일본 전국에 생중계되었습니다.

범인들을 체포한 뒤에는 더욱더 충격적인 사실이 밝혀집니다. 도주 초기 더 인원이 많았던 적군파 멤버들은 산속 거점에서 군사 훈련과 사상교육 등을 했는데, 그 과정에서 말도 안 되는 트집을 잡으며 동료들을 괴롭히고 구타하다 살해까지 했다는 것이었습니다. 이를 '산악 베이스 사건'이라 하는데, 살해당한 피해자가 무려 12명입니다. 아사마 산장 사건의 범인들은 그 산속 거점에서 살아남은 이들이었지요.

사실 학생운동의 계파가 여러 갈래로 나뉜 이래 내부투쟁은 갈수록 격화되었습니다. 이를 일본어로 우치게바(內ゲバ)라고 합니다. 앞서 혁명적공산주의자동맹을 한 차례 언급했는데, 그 내부에 있던 두 계파의 내부투쟁 때문에 발생한 사망자가 100여 명이고 부상자는 수천 명에 이릅니다.

일본의 학생운동은 패배할수록 무장투쟁을 고집했습니다. 또한 거듭해서 국가권력에 당한 패배를 내부 공격으로 전환해 우치게바 등을 일으켰지요. 자본주의가 성장하는 시대의 흐름에 따라 운동을 새로운 방향으로 전환하지도 못했습니다. 결국 사회운동의 구조가 폐쇄적이고 폭력적으로 변하며 일반 대중의 혐오를 샀고, 대학생 중 압도적 다수가 학생운동에 무관심해져 더 이상 대학에서 정치문제를 논하지 않게 되었습니다. 아사마 산장 사건 등은 일본 사회운동, 학생운동의 종말을 돌이킬 수 없게 만들었습니다.

1970년대 일본사회운동의 몰락은 이후 커다란 구조적 문제를 남겼습니다. 우선 운동세력 내에서 연대에 대한 불신이 강해졌습니다. 전학련, 전공투, 적군파 등 큰 조직에서 발생한 모순과 폐해를 목격한 뒤로 수평적 연대를 하지 않는 경향이 생겨났지요. 지금도 일본 공산당과 사회당은 절대 손을 잡지 않고, 시민운동단체들도 독립적으로 활동합니다. 사회운동 조직은 갈수록 작아질 뿐 크게 통합되지는 않고 있습니다.

그와 더불어 사회운동이 권위주의적 체제 해체나 안보조약 폐지 같은 큰 주제를 다루기보다는 구체적인 해결 방안을 세울 수 있는 과제들에 집중하기 시작했습니다. 예컨대 여성운동, 원전 반대, 군사기지 반대, 장애인 해방, 소수민족 차별 해소 등으로 사회운동이 세밀하게 분화되었지요. 거대한 권력을 타도하려다 실패하고 크나큰 허무함을 느꼈던 경험 때문에 생협운동이나 지역운동 등으로 노선을 전환한 것입니다. 실제로 현재 지역운동이나 환경운동을 주도하는 사람들은 대부분 전공투 운동을 경험했습니다.

마지막으로 과거사 인식에 대해 문제를 제기하는 경향이 생겨났습니다. 앞서 일본의 사회운동에 식민지 가해자라는 인식은 없었다고 지적했습니다. 전공투 운동까지도 일본의 독점자본주의를 비판하며 일본이 사실상 미국의 식민지라고 주장할 뿐이었고, 일본이 아시아를 침략했던 역사에 대한 청산은 거론하지 않았지요. 하지만 1970년대에 사회운동이 몰락한 후 비로소 과거사 청산을 이야기하는 사람들이 나타났습니다. 그리고 근본적 문제를 해결하기 위해 천황제를 폐지해야 한다는 주장도 대두되었지요. 앞서 언급한 야스쿠니 반대운동도 이러한 맥락에서 시작된 것입니다.

여기까지 이야기하면 일본 학생운동에는 아무런 희망이 없는 것 같습니다. 하지만 2015년 많은 이들을 깜짝 놀래준 조직이 등장했습니다. 당시 안보법 개정 반대투쟁의 선봉에 선 학생단체 실즈(SEALDs)입니다. 실즈는 줄인 말이고 정식명칭은 '자유와 민주주의를 위한 학생긴급행동'이지요. 그들은 짧게 행동하고 2016년 8월 15일 해산했습니다. 하지만 40년 만에 국회 앞에 학생들이 나온 것에 다들 새로운 바람을 느꼈습니다. 어떻게 사회운동에 대해 한 번도 학습하지 않고 경험하지 못한 학생들이 자발적으로 일어날 수 있었는지 지금도 검토가 이뤄지고 있지요. 실즈는 분명 일본사회운동에 새로운 가능성을 제시했습니다.

베트남 반전운동과 일본 시민사회의 변화

일본사회운동의 역사에 대해 짚어보고 있는데, 마지막으로 베트남 반전운동을 알아보겠습니다. 한국은 베트남에 파병한 당사자이지만, 당시 미국과 유럽을 비롯해 전 세계에서는 베트남 반전운동이 일어났습니다. 베트남 반전운동이 세계적인 주류 운동이 되었고, 일본도 그 흐름에서 벗어나지 않았지요. 어떻게 보면 그때는 파병국가 한국이 국제적 사회운동의 언대에서 완벽하게 단절되어 있었던 셈입니다.

일본은 유럽과 미국의 반전운동을 거의 그대로 받아들여서 "죽이지 말라"라는 슬로건를 내걸고 반전운동을 전개했습니다. 이 운동이 일본사회운동 역사에서 중요한 이유는 오늘날 시민운동의 중심에서 활동하는 이들이 대부분 베트남 반전운동 출신이기 때문입니다. 또한 베트남 반전운동의 특징이 지금까지 이어지고 있지요. 1970년대 학생운동이 종말을 맞았지만 베트남 반전운동에서 새로운 시민운동이 싹을 틔운 셈입니다. 그렇기에 일본 시민사회와 연대해야 하는 우리 입장에서는 베트남 반전운동을 올바르게 이해할 필요가 있습니다.

베트남전쟁의 발발 배경에 대해서는 얼핏 알 것입니다. 1964년 통킹만 사건, 북베트남 경비정과 미군 구축함의 해상 전투가 일어났지요. 나중에 미국이 조작한 사건이라는 진실이 밝혀졌지만, 어쨌든 미국은 통킹만 사건을 계기로 베트남전쟁에 개입하여 북베트남에 폭격을 했습니다. 이에 반대하는 운동도 전 세계에서 일어났지요.

일본에서는 1965년 '베트남에 평화를! 시민문화단체연합(ベトナ
ムに平和を!市民文化団体連合)'이 결성됩니다. 이름을 보면 알겠지만
시민운동세력을 비롯해 소설가 등 문화예술인도 참여했습니다. 이
조직은 몇 개월 뒤 '베트남에 평화를! 시민연합(ベトナムに平和を!市
民連合)'으로 명칭을 바꿉니다. 줄여서 베헤이렌(ベ平連), 한국에서
는 주로 베평련이라고 부르지요.

베트남전쟁에서 일본은 미국의 중간기지 역할을 했고, 많은 미
군이 일본을 경유해서 베트남으로 갔습니다. 그래서 일본 시민사
회는 일본이 베트남전쟁과 무관하지 않으며, 외려 베트남 반전운
동의 중심지 중 하나로서 책임이 막중하다고 생각했지요. 이처럼
평화와 반전을 추구하는 사상은 일본 시민사회에서 계속 이어져
이라크전쟁 반대운동으로도 연결됩니다.

베평련은 시위를 비롯한 다양한 활동을 전개해 반전이라는 메
시지를 보냈습니다. 『워싱턴포스트』에 반전광고를 내기도 했는데,
"죽이지 마"라는 뜻의 일본어 "殺すな"가 강렬한 필체로 쓰여 있
어 보는 이들의 눈길을 사로잡았지요. 참고로 일본의 유명 화가인
오카모토 다로(岡本太郎)가 쓴 글씨였습니다. 그 외에 앞서 잠깐 언
급했던 잡지 『AMPO』도 애초에 베트남 반전운동의 일환으로 창간
된 것입니다. 나중에 PARC가 설립되면서 잡지의 발행을 물려받았
지요.

베평련의 주된 사업 중에는 양심적 탈영병의 해외망명 지원도

있었습니다. 이 활동은 엄격히 따졌을 때 'JATEC(Japan Technical Committee to Aid Anti War GIs)'라는 다른 조직에서 운영했지만, 주도한 이들은 베평련의 주요 간부였지요. 1967년 미군 항공모함에서 탈주한 4명의 병사들이 소련을 경유해 스웨덴으로 갈 수 있도록 도운 것이 계기가 되었는데, 당시 베트남전쟁에 정의가 없다고 생각해 탈영한 미군 병사들이 군사재판에 서지 않도록 많은 노력을 기울였습니다.

베평련은 이전의 사회운동과 확연히 다른 특징을 보였습니다. 바로 '무조직'과 '무강령'입니다. 그 전의 공산당, 사회당, 전학련, 전공투, 총평 등은 모두 엄격한 강령을 내세우며 운동을 전개했습니다. 그러다 결국 일반 대중과 고립되었지요. 베평련은 소속을 논하지 않을 테니 반전이라는 메시지에 공감한다면 누구든 모이라고 했습니다. 심지어 우익도 참가할 수 있었지요. 떠나는 것도 개인의 의사에 따라 자유롭게 할 수 있었습니다. 쉽게 말해 '오는 사람 막지 않고, 가는 사람 붙잡지 않은 것'입니다.

그뿐 아니라 베평련에는 강령이 없었습니다. 생산적이지 않은 회의도 없었지요. 그저 반전이라는 공통된 목적만 있었습니다. 시민들이 자발적 불복종 운동을 모색했던 것입니다. 전공투와 적군파의 실패를 답습하지 않기 위해 거의 정반대되는 방향을 추구했다고도 할 수 있지요.

베평련의 특징은 지금까지도 일본 시민운동에 이어지고 있습니다. 오늘날 일본 시민운동은 자발적 집합·자발적 해체를 전제로 삼고 있습니다. 강령이 없거나 있어도 아주 자유롭지요. 시민 개개인이 반전, 환경보호, 장애인 평등 등 자신이 공감하는 목표를 좇는 조직에 몸을 담고 스스로 조사와 연구를 합니다. 시민이 자기 돈을 들여서 운동을 전개하는 것입니다. 그러다 목표를 이루든지 해서 의미가 없어지면 미련 없이 조직을 해체합니다. 나중에 필요해지면 다시금 뭉치기도 하지요. 작은 규모의 조직들이 끊임없이 결성과 해체를 반복하는 것은 일본 시민운동의 중요한 특징으로 베평련에서 비롯된 것입니다.

베평련은 1974년 1월 해체됩니다. 그리고 앞서 이야기했던 아시아태평양자료센터, PARC가 설립되지요. 베평련에서 PARC로 이어지는 일련의 운동은 일본 시민사회가 아시아에도 관심을 갖게 했습니다. 그 전까지 일본 시민사회는 거의 내부의 문제에 천착했습니다. 일본 제국주의와 독점자본주의 해체, 미국의 식민지화 반대 등을 외쳤지요. 그렇게 아시아에 대한 인식이 결여되어 있었는데, 베트남 반전운동을 하며 아시아에 대해 좀더 알아야겠다는 인식이 싹텄습니다.

실제로 아시아 각국에 나가 현실을 본 이들은 깜짝 놀랐습니다. 그간 일본이 식민지에 다 보상을 했고 경제 지원을 해서 아시아 각국이 풍요롭게 살 수 있도록 도와주었다고 배웠는데 현실은 전혀 달랐던 것입니다. 아시아 각국에 일본의 공적자금이 투입되어 지어진 댐이나 호텔 등이 많았지만, 거대한 건축물의 그림자에는 삶의 터전에서 강제로 쫓겨난 현지인들이 있었습니다.

일본은 이른바 전후배상의 명목으로 대기업들의 아시아 진출 및 투자를 적극적으로 추진했습니다. 일본의 물자를 투자해 경제를 성장시켜주겠다는 명분이었지요. 명분은 나쁘지 않았지만 결국 막대한 이득을 벌어들인 것은 일본의 기업들이었고, 아시아의 노동자들은 일본 기업에 착취를 당했습니다. 노동자의 입장에서는 착취의 주체가 일본 군대에서 기업으로 바뀐 것뿐이었지요. 1970년대 사토 에이사쿠(佐藤栄作) 총리가 아시아를 방문했을 때 현지 노동자들이 일본 자동차와 오토바이를 불태우곤 했는데, 일본 기업의 착취에 항의하는 행위였습니다.

이러한 현실과 문제를 PARC를 중심으로 한 단체들이 일본 시민사회에 알리기 시작했습니다. 또한 자유학교라는 형식을 활용해 시민들이 조사한 것을 공유할 수 있는 자리를 마련했지요. 당시 PARC가 모은 아시아에 대한 자료가 얼마나 많았는지 토요타 재단에서 정보 공유를 요청할 정도였습니다.

베평련 후 일본의 사회운동은 시민의 생활방식을 재구축하려는 방향성이 더욱 뚜렷해졌습니다. 커다란 주제가 아니라 일상과 밀접한 분야에서 구체적인 대안을 찾으려는 움직임이 두드러졌지요. 광범위한 분야에서 운동이 일어났는데, 대표적인 사례는 미나마타병과 관련한 시민운동입니다.

구마모토현 미나마타시에 신일본질소주식회사가 세운 공장이 있습니다. 주로 질소비료를 만드는 공장이었는데, 문제는 폐수를 충분히 정화하지 않고 바다에 버렸다는 것입니다. 그 폐수에 섞여 있던 메틸수은이 생선에 들어갔고 그 생선을 먹은 주민의 몸에 수은이 쌓였습니다. 결국 공장 인근 주민들에게서 심각한 수은 중독 증상이 나타났지요.

피해 주민들이 문제를 제기했을 때 공장의 노동조합은 침묵했습니다. 자신들이 일하는 기업의 이익에서 노동자들이 완전히 자유로울 수 없었기 때문입니다. 회사 전체가 위험할지도 모르는 문제에 입을 다문 것이지요. 오랜 시간이 지나 공식적으로 미나마타병의 원인이 밝혀진 후에야 노동조합은 사죄문을 발표합니다. 사죄문에서 노동조합은 기업의 이익 때문에 피해 주민들과 함께하지 못했으며 앞으로 피해자들을 적극적으로 돕겠다고 했지요. 이후 진행된 소송에서 피해 주민들이 승소하는 데는 노동조합이 제공한 정보가 중요한 역할을 했습니다.

그때껏 일본의 사회운동에서 노동조합은 커다란 주류였습니다. 그런데 공해 문제가 터지자 그들은 기득권의 편으로 돌아섰습니다. 시민사회에서는 노동조합에 큰 배신감을 느꼈습니다. 더 이상 그들에게서 혁신적인 운동을 기대할 수 없다고 생각했지요. 그 일을 계기로 지역운동이나 생활운동이야말로 진정한 변화를 이끌어 낼 수 있다는 인식이 퍼졌고 그런 흐름이 계속 이어지고 있습니다.

이와 비슷한 맥락에서 국가의 관리체계로 인한 착취나 인권 침해에 반대하는 운동이 활발하게 일어났습니다. 일본 내부에서 식민지에 대해 새로운 인식이 생겨나 아이누, 오키나와, 재일조선인 등에 대한 차별을 없애려는 시민운동도 시작되었지요.

일본 시민운동의 현재를 이해하려면 베평련으로부터 이어지는 흐름을 이해하는 것이 매우 중요합니다. 물론 2010년대 들어 다시 상황이 변하긴 했습니다. 몇 번이나 강조했지만 극우세력이 정권을 잡으며 일본사회 전체가 급격하게 보수화되었지요. 자민당 정권이 교체될 조짐도 보이지 않기에 절망적이라고 하는 사람들도 있습니다. 하지만 정치가 경색될수록 돌파구는 시민사회에서 찾을 수밖에 없습니다.

지금까지 한일 시민사회는 연대할 수 있는 기회가 많았지만 엇갈리기만 했습니다. 이제야말로 서로에 대해 깊게 이해하며 연대해야 합니다. 그러지 못한다면 한일관계는 물론 동아시아의 평화까지 흔들릴지도 모릅니다.

09
평화의 시대, 촛불혁명의 동력으로 풀어가야 할 한일관계

일본사회의 평화주의와 그 한계

아베 내각이 집권한 이래 한일관계는 악화 일로에 있습니다. 한류 열풍이 머나먼 과거처럼 느껴질 정도이지요. 누군가는 예전처럼 시간이 지나면 그럭저럭 복구될 것이라고 낙관합니다. 하지만 이제는 한일관계가 전처럼 쉽게 풀리기 어려울 것입니다. 한국사회에서 한일관계의 근본적인 재규정을 요구하고 있는데, 일본에서는 그런 요구를 완강히 거부하고 있기 때문입니다.

성공회대 양기호 교수도 우리 유튜브에서 한일관계 경색이 장기전으로 갈 것이라 각오하면서 새로운 길을 찾아야 한다고 강조했지요. 일본이 우리에게 피해를 입히지 못하도록 견제하는 동시에 한일관계가 아예 파탄으로 치닫지 않고 유지될 수 있는 방법을 모색해야 한다는 것입니다. 굳이 이런 어려운 길로 가야 하는 이유는 한국에 일본이 중요한 나라이기 때문입니다. 좋든 싫든 그런 현실을 외면해서는 안 됩니다. 만약 일본과 아예 관계가 끊긴다면 우리는 물론 동아시아의 평화가 흔들릴지도 모릅니다.

일본에 아베 신조를 비롯한 극우세력만 있지는 않습니다. 일본에도 한국을 사랑하고 과거사에 진심으로 미안해하는 평범한 이들이 많지요. 앞으로 우리에게 중요한 것은 그런 평범한 이들과 손을 잡고 더욱 단단한 관계를 맺는 것이라고 생각합니다.

우리 주변에는 이런 의문을 품는 사람들이 많습니다. '일본인들은 군국주의 때문에 참혹한 전쟁을 겪었는데, 왜 평화주의를 적극적으로 추구하지 않고 자꾸 갈등을 조장할까?' 하는 것이지요. 이는 적절한 의문 같지만, 양기호 교수는 일본에 대해 잘못 전제하고 던지는 질문이라고 지적합니다.

일본사회는 세계에서도 손꼽힐 정도로 평화를 추구합니다. 세계에서 유일하게 핵무기에 직접적인 피해를 입은 나라가 일본입니다. 그것도 두 차례나 겪었지요. 잔인한 살상에 대한 공포가 있기 때문에 일본인들은 두 번 다시 그런 일이 일어나서는 안 된다고 강하게 생각합니다. 그동안 자민당이 몇 차례나 헌법을 개정하려다 실패한 것은 그만큼 일본사회가 평화를 중시한다는 증거입니다.

앞서 이야기한 일본의 사회운동들, 안보투쟁, 전학련, 전공투는 비록 실패했고 많은 부작용도 낳았지만 그 시작에는 평화주의가 자리하고 있었습니다. 전쟁을 겪은 젊은 세대들이 절대 전쟁이 일어나서는 안 된다고 거리로 나서 평화를 외치며 과격한 시위를 불사한 것이지요. 학생운동이 크게 실패했음에도 베트남 반전운동이 활발하게 일어났던 것 역시 미국의 전쟁에 일본이 발판 역할을 하다가는 또다시 전쟁에 말려들지 모른다는 불안감이 있었기 때문이라는 말입니다.

양기호 교수는 일본 평화주의의 광범위한 잠재력을 과소평가해서는 안 된다고 강조하지만, 또 한편으로는 일본의 평화주의가 갖고 있는 명확한 한계도 지적했습니다. 자신들이 아시아에 저지른 짓에 대해 속죄해야 한다는 인식을 갖지 못했다는 것이지요. 그래서 일본은 '일국 평화주의'에 머무를 뿐이라고 평하는 사람들도 있습니다.

이런 문제는 전후 도쿄재판에서 이미 싹을 텄습니다. 도쿄재판의 재판관 중에 아시아인은 거의 없었습니다. 일본의 전쟁범죄를 재판하는 자리에 정작 아시아인의 시각은 부족했던 것입니다. 사실 일본의 전쟁범죄에 제대로 책임을 물으려면 천황까지 거슬러 올라가야 합니다. 하지만 전후 일본을 점령한 서양인들은 여러 실리적인 이유를 들며 천황의 책임을 묻지 않았고, 천황제는 지금도 굳건히 유지되고 있습니다.

양기호 교수는 전후 처리 과정에서 GHQ 등이 첫 단추를 잘못 끼우는 바람에 일본에서는 아시아에 대한 책임을 이야기하기 어렵게 되었다고 말합니다. 진보적 지식인이 강하게 평화를 주장하지만, 아시아에 대한 속죄를 이야기하면 논의가 탁 막혀버린다는 겁니다. 그러려면 천황제까지 책임이 미치기 때문이지요. 일본사회의 근본을 흔들 만한 사안을 과감하게 이야기할 수 있는 사람이 없었습니다.

앞서 말했듯 일본은 평화주의를 강하게 추구합니다. 일본이 전쟁을 일으켜서 다른 나라를 침략해서는 안 된다는 사고방식이 강하게 자리 잡아 지금도 흔들리지 않고 있지요. 하지만 아시아에 대한 반성으로는 좀처럼 나아가지 못하고, 그 때문에 일본의 평화주의를 확산해 아시아 또는 세계적인 평화연대를 맺지는 못하는 한계를 보이고 있다는 것이지요.

양기호 교수는 전쟁 후 몇 차례 일본이 한계를 극복할 찬스가 있기는 했지만 그 찬스를 살리지 못했다고 아쉬워합니다. 사회운동이 격렬했던 1960년대에 가시적인 성과를 냈다면 좋았겠지만 연달아 공권력에 패하며 사회운동의 동력이 꺾이고 말았지요. 게다가 자민당 정권의 경제 성장 정책이 성공하여 세계 제2의 경제대국이 되자 일본사회는 점점 과거사 청산과 아시아에 대한 반성을 잊게 되었습니다. 자민당이 압도적인 지지율로 승리하며 계속해서 집권한 것만 봐도 그런 경향을 알 수 있다는 말입니다.

1990년대에 찾아온 장기불황도 결코 좋은 영향을 미치지는 않았답니다. 너무 오랫동안 불황이 지속되면서 일본사회 전체에 활력이 떨어졌기 때문입니다. 훨씬 후진국이라 여겼던 중국의 GDP가 일본을 앞선 지는 한참 되었고, 1960년대 일본 GDP의 1퍼센트 정도에 불과하던 한국의 GDP는 오늘날 33퍼센트까지 늘어났습니다. 두 나라의 인구수 등을 고려하면 턱밑까지 따라붙은 셈이지요. 불황 속에서 진보적 사회운동이 추진력을 얻기란 어려울 수밖에 없습니다.

그래도 2009년 자민당 창당 이래 처음으로 민주당이 정권 교체에 성공하면서 다시 찬스가 왔습니다. 거의 독재에 가깝던 자민당 정권이 막을 내렸으니 일본에 새로운 바람이 불 것이라 기대됐지요. 하지만 집권 초기부터 여러 실책을 저지른 민주당 정권은 2011년 동일본 대지진과 후쿠시마 원전 사고에 제대로 대처하지 못하며 허무하게 막을 내렸습니다.

양기호 교수는 오랫동안 일본사회에 여러 부정적인 감정들이 쌓여 왔다는 사실을 지적합니다. 불황이 오래되며 느끼는 위축감과 박탈감, 북한 핵이 혹시 자신들을 향할까 두려운 불안감, 자연재해에 대한 무력감, 한반도의 급격한 정세 변화에서 벗어났다는 소외감 등이 복잡하게 얽혀 있지요. 이런 상황에서 아베 내각은 사람들의 감정을 교묘하게 자극하며 일본은 피해자라는 인식을 심어주고 있습니다. 그럼으로써 결국 헌법 개정을 이뤄내려 하는 것이지요.

일본이 과거 아시아에 큰 잘못을 저질렀고 그에 대해 통렬한 사죄와 반성을 해야 한다는 것들이 제대로 교육되지 않는 상황에서 아베 내각의 선동은 너무나 손쉽게 일본 사람들 속으로 침투했습니다. 많은 이들이 평화를 바라는 동시에 우리는 피해자라는 생각을 품게 되었지요. 결코 좋은 상황은 아니지만 우리는 일본사회의 생각과 한계를 제대로 이해해야 비로소 한일관계의 다음 단계를 고민해볼 수 있습니다.

세월호와 동일본 대지진이 남긴 한일 시민사회의 과제

한일 양국은 2010년대에 사회 전체에 큰 상처를 남긴 사건을 겪었습니다. 일본은 2011년 3·11 동일본 대지진이 일어났고, 한국은 2014년 4·16 세월호 참사가 있었지요. 두 사건은 양국 시민사회에 '국가란 무엇인가?' 하는 공통된 질문을 던졌습니다.

동일본 대지진을 겪은 뒤 일본의 사회운동은 지금까지 해왔던 활동들과 국가라는 틀 자체를 의심하고 해체한 다음 재구축하는 과정을 밟고 있습니다. 그러자 그동안 놓쳤던 많은 지점들이 뒤늦게 눈에 띄었지요.

일본은 세계에서 유일한 원자폭탄 피해국이고 그동안 핵무기 반대운동을 벌여왔지만, 정작 원자폭탄과 똑같은 원리로 작동하는 원자력발전소에 대해서는 평화적 이용이라는 논리에 동의해왔습니다. 후쿠시마 원전 사고를 겪었지만 얼마 지나지 않아 원전 재가동이 이뤄졌지요. 진보적인 사회운동가들도 이 문제에서 자유롭지 못합니다. 지역운동을 활발하게 했다고 하지만 후쿠시마에 밀집한 원자력발전소, 오키나와의 미군기지 문제 등에 구체적인 대안을 제시하지 못했기 때문입니다.

과거사에 대해서도 마찬가지입니다. 역사반성운동을 벌였지만 결과적으로 역사수정주의를 막지 못했고 그런 흐름은 집단적 자위권 법안 통과로 이어졌습니다. 중국으로 보낸 개척민, 오키나와 전투에서 희생된 일반인, 히로시마와 나가사키의 원폭 피해자, 후쿠시마 거주자처럼 일본의 역사 속에서 희생을 당한 약자들도 포용하지 못했습니다. 일본 정부는 오히려 그들의 목소리를 막으려 했지요.

이런 사실들은 일본이 누구도 책임지지 않는 국가가 되었음을 보여줍니다. 기민 정책의 나라가 되었다고 할 수도 있겠지요. 어느 한 계기로 갑자기 그렇게 된 것이 아니라 아주 오랫동안 조금씩 변해온 결과일 것입니다.

한국이라고 크게 다르지는 않지요. 제주 4·3 사건, 한국전쟁, 광주민주화운동 등을 돌이켜 보면 한국도 국가가 국민을 지키기보다는 희생을 강요했습니다. 그 결과 국가 자체에 생겨난 구조적 문제점은 하나도 해결되지 않았지요. 신자유주의가 만연하며 벌어진 경제적·교육적 격차는 갈수록 심각한 사회문제를 야기하고 있는데, 마땅한 대안이 제시되는 것은 요원해 보입니다. 세월호 참사에서 수백 명이 희생되고 있을 때 국가시스템이 전혀 가동되지 않았던 것은 한국사회의 구조적 모순이 일시에 터진 것이라고 할 수 있습니다.

한국과 일본의 국가시스템이 동일성을 띠는 것은 우연이 아닙니다. 식민지의 유산 또는 식민지의 연장선에 나타난 결과로 봐야지요. 전후 일본과 한국은 연합군의 점령에 의해 운명공동체처럼 만들어졌습니다. 그 뒤에 걸어온 길도 비슷합니다. 기민 정책으로 소수자와 약자는 배제한 채 대중을 동원하여 개발에 매진했습니다. 개발에 힘을 쏟을수록 경제 외에는 사소한 문제들로 치부되었지요. 또한 군사기지나 발전소 등 사안에 있어서는 철저하게 해당 지역 주민에게 희생을 강요했습니다. 오키나와와 제주도, 후쿠시마와 고리, 월성을 보면 깜짝 놀랄 정도로 구도가 유사한 것을 알 수 있습니다.

분명 전쟁을 겪고 폐허가 되었음에도 이렇게 빠르게 경제대국으로 성장한 한국과 일본은 자랑할 만한 나라들입니다. 하지만 동시에 자랑스럽지 않은 면이 있는 것도 인정해야 합니다. 두 나라 모두 인권·평화·복지 등에 대해서는 실패한 국가모델을 만들었습니다. 한국은 치열한 민주화운동과 촛불항쟁을 통해 국가기구의 상층부를 교체하는 데 성공했지만, 수십 년간 공고하게 굳어진 국가

모델을 해체하고 인권과 평화가 존중되는 새로운 모델을 만들어내지는 못하고 있습니다. 일본의 경우에는 수구 정치인들이 실패한 국가모델에 대해 책임을 지는 대신 그 책임을 모면하고 외부로 떠넘기기 위해 자국 시민사회에 반일이나 혐한 같은 갈등과 혐오를 조장하고 있지요.

지금 한일 시민사회는 기로에 놓여 있습니다. 이해와 협력보다 갈등과 혐오를 조장하는 세력이 횡행하는 상황에서 시민사회는 어떤 길을 선택해야 할까요? 만약 갈등과 증오와 대립을 멈추지 않는다면, 한국과 일본의 시민사회가 교류를 포기해버린다면, 제2의 한국전쟁 같은 비극이 일어날지도 모릅니다. 누군가는 섣부른 예측이라고 할지 모르지만 역사를 돌이켜 보면 한국과 일본의 관계에 따라 동아시아의 평화가 좌우되고는 했습니다. 결코 낙관적으로 예측할 일이 아니라는 말입니다.

물론 다른 길도 있습니다. 한일 시민사회가 진정한 교류를 해낸다면, 갈등과 혐오를 조장하는 세력을 뛰어넘어 진정한 평화의 길로 들어설 수 있을 것입니다. 그러기 위해서는 먼저 서로의 과거와 현재를 올바르게 이해하고 한일관계에서 시민사회가 해낼 수 있는 역할을 명확하게 인식해야 합니다. 어려운 일이고 시간도 걸리겠지만 한국사회에는 충분한 저력이 있습니다. 지난 촛불혁명을 돌이켜 보면 우리가 평화의 길로 나아갈 수 있다는 확신이 듭니다.

진정한 한일 시민의 연대를 꿈꾸며

지금까지 쉬지 않고 일본에 대해, 한일관계에 대해 이야기했습니다. 한 가지 질문을 던져보겠습니다. 우리에게 일본은 어떤 존재일까요? 누군가는 원수 같은 나라라고 할 수 있습니다. 누군가는 애증의 대상이라 할 수도 있겠고, 어쩔 수 없이 함께해야 하는 이웃이라고 답할 수도 있지요.

한국과 일본은 서로 거울 같은 존재입니다. 공통적으로 지니는 특성이 너무 많아서 반면교사로 삼을 만한 나라이지요. 어느 한 나라가 반면교사인 것이 아니라 서로 그렇습니다.

현재 일본과 한국 모두에서 커다란 사회문제로 대두되는 것은 고령화와 저출산, 그로 인한 공동체 붕괴입니다. 이 문제에 있어서는 한국이 일본을 보고 참고할 만한 것이 많습니다. 일본이 한국보다 먼저 이런 문제에 직면했기 때문이지요. 일본도 고령화와 저출산 초기에는 1인 가구 고령자가 자살하는 일이 자주 일어났습니다. 기존의 가족만으로는 문제를 해결할 수 없었지요. 그래서 찾아낸 방안이 지역공동체 활성화였습니다. 어차피 1인 가구 증가는 변치 않으니 지역 주민 전체가 공동체를 꾸리게끔 한 것입니다. 인구가 적은 지방에서는 홀로 사는 고령자를 비롯해 외국인 노동자까지 다양한 사람들이 지역 내에서 마치 가족처럼 의존하며 생활하고 있습니다. 이러한 실험이 성공하자 외려 젊은 세대가 새롭게 유입되기도 했지요. 한국에서도 참고할 만한 좋은 사례입니다.

후쿠시마에서 벌어지고 있는 실험 역시 눈여겨보아야 합니다. 현재 후쿠시마에서는 친환경 대체에너지를 찾으려는 노력이 이어지고 있습니다. 우리 생각보다 다양한 실험이 이뤄지고 있지요. 이 실험들이 후쿠시마에만 해당하는 것은 아니라고 생각합니다. 현재 원전을 가동하는 있는 지역이라면 어디든 고민해봐야 할 문제입니다. 늘 불안이 잠재된 원전을 대체할 만한 에너지를 찾는다면 우리 사회는 핵에 대한 불안에서 한 걸음 더 벗어나게 될 것입니다.

도시와 농촌의 격차를 좁히기 위한 도시근교농업의 실험도 정착 단계에 들어섰습니다. 종래에 농촌은 도시의 소비를 위해서 존재했고, 도시에서 원하는 것들을 만들어왔습니다. 하지만 이런 구조에서는 도시가 농촌을 흡수해버려서 농촌의 공동화 현상이 일어나고 결국 농촌이 죽어갈 수밖에 없습니다. 일본의 농업도 농촌이 쇠퇴함으로써 자급자족이 되지 못하고 외국산 농산물에 의존하는, 자생하지 못하는 사회구조가 만들어져버렸지요. 그래서 도시와 농촌의 관계가 소비와 생산의 구조가 아니도록 도시근교농업을 통해서 상호공생을 모색하는 실험들이 진행되어왔습니다. 도시의 지속적인 생존을 위해서, 근교농업과 공존을 위해서, 상호 노력함으로써 단순한 개발이 아닌 '함께하는 재개발'로 새로운 모델을 만들고 있는 지역들이 있습니다.

비정규직과 자살 문제도 한일 양국에 공통됩니다. 일본의 시민사회는 자살을 개인의 문제가 아닌 국가가 책임져야 할 문제로 재정립하면서 전국의 지방자치단체들이 조례를 만들게 하는 운동을 벌여왔습니다. 라이프링크라는 단체를 중심으로 추진된 이 운동은 다양한 자살의 원인에서 일정한 패턴 및 대책을 찾아내고 지방자치단체가 그 문제를 해결할 수 있는 방안을 만들게 하여 실제로 자살율을 대폭 저하시키는 성과를 내기도 했습니다.

학교폭력과 학급붕괴도 심각한 사회문제 중 하나입니다. 학교 수업과 학교에 대한 인식을 바꾸려는 노력들은 일본에서 오래전부터 진행되어온 대표적인 사회운동입니다. 한국의 풀무학교와 일본의 여러 대안학교들의 연대운동은 좋은 사례인데, 양국의 교육 모델에 대해서도 더욱 깊게 고민해야 합니다.

한국과 일본은 미군기지 문제에서도 자유롭지 못합니다. 오키나와에서 일어나고 있는 운동은 단지 미군기지를 반대하는 것이 아닙니다. 미군기지 내의 범죄, 용역, 환경오염 제거, 반환 이후의 활용, 기지와 지역 간의 공존과 미래 비전 등 다양한 이슈가 미군기지 반대운동에 얽혀 있지요. 오키나와에서 이뤄지는 미군기지 반대운동의 구체적인 사례들은 한국 내 미군기지의 반환 이후 활용에 있어서도 시사하는 점이 많습니다.

역사수정주의는 한일 양국이 직면한 새로운 과제입니다. 일본의 역사수정주의는 이미 2000년대에 역사학계에서 퇴출되었음에도 불구하고 제2차 아베 내각의 등장과 함께 부활을 꿈꾸고 있습니다. 하지만 스스로 역사수정주의를 주장하면 터무니없기에 귀화한 한국인, 재일조선인, 미국인 등을 활용하여 일본의 역사를 미화하고 있지요. 최근에는 한국의 『반일 종족주의』계열 학자들에게 직접 재정 지원을 하여 일본과 해외의 회의에 데리고 다니면서 역사수정주의의 정당성을 주장하게 만들고 있습니다.

일본의 조선 식민지 정책에 근대화 및 개발의 측면이 있다는 것을 전면 부정하기는 어렵습니다. 착취와 종속을 주장할수록 그들의 근대화 및 개발 논리 역시 계속해서 동전의 양면처럼 존재할 뿐입니다. 역사수정주의에 대해서는 통계나 논리만이 아닌 역사 현장에서 당시의 개발이 구체적으로 어떤 경로로 누구를 위해서 이루어졌는지 한일 시민사회가 함께 현장을 검증하는 새로운 연구모델이 필요합니다. 2019년 경남 진영의 낙동강 일대에 무라이(村井) 재벌이 개발했던 무라이 농장을 한일 양국의 시민사회가 손잡고 역사자료와 현장을 중심으로 검증한 사례는 대표적인 모델이 될 것입니다. 농장 경영주가 당시 농장 개발을 하면서 일본 본사 및 관공서와 주고받은 수많은 서한 중 어디에도 조선의 근대화나 민중을 위한다고는 적혀 있지 않았습니다. 오직 개인의 이익을 위해서 투자한다고 쓰여 있다는데, 개발과 근대화의 논리를 부정하는 증거인 셈입니다.

마지막으로 한 번 더 질문하고 싶습니다. 과연 일본은 한국에 어떤 존재일까요? 동반자일까요? 라이벌일까요? 아니면 주적일까요? 이런 한 단어로 표현할 수는 없을 것 같습니다. 한일관계에는 너무나 복잡한 맥락이 있지만 다음과 같은 몇몇 문장으로 정리해 보겠습니다.

'일본은 한국의 통일을 이루어주지 못하지만, 우리의 통일을 방해할 힘이 있는 나라입니다.' 이미 예전부터 느꼈지만 하노이에서 있었던 2차 북미정상회담 전후에 벌어진 일들을 보면 일본에 그 정도 힘이 있는 것은 분명합니다.

'일본은 한국이 20년 뒤에 겪게 될 모순된 사회상을 보여주면서도, 우리 사회가 현재 안고 있는 모순을 배우지는 않는 나라입니다.' 일본은 생각보다 한국을 철저하게 분석하고 있습니다. 한국을 전문으로 연구하는 이들도 수없이 있지요. 예컨대 한국은 일본보다 인터넷과 스마트폰 등이 먼저 퍼졌습니다. 그와 관련한 문화가 발전했지만 동시에 '악플' 같은 부작용 또한 드러났지요. 일본은 한국과 같은 부작용을 막기 위해 자기들 나름대로 연구하며 대안을 모색하고 있습니다. 그런데 과연 한국은 일본을 얼마나 알고 있을까요? 일본만큼 이웃 나라를 분석하려 노력했을까요? 우리는 아직 일본을 알려는 노력이 많이 부족하다고 생각합니다.

앞서 자세히 설명했던 일본사회운동의 역사도 우리가 알고 이해해야 하는 일본의 일면입니다. 우리는 올바르게 역사를 인식하는 동시에 다양한 패러다임으로 일본의 과거와 현재를 이해해야 합니다. 일본사회운동이 겪은 좌절과 실패, 아픔, 그리고 그들 앞에 놓인 새로운 도전까지 우리는 모두 흡수해야 합니다. 그래야 비로소 진정한 시민교류를 시도해볼 수 있을 것입니다.

일본 시민사회가 전후보상운동을 전개하고 있다고 말했습니다. 일본군 '위안부', 강제징용, 조선인 전범, 조선인 피폭자 2세 등 다양한 문제를 일본 시민사회에서 감당하고 있지요. 양심 있는 일본 시민 개개인이 수십 년 동안 사비를 들여 조사하고 쌓은 데이터가 너무나 많습니다. 일본 정부조차 가지고 있지 않은 것들이 많지요. 그런데 자료를 소장한 이들이 세상을 떠나면 누가 그것을 물려받아야 할까요? 이대로는 그 자료들이 없어지면 두 번 다시 손에 넣기 어려울 것입니다. 일본 우익은 당사자들이 세상을 떠나 전후보상운동이 흐지부지되길 기다리고 있는데, 우리가 손 놓고 있다가는 정말로 그렇게 될지 모릅니다.

전후보상운동을 보면 우리가 왜 일본 시민운동의 역량을 흡수해야 하는지 알 수 있습니다. 한일 시민사회가 진정한 교류를 해낸다면 일본사회를 바꾸는 동시에 한국사회가 나아갈 방향도 새롭게 설정할 수 있을 것입니다.

한일관계를 일본의 입장에서 한 문장으로 쓰면 이렇습니다. '일본은 한국을 이해하지 못하면 동아시아에서 영원히 친구가 없을 것이다.' 현실적으로 일본은 앞으로도 미국의 영향력 아래에 있을 수밖에 없고, 중국과는 계속해서 대립각을 세우게 될 것입니다. 그 때문에 일본은 한국을 포기해서는 안 됩니다. 그랬다가는 동아시아에서 고립을 자초하게 되겠지요.

한국의 입장에서는 한일관계를 이렇게 쓸 수 있습니다. '한국이 일본과 협력하지 못하면 동아시아에 미래는 없을 것이다.' 역시 현실적으로 생각해보지요. 물론 한국에는 북한이라는 동족이 있지만 이미 70년이나 다른 길을 걸어왔습니다. 장래 북한과 공존해야 하는 건 분명하지만 당장 공유할 수 있는 것들은 많지 않지요. 또한 중국은 어쩔 수 없이 한국에는 큰 나라일 것입니다. 이런 현실에서 우리가 일본을 포기하면, 미국과 중국이라는 강대국의 대립 사이에 끼어서 한반도는 영원히 분단을 강요당할 수밖에 없을 것입니다. 그렇기 때문에 한국은 싫든 좋든 실리적으로 이웃인 일본과 협력해야 합니다. 그래야 비로소 한반도의 평화로운 미래가 열릴 것입니다.

물론 지금 상황은 녹록지 않습니다. 급격하게 보수화한 일본사회는 앞으로 더욱 심한 극우로 치달을 가능성을 내포하고 있습니다. 자민당의 세력이 굳건하여 극적으로 상황이 뒤바뀔 가능성은 한없이 적어 보이지요. 일본 시민사회에서도 아베 반대운동이나 탈원전운동 등을 전개하고 있지만 이미 살펴보았듯이 오랜 패배의 역사 때문인지 그 동력은 꽤 떨어져 있습니다.

이런 상황에서 마지막으로 희망을 주는 것이 한국 시민사회의 에너지입니다. 한국의 독자들은 무슨 말인지 의아해할지도 모르겠습니다. 한국 시민사회는 지난 촛불혁명으로 엄청난 저력을 보여주었습니다. 완전한 비폭력 운동으로 세계 민주주의 역사에 길이 남을 성과를 거두었지요. 한국 시민사회가 보여준 보편적·평화적·인권적·개방적 민족주의의 힘은 일본 시민사회에 신선한 자극을 줄 수 있습니다. 실제로 일본 시민사회에서는 한국의 촛불혁명을 보며 깊은 감명을 받았다는 이들이 많습니다.

생각해보길 바랍니다. 내부에 힘이 떨어졌을 때는 외부에서 연료를 구할 수밖에 없습니다. 일본 시민사회에 원동력이 떨어졌다면 한국 시민사회에서 힘을 나누어주면 되겠지요. 그 때문에 거듭해서 한일 시민사회의 연대를 강조한 것입니다.

만약 한국이 계속해서 폐쇄적인 민족주의와 국가주의를 전면에 내세운다면 일본 시민사회는 한국에서 희망을 찾지 못하고 자연스럽게 극우주의에 전부 포섭될 것입니다. 그런 흐름은 일본의 헌법 개정 및 동아시아 평화의 위협으로 이어지겠지요.

다시 강조하지만 지금은 갈등과 혐오가 필요한 시대가 아닙니다. 한국과 공통점이 많은 덕에 반면교사로 삼을 만한 일본을 직시하고 배울 건 배우면서 연대해야 합니다. 그랬을 때 비로소 우리는 진정한 과거사 청산은 물론이고 새로운 동아시아 평화체제를 향해 나아갈 수 있을 것입니다.

한국과 일본, 극우를 넘어 시민의 연대로

일본 아베 내각이 한국 대법원의 징용판결에 대한 보복으로 반도체 핵심 소재 3개 품목에 대한 수출 규제 조치를 발표한 것은 2019년 7월 1일이었다. 이날은 마침 아베가 심혈을 기울여 개최한 오사카 G20 정상회담에 참석했던 트럼프가 판문점에 깜짝 방문하여 김정은과 손을 잡은 날이기도 했다. 개인적으로는 2019년 봄부터 우연히 시작하게 된 유튜브 방송을 7월 17일 제헌절에 맞추어 더욱 체계적으로 진행하려고 '한홍구TV, 역사 통'의 개국을 한창 준비하던 참이었다. 마침 8월은 원자폭탄 투하 문제, 8·15 해방, 8·29 국치일 등이 겹쳐 일본과 관련된 문제들을 다뤄야 하지 않을까 생각하고 있었는데, 처음 아베의 수출 규제 조치 발표가 났을 때에도

이 문제가 얼마나 심각한지 깨닫지는 못했다.

  대표적인 현대사 전문 PD로, EBS 사장직을 마친 뒤 역사로 세상을 바꾸는 데 기여할 수 있는 일을 찾아보자고 의기투합하여 한홍구TV의 개국을 함께 준비하던 장해랑 PD가 아예 8월 한 달 동안 한일관계를 집중적으로 다루자고 제안했다. 마침 『반일 종족주의』 논란이 불거지고 일본만이 아니라 국내의 친일세력 문제가 대두되면서 한홍구TV의 3회부터 다음과 같은 여섯 차례 방송이 준비되었다.

  3회(8월 1일): 일본 우익의 뿌리를 해부한다
  4회(8월 9일): 우리는 아직 해방되지 않았다─원폭피해자들의
                고통과 절규
  5회(8월 15일): 한일관계, 그 기나긴 애증의 역사
  6회(8월 22일): 재일조선인 문제를 보면 지금 한일관계가 보인다
  7회(8월 29일): 토착왜구 100년사
  8회(9월 6일): 이영훈의 『반일 종족주의』 완전정복

  이 방송을 준비하던 중에 마침 일본 게이센여학원대의 이영채 교수가 한국에 와 있다는 사실을 알고, 급하게 만나 바로 대담 방송 「대책 없는 아베, 지금 무슨 생각을 하고 있나?」를 내보냈다. 한일·북일관계가 주전공인 이영채 교수는 혐한 분위기로 가득 찬 일

본의 각종 방송에서 고군분투하고 있을 뿐 아니라 국내에서도「김어준의 뉴스공장」,「김어준의 다스 뵈이다」등 각종 언론, 팟캐스트, 유튜브 등에서 맹활약하고 있었다. 이영채 교수는 눈코 뜰 새없이 바빴지만, 피차간에 편하게 억지스러운 부탁을 주고받아온사이라 한홍구TV에서 몇 차례 강연해달리는 내 부탁을 서설하지않았다. 이영채 교수 역시 텔레비전에 출연해 여러 가지 이야기를했어도 시간이 부족한 탓에 깊이 있는 이야기를 하지 못해 늘 아쉬웠다고 했다. 마침 10여 일 후 다시 한국을 방문할 기회가 있다기에 이메일로 강연 주제를 협의했다. 90분짜리 강연 4회를 두 번에걸쳐 녹화하기로 했다. 바쁜 일정 때문에 녹화는 밤 10시 넘어 시작하여 새벽 3~4시경에 끝났다. 이영채 교수의 강연은 한홍구TV를 통해 다음처럼 방송되어 일본 문제에 대한 깊이 있는 분석을 바랐던 구독자들의 뜨거운 호응을 받았다.

1강(8월 17일): 일본은 왜 역사반성을 하지 못했는가?
2강(8월 24일): 야스쿠니 문제란 무엇인가
3강(8월 31일): 재일조선인 문제와 북일관계
4강(9월 7일): 전후 일본사회운동과 오늘의 일본

내 강연과 이영채 교수의 강연을 모두 기획하고 진행한 장해랑PD는 한일관계에 대해 이렇게까지 깊이 있게 집중적으로 다루면서도 대중적으로 풀어낸 작업이 없었다면서 방송을 책으로 만들어보자고 제안했다. 창비의 윤동희 편집자는 이영채 교수와 내 강연을 다 찾아 듣고, 이를 책으로 만들자는 제안에 흔쾌히 동의했다. 이영채 교수 강연 4회, 이영채·한홍구 대담 1회, 한홍구 강연 6회로 이루어졌지만, 강연이다 보니 중복된 부분도 꽤 있어 편집진에서는 두 사람의 강연을 한 사람이 한 것처럼 합쳐서 정리해보자고 제안했다. 독자들에게 전달하는 데는 그런 방식이 유리하겠다는 판단에 강연자 두 사람은 모두 동의했다. 한일관계와 조일관계가 주전공인 이영채 교수의 전문성·실천성·현장 감각에 비해 나의 지식과 공부가 부족해 이영채 교수에게 누를 끼친 것 같아 미안한 마음이다.

2019년 초, 수구정치세력의 반민특위 망언 등으로 '토착왜구'에 대한 비판이 확산되었다. 이어 7월 갑작스레 발표된 아베 정부의 수출 규제 조치에 자유한국당 일부 세력이 동조하는 분위기를 내비치자, 보수세력의 상당수가 자유한국당과 거리를 두면서 한국의 보수가 새롭게 태어나는 것 아니냐는 성급한 기대도 나왔다. 하지만 그로부터 1년이 채 지나지 않은 지금, 상황은 매우 엄혹해졌다. 처음 아베가 수출 규제를 시행했을 때 일부 언론은 아베가 한국경제에 악영향을 끼치고, 그것이 총선에서 문재인 정권에 부정적으로 작용하여 반일적 입장을 가진 민주개혁정권을 퇴진으로 이어지고 나아가 일본의 보수정권과 잘 통하는 보수세력이 한국에서 재집권하도록 하는 계획을 세운 것이라고 분석했다. 당시에는 이 주장의 현실성이 와닿지 않았다. 그러나 조국 사태 등을 거치면서 국내 정치 상황은 한 치 앞을 내다보기 어려울 정도로 불투명해졌다. 수구 세력이 결집하고 젊은 층이 민주개혁 진영에 깊은 실망을 하게 되면서 2020년 총선과 그 후의 정치과정을 낙관하기 어렵게 된 것이다. 민주개혁 진영이 어려움에 처한 이런 상황 전개는 아베 정권으로서는 전혀 예측할 수 없는 것이었겠지만, 자칫 아베의 수출 규제 조치의 효과를 극대화하는 결과를 낳지 않을까 우려된다.

　아베의 돌발적인 수출 규제 조치는 한일관계의 맥락을 넘어 동아시아 전체의 상황 변화와 연결 지어 살펴볼 필요가 있다. 2016~17년 촛불항쟁을 통해 국내에서는 민주개혁정권을 출범시켰지만, 당시만 해도 북한의 핵개발을 둘러싼 북미 간 갈등으로 고조된 한반도의 전쟁 위기는 개혁에 암운을 드리웠다. 그러나 2018년 초 평창 동계올림픽에서 극적인 반전이 이루어져 남북정상회담과 조미정상회담이 연달아 열리며, 한반도 안과 밖에서 근본적인 변화를 이룰 수 있는 기회가 조성되었다. 이와 같은 기회는 한반도에 살고 있는 사람들에게 삶을 근본적으로 변화시킬 수 있는 다시없는 기회이지만, 일본의 보수우익에게는 한 번도 경험하지 못했고, 생각하기도 싫은 상황이라 할 수 있다.

　지정학적으로 한반도는 중국의 머리를 겨누는 망치요, 일본의 심장을 겨누는 비수이기도 했다. 일본이 살아남아 대륙으로 진출하기 위해서는 먼저 이 위협을 제거하고 한반도를 장악해야 했다. 19세기 후반 이후 일본의 보수세력에 한반도란 일본이 대륙으로 진출하기 위해 필요한 발판이었고, 20세기 중반까지 한반도는 일본의 제국주의적 침략과 지배의 대상이었다. 1945년 일본의 패전으로 해방되었지만, 한반도의 해방은 곧 분단이었다. 분단된 한반도는 더 이상 일본에 치명적인 위협이 되지 않았다. 1950년 한국전쟁은 패전으로 폐허가 된 일본이 다시 일어설 수 있는 기반이 되었다. 앞서 언급했듯이, 전후 일본 보수정치의 기틀을 잡은 요시다 시게루는 한국전쟁이 발발했다는 소식에 '신이 일본에 내린 선물'이라며 반색했다고 한다.

이렇게 1980년대 후반까지 무섭게 질주하던 일본경제는 1990년대에 들어 부동산 거품이 꺼지며 불황에 빠져 20년 넘게 침체를 극복하지 못했다. 오랜 침체 끝에 일본에서도 자민당의 장기집권이 깨지고 새로이 민주당 정권이 출범하며 변화를 모색하게 되었지만, 2011년 발생한 동일본 대지진에 민주당 정권이 잘 대처하지 못하면서 2012년 말 아베 보수정권이 등장했다.

한편, 1965년 한일회담 당시 1 대 30이라던 한국과 일본의 경제력 차이는 이제 1 대 3으로 격차가 줄어들었다. 일본 인구가 한국 인구의 2.5배가량인 것을 고려하면, 한국 경제가 거의 일본을 따라잡은 형편이다. 1인당 국민소득은 2023년이면 일본보다 한국이 앞선다는 예상까지 나오고 있다. 특히 전자산업은 패전 이후 일본 경제의 부흥을 이끈 기관차였다. 그런데 어느새 일본 전자산업 10대 기업의 1년 매출액 총합이 삼성전자의 반년 매출액에 미치지 못하게 되었다. 일본으로서는 한국의 추격이 부담스러울 수밖에 없을 것이다. 더구나 지금의 중국은 일본의 침략 대상이던 19~20세기의 중국이 아니다. 미국과 함께 세계 패권을 겨루는 거인으로 우뚝 섰고, 한국은 중국의 경제발전이라는 기회를 놓치지 않고 일본을 턱밑까지 추격했다.

이런 배경에서 그동안 아베는 일본이 전쟁을 할 수 있는 보통국가를 꿈꾸며 평화헌법을 개정하고 자위대를 군대로 전환하려 하고 있다. 그 전제는 바로 북한의 위협이다. 그런데 지금 북한이 남한과 손을 잡고 미국과도 관계를 개선하려는 움직임을 보이고 있다. 2018년 9월 환호하는 평양시민들 앞에서 문재인 대통령과 김정은 국무위원장이 손을 잡는 광경이나 트럼프, 문재인, 김정은 세 지도자가 휴전선에서 나란히 손잡고 서 있는 모습은 일본의 보수우익에게 절대로 일어나서는 안 되는 일이었다. 일본 보수우익 200년의 역사에서 한반도는 갈 길 못 찾고 헤매거나, 일본이 대륙으로 진출하는 발판 노릇을 하거나, 일본의 직접적인 지배를 받거나, 아니면 갈라져 서로 싸워야 했다. 서로 손잡고 화해하는 한반도는 지금껏 일본이 본 적이 없었고, 그들이 바라는 미래에 있어서도 안 되는 것이었다. 그 때문에 아베의 수출 규제 조치가 단순히 한국 대법원의 징용판결에 대한 반발에서 이뤄진 것이라고는 볼 수 없다.

19세기 중엽 이후 일본이 급변하는 세계정세에 적극적으로 대처하는 동안 조선은 그러지 못해 일본의 식민지로 전락했지만, 20세기 후반과 21세기 초반에 걸쳐 한국은 일본을 거의 따라잡을 수 있었다. 그 이유는 좀더 차분히 분석해야 하겠지만, 그 시기 한국에는 있고 일본에는 없었던 것이 중요하게 작용했다고 보아야 할 것이다. 그것은 바로 민주화운동과 촛불항쟁이다. 천황의 나라인 제국 일본에서는 3·1운동과 같은 대규모 민족해방운동의 경험도 없었고, 4월혁명, 부마항쟁, 광주항쟁, 6월항쟁이나 21세기 한국의 촛불항쟁 같은 시민들의 대대적인 봉기도 없었다. 일본은 한 번도 제대로 체제와 정권을 바꾸지 못한 채, 천황제가 마련해놓은 보이지 않는 장벽을 넘지 못하고 있다. 일본의 양심세력은 적지 않은 기반을 갖고 있지만 고령화되고 있고, 극우세력이 발호하는 가운데 점점 목소리를 잃어가고 있다. 이런 때일수록 한국과 일본의 양심적인 시민세력이 극우가 쳐놓은 장벽을 넘어 손잡고 하나가 되어야 한다.

이제 한국과 일본은 과거 일본의 제국주의 침략과 지배가 남겨놓은 깊은 상처를 씻고, 새로운 역사를 만들어가야 한다. 사실 두 나라는 떼려야 뗄 수 없는 이웃이다. 서로를 잘 이해하는 것이 절실한데, 한국은 한국대로 일본은 일본대로 색안경과 편견이 각각의 사회에 만연해 있다. 이 책은 민주화운동과 촛불의 입장에서 한일관계의 역사를 돌아보고, 새로운 미래를 열고자 하는 작은 시도다. 새로운 한국, 새로운 한반도, 새로운 동아시아를 꿈꾸는 젊은 세대들이 새로운 한일관계를 만들어나가는 데 이 책이 작은 도움이 되었으면 한다.

2020년 1월

한홍구

더 깊은 공부를 위한 자료

1장 일본의 '피해자' 의식: 전후 협정

스가노 다모쓰『일본 우익 설계자들: 아베를 등위에서 조종하는 극우조직 '일본회의'의 실체』, 살림 2017.

아오키 오사무『일본회의의 정체: 아베 신조의 군국주의의 꿈, 그 중심에 일본회의가 있다!』, 율리시즈 2017.

야스다 고이치『일본 '우익'의 현대사』, 이재우 옮김, 오월의봄 2019.

우쓰미 아이코『전후보상으로 생각하는 일본과 아시아』, 김경남 옮김, 논형 2010.

2장 한국인은 모르는 일본인의 마음, 야스쿠니

길윤형『나는 조선인 가미카제다: 일본군 자살특공대원으로 희생된 식민지 조선인』, 서해문집 2012.

다카하시 데쓰야『국가와 희생: 개인의 희생 없는 국가와 사회는 존재하는가?』, 이목 옮김, 책과함께 2008.

다카하시 데쓰야『결코 피할 수 없는 야스쿠니 문제』, 현대송 옮김, 역사
　　비평사 2005.

다카하시 데쓰야『희생의 시스템 후쿠시마 오키나와』, 한승동 옮김, 돌베
　　개 2013.

3장 일본군 '위안부'와 강제징용·징병: 인식의 차이

김옥숙『흉터의 꽃』, 새움 2017.

전진성『삶은 계속되어야 한다』, 휴머니스트 2008.

하세가와 쓰요시『종전의 설계자들: 1945년 스탈린과 트루먼, 그리고 일
　　본의 항복』, 메디치미디어 2019.

한국정신대문제대책협의회 엮음『히로히토 유죄: 2000년 일본군 성노예
　　전범 여성국제법정 판결문』, 한국정신대문제대책협의회 2007.

한수산『군함도』(전2권), 창비 2016.

4장 일본 우익의 뿌리를 찾아서

강상중·현무암『기시 노부스케와 박정희』, 이목 옮김, 책과함께 2012.

경희대학교 한국현대사연구원『제2공화국 시기 일본 언론의 한국 인식:
　　아사히 신문기사(1960.1~1961.5)』, 경인문화사 2018.

노 다니엘『독도 밀약』, 김철훈 옮김, 한울 2011.

다카사키 소지『일본 망언의 계보』, 최혜주 옮김, 한울 2010.

마쓰모토 겐이치『기타 잇키: 천황과 대결한 카리스마』, 정선태·오석철
　　옮김, 교양인 2010.

야마모토 다다사부로『정호기』, 이은옥 옮김, 에이도스 2014.

야마사키 도요코『불모지대』(전5권), 박재희 옮김, 청조사 2011.

야스다 고이치·야마모토 이치로·나카가와 준이치로『일본 넷우익의 모순』, 최석완·임명수 옮김, 어문학사 2015.

오구라 카즈오『한일 경제협력자금 100억 달러의 비밀: 1980년대 경제협력자금을 둘러싼 한일 간의 치열한 외교 드라마』, 조진구·김영근 옮김, 디오네 2015.

이기용『정한론: 아베, 일본 우경화의 뿌리』, 살림 2015.

이희복『요시다 쇼인: 일본 민족주의의 원형』, 살림 2019.

한상일『쇼와 유신: 성공한 쿠데타인가, 실패한 쿠데타인가』, 까치 2018.

5장 한국 우익과 친일 문제

김두식『법률가들』, 창비 2018.

친일인명사전편찬위원회 엮음『친일인명사전』, 민족문제연구소 2009.

윤효정『대한제국아 망해라: 백성들의 눈으로 쓴 살아 있는 망국사』, 박광희 옮김, 다산초당 2010.

한홍구『대한민국사』(전4권), 한겨레출판 2006.

한홍구『유신: 오직 한 사람을 위한 시대』, 한겨레출판 2014.

6장 반격의『반일 종족주의』

『일본군 위안소 관리인의 일기』, 안병직 옮김, 이숲 2013.

도노무라 마사루『조선인 강제연행』, 김철 옮김, 뿌리와이파리 2018.

박지향 외『해방 전후사의 재인식』(전2권), 책세상 2006.

백기완 외『해방 전후사의 인식』(전6권), 한길사 2006 완간.

신용하『일제 식민지정책과 식민지근대화론 비판』, 문학과지성사 2006.

안병직·이영훈『대한민국 역사의 기로에 서다』, 기파랑 2007.

이영훈『맛질의 농민들』, 일조각 2001.

이영훈『한국경제사』(전2권), 일조각 2016.

이진경『사회구성체론과 사회과학방법론』(개정증보판), 그린비 2008.

정연태『한국근대와 식민지 근대화 논쟁』, 푸른역사 2011.

조정래『아리랑』(전12권, 개정판), 해냄 2007.

한홍구『특강: 한홍구의 한국 현대사 이야기』, 한겨레출판 2009.

허수열『개발 없는 개발』, 은행나무 2011.

황석영·이재의·전용호 지음, (사)광주민주화운동기념사업회 엮음『죽음
　을 넘어 시대의 어둠을 넘어』, 창비 2017.

황태연 외『일제 종족주의』, 넥센미디어 2019.

7장 재일조선인 문제를 보면 한일관계가 보인다

강덕상『학살의 기억, 관동대지진』, 김동수·박수철 옮김, 역사비평사
　2005.

교수신문 기획, 이태진·김재호 지음『고종황제 역사 청문회』, 푸른역사
　2005.

김한조『재일조선인: 우리가 외면한 동포』, 여우고개 2019.

김경해『1948년 한신교육투쟁』, 경인문화사 2006.

김효순『조국이 버린 사람들: 재일동포 유학생 간첩 사건의 기록』, 서해문
　집 2015.

미즈노 나오키·문경수『재일조선인: 역사, 그 너머의 역사』, 한승동 옮김,
　삼천리 2016.

서경식『디아스포라의 눈』, 한승동 옮김, 한겨레출판 2013.

서경식『역사의 증인 재일 조선인: 한일 젊은 세대를 위한 서경식의 바른
　역사 강의』, 형진의 옮김, 반비 2012.

성공회대학교 동아시아연구소 기획, 권혁태·이정은·조경희 엮음『주권
　의 야만: 밀항, 수용소, 재일조선인』, 한울 2017.

신숙옥『자이니치(在日), 당신은 어느 쪽이냐는 물음에 대하여』, 강혜정
　옮김, 뿌리와이파리 2006.

윤건차『자이니치의 정신사: 남·북·일 세 개의 국가 사이에서』, 박진우 외
　옮김, 한겨레출판 2016.

이범준『일본제국 vs. 자이니치: 대결의 역사 1945~2015』, 북콤마 2015.

이태진『고종시대의 재조명』, 태학사 2000.

정대세『정대세의 눈물: 세 개의 조국을 가진 이 남자가 사는 법』, 한영 옮
　김, 르네상스 2012.

최선애『내 나라를 찾아서』, 지성의샘 2005.

히구치 유이치『협화회: 일제하 재일조선인 통제조직』, 김인덕 외 옮김,
　도서출판선인 2012.

8장 과거사 문제 해결을 위한 일본 시민사회와의 협력

박원순『박원순 변호사의 일본시민사회 기행』, 아르케 2001.

조희연·이영채『일본 탐방: 시민사회운동과 지식인을 만나다』, 아시아문
　화커뮤니티 2016.

9장 평화의 시대, 촛불혁명의 동력으로 풀어가야 할 한일관계

오다 마코토『전쟁인가 평화인가: 9월 11일 이후의 세계를 생각한다』, 양
　현혜·이규태 옮김, 녹색평론사 2004.

쓰루미 슌스케『전향: 쓰루미 슌스케의 전시기 일본 정신사 강의 1931~1945』,
　최영호 옮김, 논형 2005.

히구치 나오토『폭주하는 일본의 극우주의』. 김영숙 옮김, 미래를소유한
　사람들 2015.

한홍구·서경식·다카하시 데쓰야『후쿠시마 이후의 삶: 역사, 철학, 예술
　로 3·11 이후를 성찰하다』, 반비 2013.